Neil Fiore

WENN NICHT JETZT, WANN DANN?

Neil Fiore

WENN NICHT JETZT, WANN DANN?

So überlisten Sie Ihre „Aufschieberitis"

Die Deutsche Bibliothek – CIP-Einheitsaufnahme

Fiore, Neil:
Wenn nicht jetzt, wann dann? : so überlisten Sie Ihre „Aufschieberitis" /
Neil Fiore. [Übertr. aus dem Amerikan. von Peter Weller]. – 2. Aufl.
Landsberg am Lech : mvg-verl., 1997
    (mvg-Paperbacks ; 542)
    Einheitssacht.: The now habit ‹dt.›
    ISBN 3-478-08542-X
NE: GT

2. Auflage 1997

Das Papier dieses Buches wird möglichst umweltschonend hergestellt und
enthält keine optischen Aufheller.

Umschlaggestaltung: Gruber & König, Augsburg
Satz: Fotosatz Buck, Kumhausen
Druck- und Bindearbeiten: Presse-Druck Augsburg
Printed in Germany 080 542/6975302
ISBN 3-478-08542-X

Inhalt

Einleitung   7

Von der Verzögerungstaktik zur Produktivität   8
Verzögerungstaktiken: eine neue Definition   9
Das Hier-und-Jetzt-System 11
Rechnen Sie mit einem Wunder 15

1. Kapitel: Verzögerungstaktiken – warum? 17

Alarmsignale 17
Ein positiver Blick auf den menschlichen Geist 20
Unser härtester Kritiker: wir selbst 22
Aufschieben lohnt sich 29

2. Kapitel: Unsere Verzögerungstaktiken 44

Ihrer Zeit auf der Spur 44
Das Aufschubs-Tagebuch 50
Sicherheit schaffen: der erste, große Schritt 56

3. Kapitel: Innere Selbstgespräche 65

Kontraproduktive Botschaften 66
Die Macht der Entscheidung 72
Was unterscheidet Menschen, die zum Aufschieben
neigen von produktiven Menschen? – Fünf
Selbstaussagen 78

4. Kapitel: Freizeit ohne Schuldgefühle, hochwertige
Arbeit 85

Die Bedeutung der Freizeit 87
Selbstmotivation durch Anziehungskraft 91
Vom Spiel ohne Schuldgefühle zu hochwertiger
Arbeit 98

5. Kapitel: Blockaden überwinden 101

Drei große Blockaden 102

Instrument 1: Dreidimensionales Denken 103
Instrument 2: Die Sorgenarbeit 109
Instrument 3: Der beharrliche Anfang 116

6. Kapitel: Der bessere Zeitplan 124

Selbst produktive Menschen brauchen ein System .. 126
Umgekehrte Psychologie 129
Wie verwendet man den besseren Zeitplan 132
Die Anpassung Ihres besseren Zeitplans 146

7. Kapitel: Der Flow-Zustand − wie in Trance arbeiten 152

Einen größeren Teil des Gehirns nutzen 154
Es ist nur Ihr erster Entwurf 156
Die Kräfte bündeln 157
Die Sammlungsübung 159
Eine Entspannungsübung 164
Nehmen Sie Flow-Zustände in Ihr Programm auf . 166

8. Kapitel: Die Feinabstimmung Ihrer Fortschritte 171

Rückschläge einplanen 171
Spannkraft und Robustheit 174
Konzentration: Ablenkungen in den Griff
bekommen 181
Geistige Übungen und Vorprogrammierung 185
Effektive Zielsetzung 187
Ein letztes Wort 193

9. Kapitel: Auch andere Menschen neigen zum
Aufschieben 194

Der Umgang mit Menschen, die zum Aufschieben
neigen 195
Freiwillige Verpflichtung oder Unterwerfung 197
Konzentration auf den Start oder das Ziel 199
Ergebnisse erzielen oder Kritik üben 202
Das Leben mit einem Menschen, der zum
Aufschieben neigt 207

Einleitung

Die menschliche Natur wird unterschätzt . . .
Menschen haben eine höhere Natur . . .,
die auch das Bedürfnis nach sinnvoller Arbeit,
nach Verantwortung, nach Kreativität,
nach Fairneß und Gerechtigkeit,
nach einer lohnenden Beschäftigung
einschließt und es vorzieht,
die Dinge gut zu machen.

Abraham H. Maslow

Ob Sie nun ein Selbständiger, Unternehmer, leitender Angestellter, Schriftsteller oder Student sind, der seine Probleme mit dem Aufschub überwinden möchte − oder ob Sie einfach nur komplexe und herausfordernde Projekte effizienter zu Ende führen wollen − mit diesem Programm werden Sie zum Erfolg gelangen. Wenn Sie Ihre großen Projekte perfekt im Griff haben, dabei aber die kleinen, dennoch wichtigen Aufgaben des alltäglichen Lebens vernachlässigen, wird das Hier-und-Jetzt-System Ihnen helfen, diese Aufgaben nach Prioritäten zu ordnen, einen Anfang zu finden und sie zum Abschluß zu bringen. Wenn Sie ein hochqualifizierter Fachmann mit einem überfüllten Terminkalender und ohne Freizeit sind, wird das Hier-und-Jetzt-System dazu beitragen, Ihnen „Spielzeiten ohne Schuldgefühle" zu ermöglichen, wie sie im 4. Kapitel beschrieben sind, während es gleichzeitig die Qualität und Effizienz Ihrer Arbeit verbessert.

Falls Sie immer dann unter extremer Angst und Blockaden leiden, wenn Sie gezwungen sind, unter Druck Leistungen zu erbringen, wird Ihnen dieses Buch zeigen, wie Sie die anfängliche Panik in den Griff bekommen können. Es wird Sie lehren, durch innere Selbstgespräche Kräfte freizusetzen, die zu verantwortlichen Entscheidungen führen, während mehrdeutige Aussagen wie „ich sollte" oder „ich muß" vermieden werden.

Wer zum Aufschieben neigt, wird zwar mit den meisten seiner Aufgaben rechtzeitig fertig, aber die Arbeit unter extremem Zeitdruck schafft unnötiges Kopfzerbrechen und verringert die Qualität des Endergebnisses. Wir alle wenden in dem einen oder anderen Lebensbereich Verzögerungstaktiken an, ob es sich nun um finanzielle Fragen, um Rechtsangelegenheiten oder um die Renovierung des Gästezimmers handelt, eben um alles, was wir zugunsten von ,,dringenderen'' oder angenehmeren Tätigkeiten verschoben haben. Wir alle haben Aufgaben und Ziele, die wir am liebsten aufschieben möchten − wenn wir nicht sogar nach einer Möglichkeit suchen, uns endgültig ,,zu verdrücken''.

Von der Verzögerungstaktik zur Produktivität

Gewohnheitsmäßiges Aufschieben hält uns in einem Teufelskreis gefangen: Wir fühlen uns überfordert und unter Druck gesetzt, wir fürchten das Versagen und bemühen uns noch mehr, langsam wächst der Verdruß, wir verlieren die Motivation und schieben unsere Aufgabe immer länger vor uns her. Der Kreislauf beginnt mit dem Gefühl der Überforderung und endet mit dem Versuch, dem Ganzen durch weitere Verzögerungstaktiken zu entfliehen. Aber eine Flucht ist nicht möglich, solange man in diesem Teufelskreis gefangen ist. Am Schluß läßt sich noch nicht einmal mehr die Freizeit genießen, ohne daß man Schuldgefühle hat. Plötzlich wird jeder Augenblick, der mit ,,Spiel'' oder sogar verhältnismäßig ,,angenehmerer'' Arbeit verbracht wird, zu einer unangenehmen Ablenkung von dem, was man *eigentlich* tun sollte. Weil Sie Ihre Gedanken und Gefühle bezüglich Arbeit, Freizeit, sich selbst und Ihren Erfolgschancen negativ beeinflussen, werden Verzögerungstaktiken zu einem Teil Ihrer Persönlichkeit.

Statt dessen können Sie das Hier-und-Jetzt-System Bestandteil Ihres Lebens werden lassen: die Fähigkeit, die Angst vor Versagen und Überforderung abzulegen, das Selbstbewußtsein zu stärken und Ihren Geist auf das zu konzentrieren, womit Sie *sofort* anfangen können. Die Techniken und Strategien dieses Buches werden dazu beitragen, daß Sie sich selbst als produktiv betrachten, sich produktiv fühlen und produktiv handeln.

Verzögerungstaktiken: eine neue Definition

Eine Vielzahl von Büchern stellt populärpsychologische Theorien über die Ursachen für Verzögerungstaktiken auf. Diese Bücher regen zur Selbstkritik an, indem Sie mit vielen negativen Bezeichnungen konfrontiert und kritisiert werden. Unter anderem wird einem auch die eigene Faulheit vorgeworfen, denn bei jeder Tätigkeit werden Disziplin und Ordnung von einem verlangt. Aber zwischen der Fehlerdiagnose und einem System, das es Ihnen ermöglicht, Ihre Fehler auch zu beseitigen, liegen Welten. Wer schon seit Jahren größere Lebensziele vor sich her schiebt, ist sicher ein Experte auf dem Gebiet der Selbstkritik. Was er wirklich braucht, sind positive, praktisch anwendbare Techniken, die helfen, die Stolpersteine zu überwinden und schließlich zum Ziel zu gelangen.

Es gibt Bücher mit prosaischen Ratschlägen wie ,,unterteilen Sie die Aufgabe in kleine Abschnitte" oder auch ,,setzen Sie Prioritäten". Aber das wissen Sie wahrscheinlich bereits alles. Sie haben den Ratschlag schon gehört, oder vielleicht haben Sie sogar gutes Geld für ihn ausgegeben. Aber solche Ratschläge führen nicht weiter, denn sie gehen am Kern des Problems vorbei: Sie würden das alles tun, wenn Sie es könnten, wenn es wirklich so einfach wäre!

Man schiebt Dinge nicht aus purer Irrationalität vor sich her. Man tut es, weil man damit einer inneren Logik folgt − nämlich in Anbetracht der Tatsache, daß wir empfindlich gegenüber Kritik, Fehlschlägen und dem eigenen Perfektionismus sind.

Um die Neigung zum Aufschieben überwinden zu können, benötigen Sie eine positive Einstellung gegenüber der Kraft des menschlichen Geistes. In diesem Geist leben die Motivation und die unbezwingbare Neugierde, die uns aus unseren Höhlen direkt in die Eigentumswohnung geführt haben, vom bequemen Krabbeln zum aufrechten Gang mit all seinen Risiken. Der menschliche Geist drängt uns zu dem, was Maslow unser „Bedürfnis nach sinnvoller Arbeit, nach Verantwortung und Kreativität" nennt. Wenn wir diesen Gedanken übernehmen können, verringert das die Ängste, die letztlich dazu führen, Dinge aufzuschieben, und öffnet der menschlichen Entwicklung völlig neue Horizonte.

Das Hier-und-Jetzt-System beruht auf der Tatsache, daß es irgendwo in Ihrem Leben Freizeitaktivitäten und Arbeitsformen gibt, an die Sie sich ohne Zögern wagen. Sie sind nicht nur ein Mensch, der Aufgaben vor sich herschiebt. Sie verbringen nicht 24 Stunden am Tag damit, alles aufzuschieben. Wenn Sie sich einmal auf das konzentrieren, was Sie gerne tun − Aktivitäten, die Ihre Spontaneität, Ihre Motivation und Ihre Neugierde anregen − dann wissen Sie genau, daß Sie nicht einfach nur faul sind. Aufgrund dieser Erfahrung können Sie nun beginnen, Ihre Identität als Verzögerungstaktiker abzulegen und wieder Ihren angeborenen Trieb zur Produktivität zu entdecken.

Wenn Sie infolge Ihrer Erziehung Arbeit mit Schmerzen und Erniedrigung assoziieren, dann kann das Näherrücken einer erschreckenden oder unangenehmen Aufgabe die Erinnerung an frühere Kritik, nicht nur von Ihrem jetzigen Chef, sondern auch von den Eltern, ehemaligen Vorgesetzten und Lehrern wieder aufleben lassen. Während Sie über ein Projekt nachdenken, dem Sie sich kaum gewachsen fühlen, steigen alle übrigen mehr oder minder großen Unsicherheiten in Ihr Bewußtsein auf. Bestimmte Aufgaben sind für jeden von uns gefühlsmäßig mit Schmerzen, Abneigung, Verletzungen und der Angst vor dem Versagen verbunden. Wenn das Leben zu viele solcher Aufgaben bereithält, dann vermittelt dies den Anschein, als würde man mit angezogener Bremse fahren; man verliert die Motivation und zweifelt an der eigenen Kraft, etwas zu Ende zu führen. Hier scheint Selbstkritik berechtigt zu sein. Wahrscheinlich betrachten Sie sich selbst als einen Menschen, der die Angewohnheit hat, Dinge vor sich her zu schieben − als jemanden, der dazu verurteilt ist, Angst und Selbstablehnung zu empfinden, wenn er sich einer bestimmten Art von Aufgabe gegenübersieht.

Der erste Schritt, um gewohnheitsmäßige Verzögerungstaktiken zu durchbrechen und produktiv zu werden, erfordert eine Neudefinition von Verzögerungstaktiken und ein besseres Verständnis dafür, wie und warum wir sie einsetzen. Verzögerungstaktiken sind nicht die Ursache unserer Probleme, *sie sind ein Versuch, eine Vielzahl von tieferliegenden Problemen zu lösen.* Dazu zählen ein schwaches Selbstwertgefühl, Perfektionismus, die Angst vor Fehlschlägen (und vor dem Erfolg), Unentschlossenheit, ein unausgewogenes Verhältnis von Arbeit und Spiel, ineffektive Zielsetzungen und negative Vorstellungen von der Arbeit und dem eigenen Wesen.

Eine vollständige Behandlung dieses Themas muß sich an die tieferen, blockierten Bedürfnisse richten, die einen Menschen dazu bringen, im Aufschieben Zuflucht zu suchen. Das Hier-und-Jetzt-System geht von einer Neudefinition aus:

Verzögerungsverhalten stellt einen Mechanismus für den Umgang mit der Angst dar, die unmittelbar mit dem Anfang und der Vollendung jeder Aufgabe oder Entscheidung verbunden ist.

Aus dieser Definition geht hervor, daß jene Menschen dafür besonders anfällig sind, die sich am meisten durch Schwierigkeiten zu Beginn eines Projekts bedroht fühlen. Dazu zählen Kritik, Fehlschläge und der Verlust anderer Möglichkeiten, der aus der festen Entscheidung für ein Projekt resultieren könnte.

Das Hier-und-Jetzt-System

Ratschläge, wie: „Tu es doch einfach; streng Dich mehr an" oder „Bring Ordnung in Dein Leben", beruhen auf der alten Definition: „Dein Problem ist die Tatsache, daß Du die Dinge aufschiebst. Wenn Du nicht so faul wärest, würdest Du es schon schaffen." Wohlmeinende Eltern, Lehrer, Autoren und Freunde verschlimmern das Problem normalerweise noch, indem sie hinzufügen: „Du hast wirklich eine schwere Aufgabe, Du wirst sehr hart arbeiten müssen. Wir wollen uns nichts vormachen, Du wirst keine Zeit für Freunde und Erholung haben, bis Du damit fertig bist." Eigentlich meinen sie damit: „Das Leben ist schwer und langweilig. Für Vergnügen bleibt kein Platz. Arbeit ist etwas Schreckliches, aber sie muß getan werden." Diese alte Vorstellung von der Arbeit und dem Leben erinnert an Woody Allens Ausspruch: „Das Leben ist hart, und dann stirbt man", oder an den von Scott Peck: „Das Leben ist schwierig . . . man muß Disziplin lernen."

Unser Programm geht von positiveren Definitionen des Lebens, der Arbeit, der menschlichen Fähigkeiten und des Aufschiebens aus, die sich mehr an der Psychologie Abraham Maslows anstelle der Siegmund Freuds orientieren. Es setzt mehr Vertrauen in die menschliche Natur und geht weit über das typische „Gewußt-wie" hinaus, indem es Sie mit tieferliegenden Ängsten in bezug auf Fehlschläge, Perfektionismus und die Grenzen Ihrer Fähigkeiten konfrontiert, die Sie zum Aufschieben veranlassen.

Das Hier-und-Jetzt-System konzentriert sich auf die Heilung der zugrundeliegenden Selbstentfremdung — das Arbeiten gegen sich selbst — das durch Training im Kindesalter und kulturelle Konditionierung entsteht. Es legt die behindernden Annahmen der puritanischen Arbeitsethik — die Arbeitsergebnisse bestimmen den Wert der Person — und die negative Sicht der Freudianer auf die menschlichen Triebe — ein „niederes Selbst" muß durch ein höheres, zivilisiertes Selbst unterworfen und diszipliniert werden — endgültig ad acta.

Das Hier-und-Jetzt-System stellt in Ihnen eine Arbeitsgemeinschaft her, die innere Konflikte vermindert und es Ihnen ermöglicht, Ihre gesamte Persönlichkeit in eine Aufgabe miteinzubeziehen.

Es eröffnet Ihnen die Möglichkeit, innere Sicherheit und positive innere Selbstgespräche zu entwickeln. Es hilft Ihnen, die

Angst vor der eigenen Unvollkommenheit zu verringern, und ermächtigt Sie, Risiken einzugehen und früher zu beginnen.

Das Hier-und-Jetzt-System ist ein *strategisches Programm,* denn es beinhaltet taktische Ratschläge und stellt einen Gesamtplan vor, der auf der Dynamik von Aufschub und Motivation basiert. Dieses Programm zeigt Ihnen, was Sie tun müssen, um schneller und effizienter voranzukommen. Es zeigt Ihnen, wie Sie durch sogenannte ,,Spielzeiten'' ohne Schuldgefühle die tieferen Ursachen Ihrer Neigung zum Aufschieben bekämpfen können, indem es die Abneigung gegen die unangenehme Arbeit verringert, den Anfang erleichtert, die Qualität der Arbeit steigert und die Motivation verbessert. Mit Hilfe dieser Strategie können Sie praktisch streßfrei arbeiten und die Freizeit ohne Schuldgefühle genießen. Das Hier-und-Jetzt-System erläutert Ihnen wirksame Mittel, um die Neigung zum Aufschieben zu besiegen. Dies sind:

— *Sicherheit schaffen:* Lernen Sie, wie Sie ein psychologisches Fangnetz unter Ihrem Drahtseilakt aufspannen können, so daß Sie die Angst vor Fehlschlägen verringern und lernen können, nach Fehltritten mit neuer Energie aufs Seil zurückzukehren.

— *Programmieren Sie negative Einstellungen durch positive innere Selbstgespräche neu:* So erkennen Sie negative Botschaften und entdecken, wie diese Sie ungünstig beeinflussen. Gleichzeitig entwickeln Sie positive Formulierungen (Affirmationen), die Ihre Energie auf aufgabenbezogene Gedanken und schnelle Lösungen umleiten.

— *Das Symptom löst die Heilung aus:* Lernen Sie, wie Sie alte Angewohnheiten nutzen können, um die Ausprägung neuer, positiver Angewohnheiten einzuleiten und zu verstärken.

— *Spielzeit ohne Schuldgefühle:* Lernen Sie, Ihre Freizeit strategisch zu planen, um den Druck der Arbeit in der Freizeit abzureagieren und damit den unterbewußten Wunsch zu wecken, nach der Erholung wieder zur Arbeit zurückzukehren.

– *Dreidimensionales Denken und der umgekehrte Kalender:* Diese Aspekte zeigen Ihnen, wie Sie die Angst verringern, von wichtigen Aufgaben überfordert zu werden. Entwickeln Sie einen Kalender, der Schritt für Schritt Ihren Weg zum Erfolg aufzeichnet und ausreichend Zeit für Erholung und volle Anerkennung Ihrer Leistung läßt.

– *Lassen Sie die Sorgen für sich arbeiten:* Lernen Sie, Alternativpläne für den Weg zu Ihrem Ziel zu entwickeln, und verstärken Sie so das Vertrauen auf Ihre Fähigkeit, auch der schlimmsten Möglichkeit ins Auge zu blicken.

– *Der bessere Zeitplan:* Er zeigt Ihnen die Freiheit, die Sie durch vorgeplante Erholungs- und Spielzeit ohne Schuldgefühle erwartet. Außerdem vermittelt er Ihnen ein realistisches Bild der verfügbaren Zeit und stellt eine Art Stoppuhr dar, mit der Zeiten aufgezeichnet werden, in denen Sie hochwertige Arbeit tun, so daß Sie auch sehen, wieviel Sie tatsächlich geleistet haben.

– *Realistische Ziele setzen:* Das hilft Ihnen, Ihren Geist von Zielen zu befreien, die unrentabel sind und Schuldgefühle erzeugen. Gleichzeitig sollten Sie Ihre Energie auf die wenigen lohnenden Ziele konzentrieren, die Ihre Aufmerksamkeit wirklich verdienen.

– *Im Flow-Zustand arbeiten:* Sie brauchen höchstens zwei Minuten für den Weg von Streß und geringer Motivation zu einem Zustand von gesammelter Energie, hohem Interesse und voller Konzentration. Welche Gefühle Sie auch gegenüber Ihrem Projekt empfinden, Sie wissen, daß Sie in wenigen Augenblicken in Ihrer kreativsten und produktivsten Form arbeiten werden.

– *Rückschläge einplanen:* Seien Sie auf Rückschläge vorbereitet, und wandeln Sie diese schnell in gute Gelegenheiten um.

Bemühen Sie sich, der Versuchung zum Aufschieben zu widerstehen, und bauen Sie Beharrlichkeit in Ihren Erfolgsplan mit ein.

Rechnen Sie mit einem Wunder

Viele dieser Strategien sind nicht neu. Aber neu, ja sogar revolutionär ist die hier vorgestellte Methode, sie nun endlich auf die praktischen Dinge des Alltags anzuwenden. Mit Techniken, die es Ihnen ermöglichen, sich auf Ergebnisse und die Früherkennung und Vermeidung der alten Fallgruben zu konzentrieren, werden Sie feststellen, daß Sie sich in Situationen gut und zuversichtlich fühlen, die bisher Streß und Verzögerungstaktiken auslösten. Sie werden sogar feststellen, daß Sie weniger selbstkritisch sind und mehr zu sich stehen. Alte, kritische Gedanken werden durch positive, aufgabenorientierte Anweisungen ersetzt. Ja, Sie können sogar die Frustration, die aus dem Aufschieben entsteht, in erfolgreiche Produktivität umwandeln.

Seit ich 1973 meinen Doktortitel erworben habe, habe ich mit Hunderten von Klienten und zahlreichen Organisationen zusammengearbeitet, um eine Strategie zu entwickeln, die zu erhöhten Leistungen, Freiheit von destruktivem Verhalten und mehr Selbstwertgefühl und Vertrauen auf die eigenen Fähigkeiten führt. Ich selbst habe dieses System benutzt, um trotz eines bereits ausgefüllten Arbeitspensums noch Zeit zu finden, Artikel für medizinische Fachzeitschriften und den „Reader's Digest" sowie ein Buch zu schreiben. Dafür setzte ich eineinhalb Jahre lang 20 *hochwertige* Arbeitsstunden in der Woche ein, während ich gleichzeitig die Verpflichtung aufrechterhielt, *ohne Schuldgefühle* Zeit für meine Freunde und für mein Langstreckentraining zu haben. Außerdem ist dieses System von Klienten erfolgreich angewendet worden, die sich selbst für hartnäckige Verzögerungstaktiker hielten.

Man kann also den Vorwurf Mark Twains nicht übertragen: „Alle reden vom Wetter, aber keiner tut etwas dagegen." Gegen das Wetter können wir nun wirklich nichts tun, aber Sie können heute anfangen, den eigenen Hang zum Aufschieben zu bekämpfen.

Das Hier-und-Jetzt-System für hochwertige Arbeit und schuldgefühllose Freizeit hat mir und meinen Klienten geholfen. Nutzen Sie es auch für sich!

1. Kapitel

Verzögerungstaktiken — warum?

Jedes gesunde Individuum
hat Lust auf fruchtbare Tätigkeit
und auf eine hohe Lebensqualität.

George Bernhard Shaw

Ihr persönliches Strategieprogramm fängt mit der Identifizierung Ihrer Verzögerungsmuster an. Sie lernen, die richtigen Techniken und effektiven Arbeitsmuster anzuwenden, um zu einem produktiven Menschen zu werden.

Alarmsignale

Die folgenden sechs Alarmsignale werden Ihnen helfen, schnell zu entscheiden, ob Sie schwerwiegende Probleme haben, Ziele zu erreichen, ob Sie ineffiziente Arbeitsgewohnheiten haben oder ob Sie den Hang besitzen, Dinge aufzuschieben.

1. Haben Sie das Gefühl, daß Ihr Leben aus einer Kette von Verpflichtungen besteht, die Sie nicht erfüllen können?
   - Ist Ihre Pflichtenliste schier unendlich lang?
   - Sagen Sie oft zu sich selbst: ,,Ich muß"?
   - Fühlen Sie sich machtlos und ohne eigene Entscheidungsmöglichkeiten?
   - Sind Sie aufgeregt? Stehen Sie unter Druck? Haben Sie ständig Angst, beim Aufschieben wichtiger Dinge erwischt zu werden?

- Leiden Sie unter Schlaflosigkeit? Haben Sie Schwierigkeiten, nachts, am Wochenende oder im Urlaub einmal abzuschalten (falls Sie tatsächlich in Urlaub fahren sollten)?

2. Ist Ihr Verhältnis zur Zeit unrealistisch?
- Reden Sie über die Verwirklichung von Projekten in unklaren Zeitbegriffen wie „irgendwann in der nächsten Woche" oder „im Herbst"?
- Wissen Sie, wie Sie Ihre Zeit verbringen?
- Ist Ihr Terminkalender leer, da Ihnen ein klares Bewußtsein für Verpflichtungen, Pläne, Teilziele und Termine fehlt?
- Erscheinen Sie chronisch zu spät zu Verabredungen und Mahlzeiten?
- Schaffen Sie es, die Zeit zu berücksichtigen, die Sie wirklich brauchen, um zur Hauptverkehrszeit durch die Stadt zu fahren?

3. Sind Ihre Ziele und Werte unklar?
- Fällt es Ihnen schwer, Ihre Verpflichtungen gegenüber Menschen oder Projekten zu erfüllen?
- Wissen Sie nicht genau, was Sie wirklich für sich selbst *wollen*, während Ihnen klar ist, was Sie wollen *sollten*?
- Lassen Sie sich leicht von einem Ziel abbringen, wenn Sie einen anderen Plan sehen, der scheinbar keine Haken und Ösen hat?
- Fehlt Ihnen die Fähigkeit, zwischen wichtigen und weniger wichtigen Tätigkeiten zu unterscheiden?

4. Fühlen Sie sich unausgefüllt, frustriert, deprimiert?
- Haben Sie Lebensziele, die Sie niemals erreicht oder nicht einmal angestrebt haben?
- Fürchten Sie, ewig vom Aufschieben abhängig zu sein?
- Sind Sie mit dem Erreichten nie zufrieden?
- Fühlen Sie sich vom Leben abgeschnitten, da Sie sich immer mit Ihrer Arbeit beschäftigen? Oder haben Sie etwa Schuldgefühle, weil Sie nicht arbeiten?

– Fragen Sie sich ständig: ,,Warum habe ich das getan?''
oder: ,,Was stimmt mit mir nicht?''

5. Sind Sie unentschlossen und haben Angst vor Fehlern?
   – Verzögern Sie den Abschluß von Projekten, weil Sie nach
   Perfektion streben?
   – Haben Sie Angst, die Verantwortung für Entscheidungen
   zu tragen, weil Sie dann für Fehler verantwortlich gemacht
   werden könnten?
   – Verlangen Sie von sich Perfektion?
   – Erwarten Sie, über Fehler und Kritik erhaben zu sein?
   – Machen Sie sich endlos Sorgen: ,,Ja aber, wenn . . .''?

6. Behindern ein geringes Selbstwertgefühl und mangelnde Zuversicht Ihre Produktivität?
   – Machen Sie äußere Ereignisse für Ihr Versagen verantwortlich, weil Sie Angst haben, Fehler einzugestehen?
   – Glauben Sie: ,,Ich bin, was ich tue'' oder: ,,Ich bin an
   sich wertvoll''?
   – Haben Sie Ihr Leben nicht im Griff?
   – Fürchten Sie, gewogen und für zu leicht befunden zu
   werden?

Wenn Sie auf die meisten dieser Fragen mit ,,ja'' antworten können, wissen Sie wahrscheinlich schon, daß Ihr Hang zum Aufschieben ein echtes Problem darstellt. Wenn Sie bei sich nur einige dieser Alarmsignale erkennen, dann schieben Sie vielleicht
in einigen Lebensbereichen etwas vor sich her, während Sie den
größten Teil Ihres Lebens im Griff haben.

Wenn Sie schon einmal im Teufelskreis des Aufschiebens gefangen waren, dann kennen Sie den Preis, den Sie dafür in Ihrem Leben bezahlen müssen: Sie haben Bewerbungstermine in
Beruf und Ausbildung verpaßt, haben Geschäfte nicht abschließen können, weil Sie auf Anfragen nicht rechtzeitig reagiert haben, und Beziehungen sind zerbrochen, weil Sie immer verspä-
tet kamen und Verabredungen absagten.

Aber selbst wenn Sie diese Extreme vermeiden und Termine

und Verpflichtungen einhalten, könnten Sie dennoch unter der Neigung zum Aufschieben leiden. Tatsächlich schaffen es die meisten Menschen, die bei sich die Neigung zum Aufschieben feststellen, Termine einzuhalten und ernsthafte Folgen zu vermeiden. Aber wir fühlen uns so gehetzt, so unter Druck gesetzt und so unzufrieden mit den Ergebnissen unserer Arbeit, daß wir einfach zugeben müssen, daß wir ziemliche Schwierigkeiten mit erschreckenden und unangenehmen Aufgaben haben. Unser wirkliches Unbehagen entsteht aus der ständigen Angst, die das Verzögern verursacht, aus Schuldgefühlen über die schlechte Qualität der Arbeit, die wir in letzter Minute abgeschlossen haben, und aus dem tiefen Bedauern über verpaßte Lebenschancen.

Ein positiver Blick auf den menschlichen Geist

,,Warum neigen Sie zum Aufschieben?'' Die häufigste Antwort auf diese Frage lautet: ,,Weil ich faul bin.'' Aber selbst wer extrem zum Aufschieben neigt, besitzt in einigen Lebensbereichen genug Motivation und Energie für Sport, Hobbys, Lesen, andere Menschen, Musik, Tanz, politische Diskussionen, Geldanlage oder Gartenarbeit.

Das Hier-und-Jetzt-System weist die Vermutung zurück, daß Faulheit, Unordnung oder irgendeine andere Charakterschwäche zum Aufschieben führt. Auch wird die Überzeugung abgelehnt, daß die Menschen im allgemeinen von Geburt an faul und passiv sind und nur durch Druck motiviert werden können.

Die Grundlage des Hier-und-Jetzt-Systems wird von Suzanne Kobasa von der Universität Chicago als ,,diese psychologischen Richtungen, die die menschliche Initiative und Spannkraft betonen'' beschrieben. Ihre Forschungen über ,,die robuste Persönlichkeit'' zeigen uns, daß die optimistischeren Interpretationen menschlichen Handelns häufig keine Berücksichtigung in den Theorien der Lebensbewältigung finden. Parallel dazu informiert uns Norman Cousins in seinen Büchern ,,Der Arzt in uns selbst'' und ,,The Healing Heart'' darüber, wie die heutige moderne Medizin die Selbstheilungskräfte des menschlichen Körpers praktisch ignoriert und sich statt dessen auf Krankheiten konzentriert. Er sagt, daß Humor sowie positive Gefühle und Gedanken heilende Kräfte besitzen, während negatives Denken zum Zusammenbruch unserer Gesundheit führt. Das Hier-und-Jetzt-System wendet eine vergleichbare, positive Bewertung des menschlichen Geistes an.

Sie werden jetzt vielleicht fragen: ,,Wenn die menschliche Natur so positiv und aktiv sein kann, warum schieben wir dann Dinge vor uns her?'' Dennis Waitley erklärt die Neigung zum Aufschieben als eine ,,neurotische Form des Selbstschutzes'', der das Selbstwertgefühl verteidigen soll. Das heißt, wir schieben dann etwas auf, wenn wir unser Selbstwertgefühl und unsere Unabhängigkeit bedroht sehen. Wir sind nur dann faul, wenn unser natürliches Verlangen nach fruchtbarer Aktivität gefährdet ist oder unterdrückt wird. Waitley sagt: ,,Niemand tut das, um sich schlecht zu fühlen, sondern vielmehr, um tiefe, innere Ängste zeitweise zu vergessen.''

Welche tiefen, inneren Ängste lassen uns nun nach einer solch unproduktiven Form der Entlastung suchen? In seinem Buch ,,Sich selbst annehmen''* versucht Dr. Theodore Rubin uns zu verdeutlichen, daß es die Angst vor dem Versagen, die Angst vor Unvollkommenheit (Perfektionismus) und die Angst vor unmöglichen Anforderungen (Überforderung) sind, die uns daran hindern, weiterzumachen und menschenmögliche Ziele und Beziehungen anzustreben.

Die Angst vor dem Versagen zeigt, daß Sie glauben, schon der kleinste Irrtum könnte darauf hinweisen, daß Sie ein wertloser, unmöglicher Mensch sind. Die Angst auch vor der kleinsten Unvollkommenheit bedeutet, daß Sie sich nur schwer selbst annehmen können, so wie Sie sind – eben unvollkommen und menschlich. Und deshalb empfinden Sie jede Kritik, jede Zurückweisung oder Wertung durch andere als Bedrohung Ihres

---

* Dr. Theodore Rubin, Sich selbst annehmen. Vom Selbsthaß zum positiven Ich, Moderne Verlagsgesellschaft, München

angestrengten Strebens nach Vollkommenheit. Die Angst vor unerfüllbaren Anforderungen verdeutlicht, daß Sie befürchten, der einzige Lohn für harte Arbeit und für ein erreichtes Ziel könnte nur aus neuen, höheren, noch schwerer zu erreichenden Zielen bestehen, ohne jede Atempause und ohne die Zeit, sich an den eigenen Leistungen zu freuen.

Nach Dr. Rubin hindern uns diese Ängste daran, eine Lebensstufe zu erreichen, in der wir mehr Verständnis für uns haben und uns selbst respektieren. Dieses Verständnis für uns selbst bildet die Grundlage für die Überwindung der tieferliegenden Ursachen des Aufschiebens. Das bedeutet, zu erkennen, daß die Neigung zum Aufschieben *keine* Charakterschwäche ist. Sie ist vielmehr ein bedauerlicherweise sehr unbefriedigender Versuch, mit der lähmenden Angst vor einer Wertbeurteilung fertigzuwerden.

Die Angst vor einer Bewertung ist die Schlüsselangst, die aus der Überidentifikation der eigenen Person und des eigenen Wertes mit der Arbeit entspringt. Aus dieser Angst folgen der kontraproduktive Hang zum Perfektionismus, harte Selbstkritik und die Angst davor, sich selbst freier Zeit berauben zu müssen, um einen unsichtbaren Richter zufriedenzustellen.

Unser härtester Kritiker: wir selbst

In meinem Wartezimmer saß aufgeregt eine junge Frau, die fast wie ein verlorenes Kind wirkte. Sie preßte die Handtasche an sich und saß vornübergebeugt auf der Sofakante, als ob sie Schmerzen hätte. Als ich sie aufrief, heiterte sich Clares Miene auf und sie versuchte zu lächeln, aber sie wirkte dennoch nervös und schüchtern. Als sie aufstand, bemerkte ich, daß sie eine große, gutgekleidete Frau Ende Zwanzig war, die von einem Moment zum anderen ihr kindliches Aussehen ablegen und ihr wahres Alter zeigen konnte.

In meinem Sprechzimmer nahm sie wieder ihren kindlichen Ausdruck an. Vornübergebeugt sagte sie sanftmütig: „Vielleicht verliere ich meine Arbeit. Ich habe eine schlechte Beurteilung erhalten, ich werde entlassen, wenn sich meine Leistungen nicht verbessern. Ich fühle mich furchtbar. In meinem ganzen Leben habe ich noch nie einen Fehlschlag erlebt."

Clare hatte eine verantwortungsvolle, vielversprechende Stelle in einer expandierenden Firma, die medizinische Produkte vertreibt. Über eine halbe Stunde lang sprudelten ihre Probleme mit dem Aufschieben nur so aus ihr heraus. Es war eine Geschichte voll von Aufregungen, Demütigungen und Selbsthaß, über ständige Sorgen, das dauernde Gefühl, nichts mehr im Griff zu haben, verpaßte Termine und übereilte Projekte, die nicht einmal mehr Zeit für die Überprüfung auf offensichtliche Fehler zuließen.

,,Ich konnte einfach nicht allen Anforderungen ins Gesicht sehen, die an mich gestellt wurden. Ich mußte so vieles lernen", erzählte mir Clare. ,,Ständig wurde ich unterbrochen, dabei gab es keine klaren Richtlinien. Ich wußte einfach nicht, was von mir erwartet wurde. Ich fühlte mich so dumm und inkompetent. Nach einiger Zeit fand ich einfach bei nichts mehr den Anfang, auch wenn ich es wirklich wollte. Ich hatte solche Angst davor, einen Fehler zu machen. Immer, wenn ich ein Projekt in Angriff nehmen wollte, hörte ich meinen Chef sagen, daß ich es richtig machen sollte und wie wichtig es doch war. Meine Arbeitsmethoden unterscheiden sich so sehr von seinen.

Am Anfang war jeder begierig darauf, daß ich mit der Arbeit anfing. Von meiner Vorgängerin übernahm ich ein großes Pensum an unerledigter Arbeit. Aber immer, wenn ich mich gerade einarbeitete und meine eigenen Ideen entwickelte, fragte jemand, wie ich vorwärtskäme. Wenn ich dann dummerweise meine Arbeit vorzeigte, kam immer als nächstes die Bemerkung, wie schwer es doch sei, meine Vorgängerin zu ersetzen. Nach einiger Zeit hörte ich auf, um Rat zu fragen, und zeigte niemandem mehr meine Arbeit. Wenn ich dann irgendwo steckenblieb, war ich so nervös und deprimiert, daß ich die Aufgabe einfach beiseite legte, eine Kaffeepause machte oder mit irgend jemandem über das Wetter plauderte — ich tat alles, was mich von meiner Nervosität ablenken konnte.

Aber das alles fing nicht erst an diesem Arbeitsplatz an. Probleme mit dem Aufschieben sind nichts Neues für mich, darunter leide ich schon seit meiner Schulzeit. Ich wußte, daß meine Probleme mit dem Aufschieben mich immer wieder einholen würden. In der Oberstufe hatte ich ein Magengeschwür. Schon damals hatte ich Angst davor, ein Projekt anzufangen, denn ich befürchtete stets, daß es gräßlich mittelmäßig und durchschnittlich werden würde.''

Als Clare die Worte *mittelmäßig* und *durchschnittlich* in den Mund nahm, wirkte sie angeekelt. Es war an der Zeit, sie zu unterbrechen. Sie hatte sich lange Zeit als Opfer und hilfloses, verängstigtes Kind beschrieben, aber nun war sie zum Richter und Kritiker geworden. Das sind zwar keine besonders positiven Rollen, aber sie sind kraftvoller und bieten größere Chancen, etwas in Bewegung zu setzen, als der Anteil ihrer Persönlichkeit, der durch eine schlechte Leistungsbewertung am Boden zerstört war.

,,,Nur durchschnittlich zu sein' ist für Sie ein schrecklicher Gedanke, nicht wahr, Clare?'' fragte ich. ,,Sie fühlen sich dann schlecht, so, als ob Sie wertlos wären. Anscheinend gehen Sie ganz schön hart mit sich selbst um. Sie erwarten von sich nur herausragende, wenn nicht sogar perfekte Leistungen, und wenn Sie das nicht schaffen, sind Sie mit sich selbst unzufrieden. Es sieht aus, als ob Ihre Projekte für Sie mehr sind als einfach nur eine Arbeit, die erledigt werden muß. Die Projekte verkörpern für Sie Spiegelungen Ihres persönlichen Wertes. Ich könnte wetten, daß Sie sich sagen, Sie seien schlecht, wenn Ihre Arbeit als durchschnittlich bewertet wird, als ob *Sie* beurteilt würden. Wo haben Sie gelernt, so mit sich selbst zu sprechen?''

Meine Frage verwirrte Clare, und sie mußte einen Moment nachdenken. ,,Das ist so, solange ich denken kann. Meine Erziehung lief darauf hinaus, die Überzeugung zu entwickeln, daß man bei allem, was man anfängt, der Beste sein sollte; alles andere ist ein Fehlschlag. Wenn ich einmal nicht die Beste bin, komme ich mir wie eine Versagerin vor.''

Dann erzählte mir Clare, wie sie gelernt hatte, sich selbst teilweise als Richterin, teilweise als träges Kind zu betrachten. „Ich bin das jüngste von vier Kindern. Meine beiden Brüder und meine Schwester sind ziemlich erfolgreich. Mein Vater ist wirklich erfolgreich und reich, und meine Mutter ist beliebt und macht alles, was sie tut, sehr gut. Ich hatte immer das Gefühl, ich müßte sie alle einholen und würde das nie schaffen — sie konnten eben immer alles viel besser als ich. Ich glaube, ich wäre gerne Ärztin geworden, aber auf dem Gebiet der Medizin herrscht solch ein harter Wettbewerb und außerdem hatte mein ältester Bruder sich schon dafür entschieden. So weit ich zurückdenken kann, machten sich immer alle über mich lustig, wenn ich um Hilfe bei den Hausaufgaben bat. Man erwartete immer von mir, daß ich alles gut machte und keine Probleme hätte. Ich wurde nie für meine Leistungen gelobt, auch wenn ich noch so hart arbeitete. Aber ich mußte mir jede Menge Kritik anhören, wenn ich nur eine Zwei in Geschichte nach Hause brachte. Ich hatte immer das Gefühl, daß mir jemand über die Schulter schaute, besorgt darum, ob ich auch alles gut machte oder klug genug wäre.

Mein Leben lang habe ich gehört, daß ich nur mit Selbstdisziplin wirklich gut am Klavier, beim Ballet oder in den Naturwissenschaften sein könnte. Ich hatte das Gefühl, ich müßte mich für meine Familie zu all dem zwingen, auch wenn ich lieber draußen mit den anderen Kindern spielen wollte. Ich wollte sie glücklich machen, deshalb habe ich mir wirklich Mühe *für sie* gegeben. Ich war gut, aber niemals herausragend. Sie konnten nie stolz auf mich sein. Wie sehr ich mich auch anstrengte, ich war bei Klassenarbeiten und Prüfungen immer so nervös, daß ich hinter meinen Möglichkeiten zurückblieb. Ich hatte das Gefühl, daß ich mit etwas weniger Druck, nur mit einem bißchen mehr Zeit, wirklich gut sein könnte. Aber ich erziele immer durchschnittliche Ergebnisse. Ich hasse es, durchschnittlich zu sein. Aber geht das nicht jedem so?"

Diese Familiensituation in der Kindheit ist typisch für viele Menschen, die zum Aufschieben neigen. Mit Lob wird oft sparsam umgegangen, „damit es Dir nicht in den Kopf steigt", und das Kind bekommt das Gefühl, daß seine Bemühungen *niemals* ausreichen werden. Es scheint keine Möglichkeit zu geben, um den Eltern und Lehrern zu gefallen. Schon in jungen Jahren haben sie gelernt, daß vom Abschluß eines Projekts nur ein abwertendes Urteil oder bestenfalls eine sogenannte konstruktive Kritik, wie man es besser machen könnte, zu erwarten ist. Die Botschaft ist völlig klar: ,,Es gibt keine Atempause. Du wirst Dich immer weiter abstrampeln müssen. Das Leben ist nun einmal hart, die Arbeit auch. Du wirst es nicht leicht haben, Du wirst noch viel arbeiten müssen, bis Du Dich auf Deinen Lorbeeren ausruhen kannst. Du gewöhnst Dich besser schon einmal daran, daß die Dinge hart werden, denn erwachsen sein ist noch schwerer als die Kindheit, und wenn einmal alles gut geht, lauert bestimmt schon ein Unglück hinter der nächsten Ecke.''

Durch diese frühe Konditionierung lernte Clare, daß ein Teil von ihr faul sei und Disziplin, Druck und Drohungen brauche, um die ganze Arbeit zu erledigen, die auf sie wartete. Sie nahm es als gegeben hin, daß ihr wertender und autoritärer Teil den kindlichen und faulen Teil ständig antreiben und unter Druck setzen müßte. Clare kannte nichts anderes, als ständig im Konflikt mit sich zu leben. Ich wollte wenigstens zwei der kontraproduktiven Voraussetzungen aus Clares Geschichte bekämpfen: das Gefühl, daß *sie* sich *selbst* unter Druck setzen müßte, und daß also dieser innere Konflikt notwendig und normal sei und bei jedem vorkomme, als ob Faulheit in der menschlichen Natur läge.

,,Ich glaube, das ist bei vielen Menschen so, Clare'', sagte ich. ,,Aber glauben Sie mir, es geht nicht jedem so. Und ich glaube auch nicht, daß es bei Ihnen immer so war. Als Sie ein kleines Mädchen waren, war bestimmt alles, was Sie taten, gut, ja sogar perfekt. Jeder Laut wurde beifällig und mit einem ermutigendem Blick begrüßt, einem Lächeln, das Ihnen sagte, daß Sie das ganz toll machten. Jeder ließ Ihnen die Zeit, auf Ihre Weise, in Ihrem Tempo zu lernen, und tatsächlich bedeutete das: ,Wir lieben Dich genau so, wie Du bist.'''

Clare stiegen Tränen in die Augen und sie weinte, dann entschuldigte sie sich: ,,Tut mir leid, ich wollte nicht weinen. Ich hatte mir fest vorgenommen, nicht zu weinen. Ich komme mir so dumm vor, ich weiß nicht einmal, warum ich weinen muß."

„Kann es sein, daß Sie sich schon lange nicht mehr so bedingungslos angenommen fühlten?" fragte ich. „Vielleicht ist es auch schon lange her, daß Sie sich so positiv sahen. Beachten Sie doch, wie schnell Sie diese wertende Stimme ins Spiel brachten, die sagt: ‚Weinen ist dumm. Es gibt keinen vernünftigen Grund zu weinen. Hör sofort auf und entschuldige Dich.' Diese Wertung haben Sie sehr gut verinnerlicht, vielleicht zu gut. Wann haben Sie gelernt, sich selbst so kritische, harte Worte zu sagen?"

Ich wollte Clare ihre negativen „inneren Selbstgespräche" bewußt machen, die sie unter Kontrolle bringen konnte, selbst wenn sie nicht kontrollieren konnte, was andere ihr sagten. Es war so sehr zu einem Teil ihrer Persönlichkeit geworden, sich als unzureichendes, inkompetentes Opfer zu fühlen, daß sie einfach voraussetzte, der Druck der Kritik käme von außen. Sie sollte erkennen, daß *sie selbst* der autoritäre Richter war. Ich erklärte Clare, daß sie diese fordernde Stimme vermutlich bei dem Versuch erworben hatte, mehr Akzeptanz bei den Eltern zu erreichen, die mit Liebesentzug reagierten, wenn sie deren Anforderungen nicht entsprach. Dafür mußte sie die Überzeugung ihrer Eltern übernehmen, daß ein Teil von ihr schlecht sein konnte und daß ständige Beobachtung und dauernder Druck notwendig waren, um diesen Teil zur Arbeit zu zwingen, selbst wenn er es nicht wollte. So lernte Clare, nicht als liebevoller Partner, sondern als bedrohlicher Richter mit elterlicher Autorität mit sich selbst zu sprechen.

Clares Probleme sind hervorragende Beispiele für das, was Alice Miller „vergiftete Pädagogik" nennt, die das Kind zu einem geringen Selbstwertgefühl und einer negativen Einstellung zur Arbeit erzieht. Clare hatte ihre Einstellung zur Arbeit und zu ihren Fähigkeiten bereits erworben, als sie noch nicht für sich selbst denken konnte. Jetzt, wo sie erwachsen war, wollte ich sie dahin führen, bewußt zu entscheiden, welche ihrer Einstellungen und Voraussetzungen sinnvoll waren.

Außerdem hielt ich es für wichtig, daß sie wußte, auf welche

Theorien ich meinen Lösungsansatz für ihr Problem gründete. Ich erzählte ihr, daß meine Arbeit auf einer positiven Betrachtung des menschlichen Geistes beruht, der Überzeugung, daß Arbeit und Wachstum natürliche Bedürfnisse des Menschen sind und daß Probleme wie die Neigung zum Aufschieben normalerweise aus einer Unterdrückung dieser Bedürfnisse entspringen.

Nachdem wir in der ersten Sitzung einige grundlegende Annahmen über die Arbeit und die Neigung zum Aufschieben neu definiert hatten, war der nächste Schritt, die negativen Voraussetzungen zu entdecken, die Clares persönlicher Neigung zum Aufschieben zugrunde lagen. Ich bat Clare darum, einige Tage lang darauf zu achten, wann und warum sie etwas aufschob, damit ihr bewußt wurde, unter welchen Umständen die alten Sichtweisen sie am wahrscheinlichsten zu negativen Verhaltensmustern führten. Wenn sie feststellte, daß sie etwas vor sich herschob, sollte sie besonders auf ihre Gewohnheit achten, den Aufschub als Flucht vor inneren Konflikten und Sorgen zu benutzen.

Aus den Aufzeichnungen in ihrem Tagebuch stellte Clare eine Liste ihrer häufigsten, negativen Aussagen über sich selbst zusammen. Daraus entwickelten wir als Ersatz positive, anspornende Aussagen, die ihre Aufmerksamkeit auf die jeweilige Aufgabe richten sollten, anstatt die eigenen Fähigkeiten oder den eigenen Wert anzuzweifeln.

Es lag noch eine Menge Arbeit vor uns, um Clares Selbstvertrauen wiederherzustellen und ihr somit einen Rückhalt vor der Kritik des Chefs zu liefern. Aber nachdem sie eine Strategie besaß, um ihren schärfsten Kritiker, nämlich sich selbst, loszuwerden, konnten wir auch Clares Auflehnung gegen Autoritäten, ihre Angst vor Fehlschlägen, ihren Perfektionismus und ihre Angst vor dem Erfolg vermindern.

Sie war nun fähig, sich auf ihre Leistungen und Stärken, ihr Bedürfnis nach hochwertiger Arbeit, ihre intellektuelle Neugierde und ihr Verlangen, jede Situation zu verbessern, zu konzentrieren. Nachdem sie diese positive Erkenntnis gewonnen hatte, verringerte sich Clares Abhängigkeit von äußeren Urteilen und sie wurde fähig, ihre Arbeit ohne Verzögerung anzugehen. Sie hatte ihr Bedürfnis nach Aufschieben verlernt und konnte nun anfangen, wie ein produktiver Mensch zu denken, zu fühlen und zu handeln.

Aufschieben lohnt sich

Bei meiner Arbeit mit Menschen, die Probleme mit dem Aufschieben hatten, habe ich einen Hauptgrund für dieses Verhalten entdeckt: Aufschieben lohnt sich. Im Fall von Clare verminderten die Verzögerungstaktiken effektiv ihre Angst vor äußeren Urteilen.

Der Hauptgrund für den Erwerb jeder Verhaltensweise ist, wie Dr. Frederick Kanfer und Dr. Jeanne Phillips meinen, daß selbst eine scheinbar so kontraproduktive Verhaltensweise wie die Neigung zum Aufschieben sofort in gewisser Weise belohnt wird. Verzögerungstaktiken vermindern die Anspannung, indem sie uns von etwas wegführen, das uns wehtut oder eine Bedrohung darstellt. Je unangenehmer die Arbeit erscheint, desto eher wird man versuchen, durch Flucht oder die Aufnahme von anderen, erfreulicheren Tätigkeiten Entlastung zu suchen. Je stärker das Gefühl ist, daß endlose Arbeit einen der Freuden der Freizeit beraubt, desto schwerer wird es einem fallen, mit der Arbeit zu beginnen.

In einem gewissen Sinn wird man abhängig von der Anwendung von Verzögerungstaktiken, denn sie vermindern zeitweise die innere Anspannung. Wenn eine Arbeit, die wir für notwendig gehalten hatten, sich später als überflüssig erweist, besitzen wir eine Rechtfertigung und werden für den Aufschub doppelt belohnt. Wir haben unsere Verzögerungstaktiken also nicht nur eingesetzt, um mit unseren Ängsten fertigzuwerden, wir haben somit auch entdeckt, daß wir auf diese Weise Energie sparen können. Wir haben gelernt, daß es manchmal sinnvoll ist, etwas aufzuschieben, und sind sogar noch dafür belohnt worden.

Es gibt viele Arten, wie übliche Verzögerungen belohnt und als ein Weg zur Problemlösung erkannt werden:

- Manchmal wird eine zurückgestellte, langweilige Aufgabe von anderen erledigt.

- Wenn Sie die Entscheidung über einen Einkauf lange genug aufschieben, kann sich das eventuell auszahlen, weil der betreffende Gegenstand billiger geworden oder aus der Mode gekommen ist.

- Verzögern zieht oft keine Strafe nach sich. Tatsächlich hat sogar fast jeder in seiner Kindheit einmal die Erfahrung gemacht, große Angst vor einer unvorbereiteten Prüfung zu haben, nur um dann festzustellen, daß zu seiner größten Erleichterung die Prüfung aus irgendeinem Grund ausfällt. So lernt man, auch anderes in der Hoffnung auf ähnliche Wunder aufzuschieben.

- Wenn Sie sich die Zeit zum ,,Abkühlen'' nahmen, konnten Sie ernsthafte Auseinandersetzungen mit Eltern, Lehrern, Vorgesetzten und Freunden vermeiden.

- Schwierige Entscheidungen erledigen sich manchmal von selbst, wenn man auf zusätzliche Informationen wartet oder die Gelegenheit verstreichen läßt.

Im großen und ganzen wird uns beigebracht, daß die Neigung zum Aufschieben das Problem selbst ist und nicht etwa ein Symptom für andere Probleme. Diese Diagnose macht leider alles noch schlimmer, indem sie Ihnen die Verantwortung für solch ein unmögliches Verhalten zuschiebt, anstatt Ihre Energie auf den Ausbruch aus dem Teufelskreis von Druck, Angst und Verzögern zu konzentrieren. Experten, Vorgesetzte und Freunde fordern Sie auf: ,,Bringen Sie Ordnung in Ihr Leben. Fangen Sie einfach an.'' Und dann probieren Sie eine Vielzahl von Zeitplänen und Methoden aus, um sich selbst zum Handeln zu zwingen, mit nur unbedeutenden Erfolgen, weil die Methoden die Neigung zum Aufschieben (und damit auch Sie persönlich) bekämpfen, statt die Probleme anzugreifen, die Sie überhaupt erst zum Aufschieben verleiten.

Wenn man den eigenen Wert mit der Arbeit identifiziert („Ich bin, was ich tue"), schreckt man naturgemäß davor zurück, ungeschützt Herausforderungen anzunehmen und Risiken einzugehen. Wenn Sie davon überzeugt sind, daß eine Bewertung Ihrer Arbeit eine Bewertung Ihrer Person ist, dann werden Perfektionismus, Selbstkritik und Verzögerungstaktiken zu notwendigen Formen der Selbstverteidigung. Wenn Vorgesetzte und Familienmitglieder Ihr Zögern beobachten, ein Projekt zu beginnen oder zu Ende zu führen, sorgen sie, oft mit den besten Absichten, für noch mehr Druck und Drohungen, um Sie zum Handeln zu zwingen. Während sich der Konflikt zwischen Ihren inneren Ängsten vor dem Versagen oder einer unvollkommenen Leistung und den äußeren Anforderungen verschärft, suchen Sie Entlastung im Verzögern. Das kann zu einem Teufelskreis führen:

Perfektionistische Forderungen → Angst vor einem Fehlschlag → *Verzögerungstaktiken, Aufschieben* → Selbstkritik → Sorgen und Depressionen → Verlust des Selbstvertrauens → größere Angst vor einem Fehlschlag → ein verstärktes Bedürfnis, *Verzögerungstaktiken* anzuwenden → weitere *Verzögerungstaktiken*.

Die Verzögerungstaktik ist nicht der Ausgangspunkt dieses Teufelskreises. Aus dem Blickwinkel des Hier-und-Jetzt-Systems folgt dieses Verhalten auf perfektionistische oder übersteigerte Anforderungen und die Angst, daß selbst kleine Fehler zu einer niederschmetternden Zurückweisung und einem endgültigen Fehlschlag führen werden.

Es ist leider möglich, sich von den positiven Folgen dieses Verhaltens abhängig zu machen und zu lernen, Verzögerungstaktiken hauptsächlich auf drei verschiedene Arten anzuwenden: als indirekten Weg, dem Druck durch Autoritäten standzuhalten; als eine Methode, Angst vor Fehlschlägen durch eine Entschuldigung für enttäuschende, unvollkommene Leistungen zu vermindern; und als eine Verteidigung gegen Angst vor dem Er-

indem man sich selbst Bestleistungen nicht zugesteht. Achten Sie bitte darauf, ob Sie sich in einer der Kategorien auf den folgenden Seiten wiedererkennen.

Verzögerungstaktiken können Ärger ausdrücken

Verzögerungstaktiken werden manchmal eingesetzt, um sich an überlegenen Autoritäten zu rächen, die einen in Situationen bringen, in denen einem nur noch negative Alternativen offenstehen (also zum Beispiel die Rechnung zu bezahlen oder ins Gefängnis zu gehen, auf den Urlaub zu verzichten oder sich einen neuen Arbeitsplatz zu suchen). In solchen Situationen spiegeln Verzögerungstaktiken den Ärger über die Autoritätsperson wider, die einen in dieses ausweglose Dilemma gebracht hat. Man fühlt sich wie ein Opfer, dessen Leben nach den Regeln anderer abläuft. Und man bekräftigt den Widerstand gegen die Regeln, indem man bei unangenehmen Aufgaben ins ,,Opfer-Mantra" verfällt − es heißt: ,,ich muß". − ,,Ich muß den Strafzettel bezahlen. Ich muß den Bericht am Freitag abliefern. Aber wenn ich Einfluß darauf hätte, würde ich es nicht tun. Wenn ich Gott wäre, würde es keine Strafzettel geben."

Als machtloses Opfer haben Sie das Gefühl, nicht offen rebellieren zu können, denn Sie würden die voraussichtlichen Konsequenzen (Ärger und Bestrafung) tragen und auch die Nebenergebnisse der Opferrolle (Selbstgerechtigkeit und Märtyrertum) aufgeben müssen. Aber durch Verzögerungstaktiken lassen sich zeitweise ganz heimlich diese Autoritäten entthronen. Auflehnung erscheint dann in der Form eines langsamen, halbherzigen Versuchs. Wenn Sie sich in einer untergeordneten Position befinden, zum Beispiel als Student, einfacher Angestellter oder Gefreiter in der Armee, kann dieses Verhalten der sicherste Weg sein, einen Rest von Macht zu behalten und eine gewisse Kontrolle über das eigene Leben auszuüben.

Bettlägerige Patienten, die im Vergleich mit der Autorität des Pflegepersonals völlig hilflos erscheinen, haben nur selten die Möglichkeit, Kontrolle über ihr Leben auszuüben. Um in der durchorganisierten Krankenhausmaschinerie noch eine winzige Möglichkeit zum Ausdruck der eigenen Persönlichkeit zu finden, verzögern sie die Einnahme der Medikamente, beschweren sich über das Essen und „weigern sich, den Anweisungen des Arztes zu folgen".

Fließbandarbeiter und Verwaltungsangestellte am untersten Ende der Industriehierarchie haben ihren Widerstand gegen ein diktatorisches Management schon oft durch langsameres Arbeiten, das Zurückhalten jeglicher Initiative und die buchstabengetreue Befolgung von Vorschriften, ja manchmal sogar durch Sabotage zum Ausdruck gebracht.

Larry, der 55jährige Produktionsleiter in einer Fabrik, setzte Verzögerungstaktiken ein, um die Ungleichheit zwischen sich selbst und seinem Vorgesetzten auszugleichen. Er war schon mehrmals bei Beförderungen übergangen worden. Im Laufe der Jahre hatte sich bei Larry Verbitterung über die jungen Leute eingeschlichen, die befördert wurden, während er immer auf der selben Stufe blieb. Larry wußte nicht, wie wütend er auf Bill, den Werksleiter, war, aber er wußte, daß er seine Gefühle nicht *direkt* ausdrücken konnte, aus Angst „zu explodieren, ein Stück meines Innenlebens freizulegen und dann auf der Straße zu sitzen". Er fühlte sich in einer Sackgasse und löste das Problem zeitweise, indem er Verzögerungstaktiken als indirekten Ausdruck seines Ärgers und seiner Macht einsetzte. Ohne sich dessen völlig bewußt zu sein, fing Larry an, Berichte und Abrechnungen zu ignorieren, die er für seinen Vorgesetzten erledigen sollte. Wenn er etwas für ihn tun sollte, pflegte er es zu „vergessen", zu „verlegen" und sich „krank zu fühlen".

Scheinbar hatte er Probleme mit seiner „Faulheit". Aber in Wirklichkeit waren es oberflächliche Versuche, mit tiefsitzendem Groll und verletzten Gefühlen fertigzuwerden. Larry fühlte sich machtlos und festgefahren – zu alt, um noch einen neuen Arbeitsplatz zu suchen. Er *mußte* einfach an seinem Platz bleiben, ohne je ein Wort über diese Ungerechtigkeiten, die ihn belasteten, verlieren zu können.

Am schwersten fiel es Larry, seine eigene Kraft zu entdecken und die Opferrolle aufzugeben. Nachdem sich Larry bewußt dazu entschieden hatte, bis zur Rente in seiner Firma zu bleiben, stimmte er mir allerdings zu, daß es sinnvoll wäre, seine Opferhaltung („ich muß") mit Hilfe der Wahlmöglichkeiten aufzugeben, die er jeden Tag hatte. Schließlich war dies immer noch seine Arbeit, und er glaubte an seine Fähigkeit, sie gut zu machen. Ihm wurde bewußt, daß sein Verhalten angefangen hatte, die negative Meinung des Werksleiters über ihn zu bestätigen. Er begann zu denken „ich entscheide mich", statt zu glauben „ich muß". In einem Versuch, die Stoßrichtung seines kontraproduktiven Kampfes zu ändern, begann Larry, sich effektiv Ziele zu setzen, und erkannte seine Stellung in der Firma an, statt sich in Phantasien zu ergehen, auf welcher Sprosse der Leiter er stehen *sollte*. Es fiel ihm schwer, anzuerkennen, daß Bill die Leitung hatte und in seine Arbeit hineinreden konnte, aber daß er diese Tatsache ignoriert hatte, hatte ihn zu lange in einen ermüdenden Kampf verstrickt. Der Werksleiter und Larry würden wohl nie zu Freunden werden, aber sie mußten nicht notwendigerweise Feinde sein. Larry war entschlossen, das durch folgende Haltung widerzuspiegeln: „Ich bin hier, um Ihnen zu helfen und nicht, um Ihnen Steine in den Weg zu legen." Er fing nach drei Jahren sogar wieder an, Bill zu grüßen.

Zu Larrys Überraschung bemerkte der Chef die neue Initiative und die veränderte Haltung, noch ehe ein Monat seit der Entscheidung vergangen war, die Rolle des Opfers abzulegen. Der Werksleiter betrachtet Larry nun als einen seiner vertrauenswürdigsten Angestellten, und Larry fühlt sich stark, weil er eine Veränderung in seiner Arbeitsumgebung und seinen Gefühlen erreicht hat. Sein Hang zum Aufschieben ist kein Problem mehr, weil die tieferliegenden Ursachen — sein Groll und sein Gefühl der Machtlosigkeit — verschwunden sind.

Mit Sicherheit besitzen andere oft die Macht, auf Sie und Ihre Arbeit Einfluß auszuüben. Aber niemand kann Sie zu einem Opfer oder zu einem Menschen machen, der gern die Dinge „auf die lange Bank" schiebt, diese Macht besitzen Sie allein.

Verzögerungstaktiken können ein Schutz gegen die Angst vor Fehlschlägen sein

Wenn Sie sehr hohe Maßstäbe an Ihre Leistung anlegen und sehr kritisch gegenüber Ihren Fehlern sind, brauchen Sie einen Schutz vor riskanten Projekten, die leicht zu einem Fehlschlag werden könnten. Perfektionismus und Selbstkritik sind tatsächlich die Hauptursachen für die Angst vor Fehlschlägen. Jeder wird irgendwann in seinem Leben einmal ein Ziel nicht erreichen, und das kann eine sehr enttäuschende und schmerzliche Erfahrung sein. Aber für einen Perfektionisten ist ein Fehlschlag wie eine kleine Wunde für einen Bluter. Für einen robusten Menschen sieht sie nach nichts aus, aber für jemanden, der unter dieser Krankheit leidet, kann es fatale Folgen haben. Und ein Perfektionist ist Fehlschlägen gegenüber extrem empfindlich, denn wenn seine Arbeit als ,,durchschnittlich'' bewertet wird, heißt das für ihn, daß er ein ,,Versager'' ist. Bei extremen Fällen von Perfektionismus gibt es keinen Unterschied zwischen der Bewertung der Arbeit und dem Selbstwertgefühl des Betreffenden.

Das Bedürfnis nach Verzögerungstaktiken als Schutz vor Kritik und Fehlschlägen ist bei den Menschen besonders stark ausgeprägt, die das Gefühl haben, ein bestimmtes Ziel mit Erfolg erreichen zu *müssen* und keine annehmbaren Alternativen sehen.

Wer seine Identität in vielen Lebensbereichen findet, ist widerstandsfähiger gegen einen Mißerfolg auf einem einzelnen Gebiet. Zum Beispiel ist es für einen Tennisprofi schlimmer, ein Spiel zu verlieren, als für einen Amateur, für den Tennis nur eine von vielen Beschäftigungen bedeutet. Das ist in Studien von Patricia W. Linville von der Yale-University genau nachgewiesen. Sie hat festgestellt, daß die Wahrscheinlichkeit von Depressionen aufgrund von Streß in einem einzelnen Lebensbereich sinkt, je komplexer und vielfältiger das eigene Identitätskonzept ist. Denn es gibt genügend ,,nicht betroffene Lebensbereiche, die wie Puffer wirken können''.

Ein Mensch, der für Streßreaktionen und die Neigung zum Aufschieben anfällig ist, sagt: ,,Wenn ich heute nicht zehn Verkäufe abschließe, bin ich ein Versager. Ob ich im Leben ein Gewinner oder Verlierer bin, hängt davon ab, wie gut ich dieses Projekt zu Ende führe." Wenn Ihre Arbeit solch ein Gewicht bekommt, daß Ihr Eigenwert oder Ihr zukünftiges Glück davon abhängen, ist Streß unausweichlich. Man braucht dann einfach irgendeine Fluchtmöglichkeit, um die Sorgen zu ertragen und das Selbstwertgefühl davon zu lösen, wie gut man in diesem Tennisspiel, dieser Prüfung oder bei dieser Arbeit abschneidet. In solch einer mißlichen Lage können Verzögerungstaktiken bewirken, daß Sie über Ihren Perfektionismus hinwegkommen. Wenn Sie den Beginn Ihrer Arbeit verzögern, können Sie nicht mehr Ihr Bestes geben, und jede Kritik und jeder Mißerfolg sind dann keine Bewertung *Ihres wahren Wesens oder Ihrer besten Möglichkeiten* mehr. Wenn Sie eine Entscheidung verzögern, wird ein anderer die Entscheidung für Sie treffen, und Sie müssen keine Verantwortung tragen, wenn etwas schiefgeht.

Die Angst vor Leistungen und die Neigung zum Aufschieben hatten Elviras Leben zu einem einzigen Elend gemacht. Ob es nun um ein Klavierkonzert, eine Prüfung, ein Bewerbungsgespräch oder einen Vortrag auf einer Sitzung ging, jedesmal starb Elvira tausend Tode. Der bloße Gedanke an den kleinsten Fehler bereitete ihr Stunden, wenn nicht sogar Tage voller Panik und Angst.

Elvira war in einer Familie von energiegeladenen Erfolgsmenschen aufgewachsen. Überall in ihrem Stammbaum wimmelte es von akademischen Titeln, und alle waren an den „besten Universitäten" erworben worden. Sie fühlte sich wie in einem Aquarium, mit tausend kritischen Augen ringsherum, die jede Bewegung beurteilten.

Sie hatte die wohlgemeinte Kritik Ihrer Familie verinnerlicht und so interpretiert, daß sie vollkommen sein müßte und nie einen Fehler machen dürfe. Und dieser Perfektionismus führte dazu, daß sie in kritischen Momenten gleichsam zur Salzsäule erstarrte und schließlich mit Hilfe von Verzögerungstaktiken jede Situation vermied, in der ihre Leistung bewertet werden könnte.

Als ich Elvira zum ersten Mal fragte, ob sie einen angeborenen Wert als Mensch besäße, war sie völlig überrascht. „Wie kann es so etwas wie einen angeborenen Wert geben?" fragte sie. „Wo soll mein Wert herkommen, wenn nicht aus dem, was ich tue?" Als ich sie dann über weniger leistungsfähige und begabte Menschen befragte, mußte sie zugeben, daß sie trotz geringer Fähigkeiten ihren Wert hatten und Respekt verdienten, aber sie konnte diese Großzügigkeit nicht auf sich selbst übertragen. Um den Hang zum Aufschieben zu überwinden, schloß sie einen Vertrag mit sich selbst ab, daß sie immer, wenn sie einen Fehler machte, sich selbst an ihren Wert erinnerte, sich ihre Unvollkommenheit schnell vergab und bald einen neuen Versuch wagte.

Verzögerungstaktiken können Sie davon abhalten, Ihrer Angst vor dem Erfolg ins Gesicht zu sehen

Die Angst vor dem Erfolg umfaßt drei große Themenbereiche:

1. Sie befinden sich im *Konflikt* zwischen dem Erfolg und Ihren Freunden.

2. Der erfolgreiche Abschluß eines Projekts bringt manchmal auch *negativen Ansporn* wie zum Beispiel einen Umzug, die Suche nach einem neuen Arbeitsplatz oder die Rückzahlung der BAföG-Beträge mit sich.

3. Erfolg bedeutet den Aufstieg zu immer wachsenden Anforderungen und damit die *Angst vor dem endgültigen Versagen irgendwann in der Zukunft*.

1. Konflikte

Wenn der Erfolg in der Karriere zu Konflikten in persönlichen Beziehungen führt, können Verzögerungstaktiken einen Versuch darstellen, weiterhin zwei Welten anzugehören, die sich anscheinend diametral gegenüberstehen. Weil wir uns nicht völlig für eine dieser Welten entscheiden wollen, versuchen wir, einen Mittelweg zu gehen, indem wir Zeit mit unseren Freunden verbringen, (manchmal nur halbherzig), während wir unsere Arbeit aufschieben und unseren Drang nach Erfolg unterdrücken. In einer ihrer heimtückischeren Formen kann die Angst vor dem Erfolg in einem unbewußten, selbstzerstörerischen Verhalten Ausdruck finden.

Der Drang nach Erfolg verlangt, ein Ziel zu setzen, diesem Ziel hohe Priorität einzuräumen und dann Zeit und Energie in dieses Ziel zu investieren. Wenn die Anforderungen an Ihre Zeit und Ihre Aufmerksamkeit größer werden, könnten Ihre Freunde und Ihre Familie zu dem Entschluß kommen, Ihren Ehrgeiz und Erfolg abzulehnen. Man könnte Ihre Projekte mit hoher Priorität als Anzeichen dafür sehen, daß man Ihnen nicht mehr so wichtig ist und daß die Beziehung zu Ihnen in Gefahr ist. Oft scheinen Freunde und Familienmitglieder zu sagen: ,,Entscheide dich für mich oder für deine Karriere.'' Einer meiner Klienten drückte das folgendermaßen aus: ,,Ich habe erfahren, daß man mehr Freunde hat, wenn man ihnen keinen Grund zur Eifersucht gibt.'' Wenn Sie sich tatsächlich in einem Konflikt zwischen der Unterstützung durch Freunde und Familie und Ihrem persönlichen Erfolg befinden, stecken Sie in einer echten Zwickmühle.

Daß sie in der Grundschule schnell und mit Leichtigkeit Klassenarbeiten schrieb, machte Dorothy bei ihren Mitschülern nicht gerade beliebter. Sie klagten lieber gemeinsam über die schweren Arbeiten, als Dorothys wiederholte Erfolge zu feiern. Sie sahen es auch nicht gerne, daß sie oft der Liebling des Lehrers war. Gleichgültigkeit und Verzögerungstaktiken bei den Hausaufgaben waren das erste Zeichen dafür, daß Dorothy anfing, sich zugunsten ihrer Beliebtheit zurückzuhalten. Während Dorothy niemals ihre Leistungen offen sabotieren konnte, wendete sie Verzögerungstaktiken an, damit sie nicht wegen ihres Erfolgs zur Außenseiterin wurde.

Bevor sie erwachsen wurde, hatte Dorothy schon gelernt, daß der Erfolg seine Schattenseiten hat. Er war zwar nicht immer zu vermeiden, sollte aber lieber vorsichtig angestrebt werden. Ihre frühesten Erfahrungen hatten sie gelehrt, den Wettbewerb zu fürchten, nicht etwa, weil sie verlieren konnte, sondern weil sie immer so leicht gewann. Es klingt merkwürdig, aber weil sie klug und sportlich war, fiel es Dorothy sehr schwer, in der Schulzeit Freundschaften aufrechtzuerhalten.

Auf der Universität wurde dann alles anders. Sie wurde hier bereitwilliger akzeptiert. Es gab Studenten, die mit ihr Schritt halten konnten, und sogar einige, die sie anspornten, bis an ihre Grenzen zu gehen. Auf der Universität hatte sie eine bessere Chance, für ihre Leistungen anerkannt zu werden. Wie dem auch sei, Dorothy saß eines Tages im selben Seminar wie ihr Freund. Das machte ihr große Sorgen. Sie versuchte noch immer sorgfältig, ihre neue Freundschaft mit Peter nicht zu gefährden. Als Dorothy entdeckte, daß ihre Seminararbeit mit 1 „plus" bewertet worden war, ging sie sofort zum Professor und bat ihn, die Note auf 1 zu senken, damit sie ihren Freund nicht überflügelte und somit bedrohte. Glücklicherweise waren sowohl der Professor als auch ihr Freund bereit, ihren Erfolg zu unterstützen. Sie mußte lernen, auf die wahre Freundschaft derer, die an ihrem Fortkommen interessiert waren, zu vertrauen, auch wenn andere sich aus Eifersucht von ihr abwenden sollten. Dorothy mußte lernen, die schwierige Entscheidung zu treffen zwischen einem vollen Einsatz, der wahrscheinlich zum Erfolg führte, oder ihrer Beliebtheit bei denen, die von ihr einen geringeren Erfolg verlangten. Sie lernte, daß es ein bequemer Weg war, durch Aufschieben diese schwere Entscheidung offenzuhalten. Nachdem Dorothy angefangen hatte, sich den möglichen Konsequenzen des Erfolgs zu stellen, konnte sie schnelle Entscheidungen über ihre Arbeit treffen und brauchte keine Verzögerungstaktiken mehr.

2. Negativer Ansporn

Weiter verbreitet ist wahrscheinlich diese Form der Angst vor dem Erfolg, die dadurch verursacht wird, daß wir wissen, daß der Abschluß eines bestimmten Projektes ein zweifelhafter Segen sein wird, der sowohl Gewinn als auch Verlust bringt. Im

Geschäft und in der Schule kann es zur Stagnation kommen, wenn jemand einen Abschnitt der Karriere oder Ausbildung abgeschlossen hat. Es gibt ein Zurückschrecken davor, das Vertraute zugunsten des Unbekannten, eine Ebene, die man bewältigt hat, zugunsten einer Beförderung auf eine neue Stufe zu verlassen, wo man wieder die vorsichtigen und riskanten Schritte eines Neulings tun muß.

Es war John schwergefallen, den Schritt aus der Universität in die „kalte Welt" zu tun. Nach dem Examen hatte er schnell eine neue Heimat in einer Firma gefunden, wo er fast wie ein Familienmitglied behandelt wurde. Aber nach zwei Jahren hatte John alles gelernt, was er in dieser kleinen Firma nur lernen konnte. Die Arbeit war zur Routine geworden, und er erhielt verlockende Angebote von großen Konkurrenzfirmen, die ihm Stellungen anboten, die seine ganzen Fähigkeiten forderten. John war bei dem Gedanken von Schrecken erfüllt, schon wieder eine gemütliche Heimat zugunsten einer Arbeit zu verlassen, in der er sich vielleicht wie ein kleiner Fisch in einem riesigen Teich fühlen würde.

Ich stellte fest, daß Johns Sprache – und damit auch seine Gedanken – von „ich sollte" in bezug auf seinen Aufstieg und „ich würde es lieber nicht müssen" in bezug auf den Verlust einer sicheren Stelle geprägt war. Zuerst mußte John eine echte Entscheidung treffen und die volle Verantwortung dafür übernehmen. Aber er hatte riesige Angst, einen Fehler zu machen. „Was passiert, wenn mir das alles eine Nummer zu groß ist?" fragte er sich immer wieder. „Was ist, wenn ich wieder zu meinen alten Freunden zurückkehren möchte?"

John mußte seine Ängste so angehen, daß er wußte, er würde Optionen für seine Zukunft haben und könnte nicht damit rechnen, daß alles (die Arbeit, seine persönlichen Beziehungen) perfekt verlaufen würde. Er mußte auch sicher sein, daß er sich nicht harsch für einen Fehler kritisieren würde, wenn er versagen oder auch nur einige Schwierigkeiten mit der neuen Arbeit haben würde. Seine hohen Anforderungen an sich selbst ließen nur wenig Spielraum für vernünftige Risiken und den Rückzug vor unerwarteten Schwierigkeiten. John mußte auch lernen, daß er sein eigenes „Fangnetz" aufspannen konnte, mit dessen Hilfe er in kleinen Schritten seine Erfolgschancen in einem herausfordernden Job austesten konnte.

3. Angst vor dem Erfolg: Verzögerte Angst vor dem Versagen

Wenn Sie bis jetzt immer gute Leistungen erbracht haben, wird man sehr wahrscheinlich immer höhere Anforderungen an Sie stellen. Wenn Ihnen keine Zeit für Freizeit ohne Schuldgefühle bleibt, haben Sie vielleicht das Gefühl: „Ich kann meinen Erfolg nicht wirklich genießen, weil immer mehr von mir verlangt wird. Das verdirbt einem die ganze Freude am Gewinnen." Diese Verhaltensmuster nenne ich das Stabhochspringer-Syndrom. Die Argumentationskette sieht folgendermaßen aus: Sie arbeiten lange und hart für ein sehr schwer zu erreichendes Ziel, wie zum Beispiel einen Sprung über 4,90 Meter. Sie haben eine riesige Angst vor dem Versagen, aber der Erwartungsdruck der Menge und ihre eigenen Anforderungen zwingen Sie, sich noch mehr Mühe zu geben. Sie springen und schaffen es irgendwie. Die Zuschauer applaudieren ein paar Sekunden, und während Sie sich noch den Schweiß von der Stirn wischen, sehen Sie, daß man die Latte schon auf fünf Meter legt. Mit jedem erfolgreichen Sprung wird es schwerer, die Latte ins Auge zu fassen, denn der Lohn verschwimmt, während die Erwartungen nach besseren Leistungen immer weiter steigen und ein Fehlsprung immer wahrscheinlicher wird. Dr. Derald Sue von der Hayward State University in Kalifornien nennt diese Art von Angst vor dem Erfolg „verzögerte Angst vor dem Versagen".

„Die Angst vor dem Erfolg kann auch als Angst vor dem verzögerten Versagen betrachtet werden: Wenn Sie eine Aufgabe erfolgreich zu Ende führen, werden Sie mit Sicherheit in die nächste Arena geführt, in der ein Versagen wahrscheinlicher ist. Je höher Sie kommen, desto schärfer wird der Wettbewerb — desto größer wird die Wahrscheinlichkeit, daß Sie versagen könnten. Und wenn Sie ein Versagen nicht ertragen können und jetzt schon Ihr Bestes gegeben haben, ist das eine ganz schön furcht-erregende Perspektive, zumal Sie keine Reserven mehr haben. Durch Verzögerungstaktiken dagegen sind Sie nach allen Seiten gedeckt: Es gibt immer eine Entschuldigung, falls Ihre Leistungen nicht Ihren Erwartungen entsprechen, und es bleiben noch einige Reserven übrig, wenn Sie dennoch Erfolg haben . . . Jeder Erfolg steigert die Sorge, daß in der Zukunft noch mehr von Ihnen erwartet wird . . ., aber Verzögerungstaktiken bieten einen gewissen Schutz gegen diese Bedrohung."

Dieses Verhaltensmuster läßt sich oft bei Film- und Sportgrößen beobachten, die beim Versuch scheitern, sich die Produktivität eines Superstars zu erhalten. Widerstand gegen die Anforderungen des Erfolgs ist oft mit der verzögerten Angst vor dem Versagen gemischt. Nach einem Erfolg würden Sie sich gerne auf Ihren Lorbeeren ausruhen, aber die Zuschauer, die Familie und die Kosten Ihres hohen Lebensstandards verlangen ständig, daß Sie weiter hart arbeiten.

Ein Teil der verzögerten Angst vor dem Versagen besteht darin, daß Sie an einem Punkt ankommen werden, an dem Sie sich nicht mehr weiter zu dem zwingen können, von dem Sie sich gesagt haben, sie *müssen* es tun, um den Erfolg aufrecht zu erhalten. Ihre Motivation ist verdorrt.

Hier brauchen Sie nun effektivere Arbeitsmethoden und die Kooperation Ihrer gesamten Persönlichkeit. Sie müssen die Selbstentfremdung ablegen, die Sie als Kind angenommen haben − das Modell, nach dem ein Teil von Ihnen faul ist und dazu gezwungen werden muß, Dinge zu tun. Sie haben gegen sich selbst gearbeitet, und Groll und die Angst vor dem Versagen entziehen Ihnen die Energie, die Sie für das effektive Erreichen Ihrer Ziele brauchen.

Um dieses Verhaltensmuster zu verlernen, müssen Sie den Schmerz und die Bedrohung reduzieren, die mit Ihrer Arbeit verbunden sind, die Belohnungen durch die Arbeit vergrößern, die Arbeit benutzen, um das Vergnügen an Ihrer Freizeit zu steigern, und selbst die Verminderung Ihrer Anspannung in die Hand nehmen.

Verzögerungstaktiken sind erlernte Verhaltensweisen,
und sie können auch wieder verlernt werden.

Bis jetzt sind sie lohnend gewesen und notwendige Instrumente, um Aufgaben zu entkommen, die scheinbar schmerzlich und entsagungsreich sind. Deshalb müssen Sie alternative Instrumente entwickeln, um mit Ihren Ängsten umzugehen, um die Arbeit weniger schmerzhaft und einschränkend zu machen, wenn Sie Ihre Neigung zum Aufschieben in den Griff bekommen wollen.

2. Kapitel

Unsere Verzögerungstaktiken

Wir alle brauchen schon einmal eine Ohrfeige,
die uns aus unserer Routine reißt,
die uns zwingt, unsere Probleme neu zu überdenken
und uns anregt, neue Fragen zu stellen,
die zu anderen richtigen Antworten
führen können.

Roger von Oech

Es ist noch wichtiger, die eigenen Verzögerungstaktiken zu kennen als die Gründe, warum man sie anwendet. Diese Kenntnis der negativen Verhaltensmuster, die eine Kette von kontraproduktiven Reaktionen auslösten, läßt sich nutzen, um die eigenen Kräfte in die Prägung positiver Gewohnheiten zu investieren. Wenn man sein Verhalten verändern und in den Griff bekommen will, muß man erst einmal wissen, wie man an Aufgaben herangeht. Wer erst einmal seine spezifischen negativen Verhaltensmuster erkannt hat, kann tatsächlich ihr Auftreten nutzen, um sein Verhalten in eine wünschenswertere Richtung zu lenken.

Ihrer Zeit auf der Spur

Der erste Schritt ist einfacher als alles, was ein Buch über Verzögerungstaktiken jemals von Ihnen verlangt hat: *Bleiben Sie einfach noch eine Woche lang bei Ihren gewohnten Verzögerungstaktiken.* Ich möchte Ihnen zeigen, wie und wann Sie zum Aufschieben neigen. Beobachten Sie sich nur objektiv wie ein Anthropologe, der das Verhalten und die Rituale einer fremden Kultur ohne jede Wertung aufzeichnet. Enthalten Sie sich jeder Bewertung oder Analyse Ihres Verhaltens. Beschränken Sie sich fürs erste darauf, sich Ihre jetzigen Verhaltensmuster bewußt zu machen.

Beobachten Sie, wo Ihre Zeit bleibt. Was tun Sie, wenn Sie wirklich produktiv sind? Und achten Sie darauf, wie sich Ihre produktiven Phasen von bloßer Geschäftigkeit unterscheiden. Schwierigkeiten bei der richtigen Einschätzung der notwendigen Zeit, die für ein Projekt oder eine Fahrt quer durch die Stadt eingeplant werden muß, oder die „Unfähigkeit", pünktlich zu einer Verabredung zu kommen, gehören mit zu den häufigsten Verzögerungstaktiken. Eine realistische Zeiteinteilung und eine Struktur, um sich auf Verpflichtungen zu konzentrieren, sind notwendige Instrumente, um den Übergang vom Aufschieben zur Produktivität zu schaffen.

Es gibt viele Theorien darüber, warum Menschen Probleme mit der Zeiteinteilung haben. Wie dem auch sei, diese Schwierigkeiten sind für die meisten von uns ein reales Problem. Wir brauchen eine Struktur, die uns das Vergehen der Zeit und unsere Zeitnutzung bewußt macht.

Eine Möglichkeit zu erfahren, wo die Zeit bleibt, ist die Aufzeichnung aller Tätigkeiten im Laufe des Tages. Man sollte diese Aufzeichnungen drei Tage lang vornehmen und dabei die Gesamtzeit notieren, die jede einzelne Tätigkeit in Anspruch nimmt. Geteilt durch drei erhalten Sie die Durchschnittszeit, die jede Aktivität täglich beansprucht. Rechtsanwälte, Architekten, Unternehmensberater und andere Freiberufler verwenden eine vergleichbare Prozedur, um die „abrechnungsfähigen" Arbeitsstunden festzulegen.

Um die Zeit aufzuzeichnen, die Sie bei der Arbeit, zu Hause und mit Freunden verbracht haben, können Sie ein Formular nach dem Muster des Zeitplans auf den Seiten 46 und 47 entwerfen. Unterteilen Sie den Tag in drei bis vier Abschnitte, damit Sie besser abschätzen können, wann Ihre Produktivität am höchsten und wann am niedrigsten ist. Zeichnen Sie den ganzen Tag über jede Ihrer Aktivitäten auf.

Franziskas Zeitplan

Tätigkeiten   **Zeit (in Minuten)**

1. Morgens, zu Hause (7.00 bis 9.15 Uhr)

Radiohören vor dem Aufstehen	15
Gymnastik	10
Duschen	15
Anziehen	20
Frühstück	30
Wäsche sortieren, Papiere für die Vereinssitzung vorbereiten	15
Fahrt zur Arbeit	30
	= 135
Gesamter Abschnitt	**2 1/4 Stunden**

2. Morgens, am Arbeitsplatz (9.15 bis 12.45 Uhr)

Mit dem Chef plaudern	10
Die Zeitung und die Post lesen	20
Am Telefon, ausgehende Gespräche	15
Tagträume, Einkaufspläne	10
Schreibtisch aufräumen, Akten suchen	15
Pause, Kaffeetrinken, Gespräche mit Kollegen	15
Arbeit, Priorität C	45
Am Telefon, eingehende Gespräche	20
Arbeit, Priorität A	60
	= 210
Gesamter Abschnitt	**3 1/2 Stunden**

3. Nachmittags, am Arbeitsplatz (12.45 bis 18.15 Uhr)

Mittagessen, Gespräche mit Kollegen	75
Am Telefon, Rückrufe	30
Konferenz	60
Arbeit, geringe Priorität (C), aber dringend	30
Pause	15
Arbeit, Priorität A	45
Beratung	30
Arbeit, Priorität B	30
Aufräumen, Vorbereitung für die Konferenz am nächsten Tag	15
	= 330
Gesamter Abschnitt	**5 1/2 Stunden**

4. Abends, zu Hause (18.15 bis 23.30 Uhr)

Heimfahrt	30
Einkaufen	20
Geselligkeit, Briefe lesen	15
Sport	25
Duschen	10
Abendessen vorbereiten	30
Abendessen	45
Fernsehen	60
Telefonieren	20
Überweisungen ausfüllen, Kontoauszüge prüfen	20
Lesen	30
Vorbereitungen fürs Schlafengehen	10

= 315

Gesamter Abschnitt   **5 $^1/_4$ Stunden**

Insgesamt: 975 Minuten = 16 $^1/_2$ Stunden

davon Arbeit: 135 Minuten = 2 $^1/_4$ Stunden
Fitneßtraining: 35 Minuten

Franziska, eine Managementsassistentin in einer Bekleidungs-firma, suchte mich auf, um die durch Aufschieben verlorene Arbeitszeit in den Griff zu bekommen und mehr Zeit für ihren Mann und ihre Freunde zur Verfügung zu haben. Franziska fühlte sich ständig gehetzt, ihr fehlte die Zeit, sich auf ihre gro-ßen Verantwortungen zu konzentrieren, sie hatte kein echtes Er-folgserlebnis, wenn sie etwas erreicht hatte, und konnte ihre Frei-zeit nur halbherzig genießen. Wir diskutierten Franziskas Ziele und setzten Prioritäten. Aus ihren Zeitnutzungs-Aufzeichnungen ließen sich die Diskrepanzen zwischen der Zeit, die sie eigent-lich für ihre höchsten Prioritäten einsetzen wollte, und ihrer tat-sächlichen Zeitnutzung erkennen.

Beachten Sie, daß in Franziskas Zeitaufzeichnung „Arbeit" in die Kategorien A, B und C unterteilt ist, so daß nur hoch-wertige Arbeit an Projekten mit hoher Priorität gewertet wird. Franziska bezieht die Zeiten, in denen sie die Post liest oder

Kunden anruft, nicht mit in ihre Gesamtzeit ein, denn sie möchte die Zeit verringern, die sie nicht für ihre wichtigen Ziele einsetzt.

Wenn Sie bei Ihrer Arbeit Prioritäten setzen, bekommen Sie einen genaueren Überblick über die Aufgaben, die für Sie und Ihre langfristigen Ziele wirklich wichtig sind.

Für die Arbeitsbewertung gibt es drei Kategorien: sehr wichtig (A), wichtig (B) und weniger wichtig (C).

Gewisse Arbeiten aus den Kategorien „B" und „C", zum Beispiel dringende Tätigkeiten und Ausschußsitzungen, können als Erholungspausen von der intensiveren und wertvolleren Arbeit an Projekten mit „Priorität A" dienen. Dieses System von Kategorien und Prioritäten zeigt Ihnen, wann Sie in wirklich wichtigen Bereichen Fortschritte machen und wann Sie einfach nur geschäftig sind oder Brände löschen, ohne große Fortschritte zu machen. Wenn Sie zu viele dringende Aufgaben haben, weist das auf eine schlechte Zeiteinteilung und die Flucht vor den wirklich wichtigen Aufgaben hin, die sich langfristig auszahlen.

Franziska und ich gingen gemeinsam die Zeitnutzung eines durchschnittlichen Tages durch und entdeckten mehrere Bereiche, in denen Verbesserungen möglich waren. Sie beschloß, sofort nach dem Aufwachen aufzustehen und weniger lang zu frühstücken. Sie schätzte, daß sie an Tagen mit angespanntem Zeitplan durch den Verzicht aufs Fernsehen eine Stunde einsparen und früher ins Bett gehen könnte. Wenn sie persönliche Angelegenheiten am Abend statt morgens erledigte, könnte Franziska pünktlicher und besser vorbereitet zur Arbeit erscheinen.

Indem Sie die Tätigkeiten mit „Priorität A" (Arbeiten, die Finanzen, Kunden und Händler betrafen) morgens als erstes in Angriff nahm, konnte sie die Zeit, die sie sonst auf die Post, das Telefon und Gespräche mit Kollegen verwendet hatte, begrenzen. Außerdem prüfte Franziska ihr Ziel, mehr Zeit für ihre Freunde und fürs Lesen und die Erholung zu haben. Sie stellte fest, daß sie mit veränderten Gewohnheiten in der Mittagspause, (nach einer leichten Mahlzeit folgte ein Spaziergang, ein Aerobic- oder Yoga-Kurs) am Nachmittag oft frischer und leistungsfähiger war als nach einem großen Essen. Dadurch wurde auch die Zeit am Abend frei, die sie sonst für ihre Fitneßübungen verwendet hatte.

Wenn Sie ein paar Tage lang selbst solche Aufzeichnungen machen, werden Sie sehr gut abschätzen können, womit Sie Ihre Zeit verbringen. Wenn Sie dann die typischen Aktivitäten einer Woche durchgehen, können Sie die Zeit zusammenrechnen, die Sie am Telefon, mit der Post, beim Essen, mit Freunden, bei der Arbeit und so weiter verbracht haben. Das wird Verhaltensweisen aufdecken, die Sie vielleicht ändern möchten.

Sie werden vielleicht erschreckt sein, wieviel Zeit nicht direkt mit Aufgaben von hoher Priorität verbracht wird. Rechnen Sie nicht damit, täglich acht Stunden hochwertige Arbeit zu leisten. Viele legitime Tätigkeiten im Leben haben nicht viel mit Produktivität zu tun. Zur Arbeit in einer großen Organisation gehören auch Geselligkeit, Konferenzen und Gespräche, um das Team zusammen- und die Hierarchie aufrechtzuerhalten. Halten Sie einfach nach Bereichen Ausschau, in denen Verbesserungen und ein größerer Einfluß auf Unterbrechungen und verlorene Zeit möglich sind. Mit einem Anrufbeantworter (oder einer Sekretärin) können Sie Anrufe dann beantworten, wenn es Ihnen gelegen kommt, und nicht dann, wenn das Telefon klingelt und Ihnen Konzentration und Schwung raubt.

Vielleicht werden Sie auch feststellen, daß Sie, wie viele Menschen, über eine Stunde brauchen, um sich „einzurichten", bevor Sie mit der Arbeit anfangen. Wie würde sich Ihre Effizienz wohl entwickeln, wenn Sie morgens als erstes mit einem Projekt von hoher Priorität anfangen würden, statt zunächst die Post zu lesen oder Telefongespräche zu führen? Wenn Sie etwas verändern wollen, müssen Sie morgens, wenn Sie Ihr Büro betreten, zuerst den „Autopiloten" abschalten und bewußte Entscheidungen treffen. Benutzen Sie Ihre Aufzeichnungen, um die Ereignisse zu identifizieren, die Arbeiten mit geringer Priorität oder dem konkreten Aufschieben vorausgehen. Sie können auf produktivere Aktivitäten umschalten, wenn Sie erst einmal wissen, welche Ereignisse negative Angewohnheiten auslösen.

Nachdem Sie nun untersucht haben, wie Sie Ihre Zeit nutzen, kennen Sie die schwachen Stellen in Ihrem Tagesablauf schon viel besser. Vielleicht werden Sie auch feststellen, daß Sie, wenn Sie die Zeiten aufzeichnen, die Sie in Projekte mit hoher Priorität investieren, viel besser bestimmen können, wo Ihre Zeit bleibt, und daß Sie Ihre Freizeit nunmehr viel leichter ohne Schuldgefühle genießen können. Und das wiederum ermutigt zu konzentrierter, hochwertiger Arbeit, wann immer Sie Zeit dafür haben.

Das Aufschubs-Tagebuch

Wenn man darüber Buch führt, womit man seine Zeit verbringt, schärft das auch das Bewußtsein für viele Bereiche, in denen man ineffizient arbeitet und Zeit verliert. In der aktuellen Arbeitssituation dagegen wird Ihnen niemand das Stichwort zuflüstern, das Ihnen die Notwendigkeit einer veränderten Blickrichtung signalisiert, wenn Sie vermeiden wollen, in Ihr altes Verhalten zurückzufallen. Dafür müssen Sie ein Aufschubs-Tagebuch führen, das die aufgeschobene Tätigkeit mit einem spezifischen Gedanken, einer Rechtfertigung, einem Lösungsversuch und einem daraus resultierenden Gedanken verbindet. Auf Seite 51 finden Sie hierzu ein Beispiel.

Wenn Sie das *aktuelle* Verhalten und die *aktuellen* Gedanken aufgezeichnet haben, wissen Sie, wo Sie Korrekturen einbringen sollten. Ohne Aufzeichnungen ist es fast unmöglich, aus alten Fehlern zu lernen. Denken Sie einmal an die vergangene Woche zurück. Wissen Sie, was Sie getan haben, wieviel Zeit verloren ging und welche Gefühle Sie zum Aufschieben verführten? Das ist sehr unwahrscheinlich. Deshalb bitte ich Sie sehr darum, einige Aufzeichnungen über Ihre Gedanken und Gefühle anzufertigen oder das Aufschubs-Tagebuch zu benutzen. So besitzen Sie ein System, das es leichter macht, Ihre Zeit und Ihre Verhaltensmuster in den Griff zu bekommen.

Ein anderer meiner Klienten, der Versicherungsvertreter Frank, war bei den wichtigen Projekten in seinem Leben sehr

Aufschubs-Tagebuch

Datum & Zeit	Tätigkeit & Priorität	Gedanken & Gefühle	Rechtfertigung	Lösungsversuch	Resultierende Gedanken & Gefühle
6. 2., 9.30 h	Einkommens-steuer-erklärung, A.	Ich will das nicht tun müssen.	Es ist so schönes Wetter.	Ein Formular ausfüllen, spazierengehen.	Gut, daß ich angefangen habe, es war schön draußen.
7. 2., 10.00 h	Schiebetür einbauen, B.	Hat man nicht mal am Samstag seine Ruhe?	Ich bin überlastet.	Fernsehen.	Schuldgefühle, bin faul, was wird meine Frau sagen?
9. 2., 15.15 h	Rede vorbereiten, AAA.	Sie muß erstklassig werden.	Ich bin zu nervös.	Kaffeetrinken.	Noch nervöser, Selbstablehnung.
10. 2., 9.30 h	Schriftsatz für den Fall Jones, A.	Ich kann dem Richter nicht unter die Augen treten.	Angst vor Fehlern.	Ausweichen auf andere Arbeit.	Bin feige, der Druck nimmt weiter zu.

produktiv – er war erfolgreich im Beruf, hielt Verabredungen und Termine ein und hatte Zeit für Frau und Kinder. Aber sein Haß auf Kleinigkeiten und die Korrespondenz holte ihn immer wieder ein und gab ihm das Gefühl, zum chronischen Aufschieben zu neigen. Sein Schreibtisch war mit unbezahlten, längst fälligen Rechnungen, uneingelösten Schecks und unbeantworteten Briefen übersät, die häufig in der Papierflut untergingen. Irgendwo unter dem Stapel von nichtabgehefteten Akten lagen Photos, die er seinen Eltern versprochen hatte, und in einer Schublade lagen Filme vom letzten Sommerurlaub, die noch immer nicht entwickelt waren.

Warum nur schob ein produktiver Mensch wie Frank es auf, Photos an seine Eltern zu schicken? Wir überprüften Franks Aufschubs-Tagebuch auf Spuren der Verhaltensmuster und Gedanken, die ihn von kleinen Aufgaben abhielten. Frank entdeckte, daß er sich jedesmal beim Anblick seines Schreibtischs von der Arbeit überwältigt fühlte, die dort auf ihn wartete, und sein Geist wandte sich schnell Projekten von hoher Priorität zu – Sport, einen Tisch für die Kinder bauen, Informationsmaterial seiner Versicherung lesen. Außerdem erinnerte ihn der Schreibtisch schmerzlich an die vielen Leute, denen er einen Brief schuldete, und an seine Kritik an dieser unordentlichen Ecke in seinem sonst so geordneten Leben. Für Frank waren die kleinen Aufgaben in einer gewaltigen Papierflut untergegangen, der er nur allzu leicht zugunsten großer, lohnenderer Aufgaben mit leichter erkennbaren Fortschritten ausweichen konnte.

Nachdem wir einmal die Ursache seines Problems erkannt hatten, war es möglich, die große Aufgabe des Ordnung-Schaffens in weniger bedrohliche, kleine Schritte zu unterteilen. Mit den Instrumenten des Hier-und-Jetzt-Systems konnte Frank die Selbstkritik wegen des Zustands des gesamten Schreibtisches durch die Selbstverpflichtung ersetzen, sofort damit anzufangen, jetzt eine Aufgabe (zum Beispiel die Photos suchen, sie in einen Briefumschlag stecken und einen Begleitbrief schreiben) in Angriff zu nehmen und eine kurze Zeit (etwa 15 bis 30 Minuten) dafür zu investieren. Er legte Pausen und ,,Belohnungen'' so, daß sie einer kurzen Arbeitsphase am Schreibtisch folgten.

In der ersten Woche schickte Frank die Photos an seine Mutter, bezahlte mehrere verlorengegangene Rechnungen und ordnete die Papiere auf seinem Schreibtisch in mehrere, thematisch geordnete Stapel, so daß er nicht mehr den ganzen Papierberg durchwühlen mußte. Um nicht in den alten Trott zurückzufallen, legte Frank drei Arbeitsphasen in der Woche fest, in denen er mindestens eine halbe Stunde lang seinen Schreibtisch aufräumt und seine Post, die Rechnungen und amtliche Formulare bearbeitete. Das mag zu einfach klingen. Es ist aber wirklich so einfach – wenn Sie erst einmal das Aufschubs-Tagebuch benutzt haben, um die Einstellungen und inneren Selbstgespräche zu identifizieren, die Sie vom Anfang abhalten, um sie dann durch die Konzentration auf einzelne, kleine Schritte zu ersetzen.

Selbst eine sehr einfache Form des Aufschubs-Tagebuchs wird Sie mit wichtigen Informationen über Ihre Verzögerungstaktiken und Aussagen über sich selbst versorgen. Auf jeden Fall gehören folgende Informationen hinein:

– der Zeitpunkt, wann Sie etwas aufgeschoben haben,

– die Tätigkeit, die Sie aufgeschoben haben, und ihre Priorität,

– Ihre Gedanken und Gefühle in bezug auf diese Aufgabe,

– der Grund für den Aufschub,

– die angewandte Verzögerungstaktik,

– Ihre Versuche, Ihre Nervosität zu verringern und

– die daraus resultierenden Gedanken und Gefühle.

Wenn Sie einige Tage lang die Verhaltensmuster aufgezeichnet haben, nach denen Sie Verzögerungstaktiken anwenden, werden Sie feststellen können, welche Ihrer Gedanken zum Erfolg führen und welche Gedanken weitere Verzögerungen und Selbstablehnung verursachen. Beachten Sie, wie im ersten Fall unseres Beispiels die betreffende Person ein Formular der Einkommenssteuererklärung ausfüllt und dann spazierengeht, mit dem Ergebnis, daß sie sich freut, angefangen zu haben, und den Spaziergang genießt. Im zweiten Fall mit der Reparatur an der Tür können wir sehen, wie der Ärger über die durch eine lästige Pflicht entgangene Freizeit zum Gefühl der Überlastung führt und mit Aufschub, Schuldgefühlen, Selbstvorwürfen und „Angst" vor der Ehefrau endet.

Wenn Sie dergestalt die Verhaltensmuster, die Sie zum Aufschieben verführen, freilegen, können Sie gezielt die Gedanken und Gefühle angehen, die zur Produktivität hin geführt werden müssen. Sie werden erkennen, daß die absurd langen Zeiten, die Sie dem Aufschieben widmen, anzeigen, wieviel Unangenehmes Sie gewohnheitsmäßig mit der Aufgabe verbinden. Sie wissen, wie monumental die Einschränkungen, die Selbstkritik und der Perfektionismus geworden sind, wenn Sie sich endlich gezwungen fühlen, die Dusche zu putzen oder die Kleiderschränke „auszumisten". Wenn Sie Projekte mit hoher Priorität auf Ihrer Pflichtenliste durch weniger wichtige Projekte ersetzen, können Sie sich wenigstens damit trösten, daß Sie eine Aufgabe zu Ende geführt haben. Aber Sie stecken dabei Ihre Energie in Dinge, die nichts als eine Ablenkung sind und nur teilweise Befriedigung bringen können. Sie werden weiter zum Aufschieben und zu Verzögerungstaktiken greifen, bis Sie eine Strategie übernehmen, die Ihnen volle Befriedigung in den Projekten von höchster Priorität ermöglicht.

Ihr Aufschubs-Tagebuch kann auch Ihr Bewußtsein für die *Art* der Situationen schärfen, in der Sie am ehesten zum Aufschieben neigen:

- Kleinigkeiten (Beispiel 1): Steuererklärungen, Kontoauszüge, Akten abheften, Kundenblätter sortieren.

- Häusliche Pflichten (Beispiel 2): die Schiebetür einbauen, den Keller putzen, den Schreibtisch aufräumen, das Schlafzimmer tapezieren.

– Schwierige Aufgaben (Beispiel 3): eine Rede halten, ein Produkt präsentieren, einen Untergebenen zurechtweisen.

– Große oder komplexe Aufgaben (Beispiel 4): einen Schriftsatz fürs Gericht anfertigen, eine Werbekampagne leiten oder ein Übungsbuch schreiben.

Wenn Sie Ihr Bewußtsein für die Aufgaben schärfen, mit denen Sie die größten Schwierigkeiten haben, werden Sie besser auf sie vorbereitet sein und gegebenenfalls leichter Maßnahmen ergreifen können, die Ihren Fortschritt bei der betreffenden Aufgabe fördern.

In der Rubrik ,,Gedanken und Gefühle'' Ihres Aufschubs-Tagebuchs sollten Sie alle tieferliegenden, negativen Einstellungen und Überzeugungen aufzeichnen, die Sie dazu bringen, sich als Opfer zu fühlen, oder die eine innere Verpflichtung zur Perfektion oder die Angst vor dem Versagen erzeugen. Erinnern Sie sich noch einmal daran, wie das in unserem Beispiel funktionierte:

– Sie müssen auf Anforderung anderer etwas gegen Ihren Willen tun (die Einkommenssteuererklärung in Beispiel 1 und die Schiebetür in Beispiel 2).

– Sie üben Druck auf sich selbst aus, um eine perfekte Leistung zu erzielen (die Rede in Beispiel 3).

– Sie haben Angst vor Fehlern und Kritik (die Vorstellung, vor den Richter treten zu müssen in Beispiel 4).

Zeichnen Sie zwei oder drei Tage lang Ihre Verzögerungstaktiken auf und das Muster, nach dem sie auftreten. Identifizieren Sie die Ängste und den Druck, der für Sie normalerweise mit bestimmten Projekten verbunden ist. Achten Sie zum Beispiel darauf, wie Sie im Geist eine Aufgabe immer schwieriger machen, bis Sie sich überfordert fühlen. Machen Sie sich besonders Ihre inneren Selbstgespräche bewußt und wie diese Worte zu Verzögerungsverhalten oder Produktivität führen.

Ihr Aufschubs-Tagebuch wird Ihr Bewußtsein für Ihre inneren Dialoge schärfen und Ihnen zeigen, ob diese zum Erreichen Ihrer Ziele hinderlich oder förderlich sind. Der erste große Schritt weg von Verzögerungstaktiken ist das Bewußtsein dafür, wie Ängste Sie zu diesem Verhalten führen und wie die Schaffung einer neuen Sicherheit die Produktivität fördert.

Sicherheit schaffen:
Der erste, große Schritt

Damit Sie besser verstehen, wie Sie die Neigung zum Aufschieben erworben haben, möchte ich Sie einladen, Ihre Vorstellungskraft zu benutzen und für eine kurze Zeit ein Bild zu akzeptieren, in dem die Aufgabe Ihres Lebens darin besteht, über einen Balken zu laufen.

Situation 1:

Sie haben die Aufgabe, über einen soliden Balken zu gehen, der neun Meter lang, zehn Zentimeter dick und 30 Zentimeter breit ist. Sie sind körperlich, geistig und gefühlsmäßig in der Lage, diese Aufgabe zu bewältigen. Sie können vorsichtig einen Fuß vor den anderen setzen, Sie können aber auch über den Balken tanzen, hüpfen oder laufen. Sie können es schaffen. Kein Problem.

Nehmen Sie sich nun eine Minute Zeit, schließen Sie die Augen, entspannen Sie sich, und stellen Sie sich diese Situation vor. Achten Sie darauf, wie Sie sich angesichts dieser Aufgabe fühlen. Haben Sie Angst oder sind Sie irgendwie blockiert? Haben Sie das Bedürfnis, die Aufgabe hinauszuzögern? Angst vor dem Versagen oder vor einem Fehler kann hier überhaupt kein Thema sein, aber vielleicht werden Sie feststellen, daß Sie den Anfang hinauszögern, weil Sie das Bedürfnis haben, sich Ihrer Unabhängigkeit zu vergewissern und um Widerstand gegen die Zumutung zu leisten, zu so einer einfachen Aufgabe wie einem Gang über diesen Balken aufgefordert zu werden.

Situation 2:

Stellen Sie sich vor, daß sich die Aufgabe nicht geändert hat, Sie sollen über einen neun Meter langen und 30 Zentimeter breiten Balken gehen, auch an Ihren Fähigkeiten hat sich nichts geändert, nur verbindet jetzt der Balken zwei Gebäude in 30 Meter Höhe über der Straße. Schauen Sie zum anderen Ende des Balkens hinüber, und denken Sie darüber nach, die Aufgabe in Angriff zu nehmen.

Wie fühlen Sie sich jetzt? Woran denken Sie nun? Was sagen Sie sich selbst? Nehmen Sie sich einen Augenblick Zeit, um sich die Veränderungen im Vergleich zur Situation 1 bewußt zu machen. Achten Sie darauf, wie Ihre Gefühle umschlagen, wenn der Balken höher liegt und die Folgen eines Sturzes schlimmer werden.

Wenn Sie so wie die meisten Menschen reagieren, werden Sie wahrscheinlich sagen: ,,Ich denke über die Höhe nach. Wenn ich nun abstürze? Ein Fehler oder ein Sturz würden voraussichtlich meinen Tod bedeuten.''

Wenn Sie sich nur auf die Gefahr eines Absturzes konzentrieren, vergessen Sie natürlich, wie einfach die Aufgabe eigentlich ist und daß Sie vor ein paar Minuten noch die Fähigkeiten besaßen, sie ohne Probleme zu lösen. Ein Fehler ist nun so gefährlich, daß Sie innehalten müssen, um über diese Bedrohung Ihres Lebens nachzudenken. Es handelt sich jetzt nicht mehr nur um einen Job, eine Prüfung, ein Projekt: Es geht jetzt um Ihr Leben, Ihre Zukunft ist in Gefahr. Sie haben einfach keine Möglichkeit mehr, ruhig zu bleiben; der Streß treibt schon Ihren Adrenalinspiegel in die Höhe, wenn Sie nur über die Gebäudekante blicken und Ihrem Körper und Geist das Bild eines Sturzes in die Tiefe vorführen. Ihre Angst ist wirklich begründet: ,,Wenn ich einen Fehler mache, sterbe ich.'' Wie einfach die Aufgabe auch ist und wie befähigt dazu Sie auch sein mögen, diese Angst — ein Fehler könnte Ihren Tod bedeuten — macht es Ihnen unmöglich, den ersten Schritt zu tun.

Ironischerweise sind Sie auf der psychologischen Ebene oft selbst derjenige, der den Balken so weit über den Erdboden hebt, indem Sie eine einfache Aufgabe in eine Prüfung Ihres persönlichen Wertes verwandeln, in einen Beweis dafür, daß Sie akzeptabel sind, in ein Vorzeichen dafür, ob Sie erfolgreich und glücklich oder ein Versager und unglücklich sein werden. In den meisten Fällen sind Sie selbst derjenige, der *die einfache Erfüllung der Aufgabe* mit einem *Test des persönlichen Wertes* verwechselt, wo jeder mögliche Fehler wie das Ende der Welt empfunden wird. Wenn Ihre frühe Erziehung Sie zu dem Glauben veranlaßt hat, daß Ihr Eigenwert von Ihren Leistungen bestimmt wird, konzentrieren Sie sich später mit hoher Wahrscheinlichkeit auf die psychologische Selbstverteidigung vor der Angst vor dem Versagen (und Abstürzen), anstatt einfach die Aufgabe in Angriff zu nehmen.

Situation 3:

In dieser Szene stehen Sie noch immer vor dem Balken in 30 Metern Höhe zwischen den beiden Gebäuden. Die Aufgabe ist noch immer einfach, und auch an Ihren Fähigkeiten hat sich nichts geändert, aber Sie stehen wie zur Salzsäule erstarrt auf Ihrem Ende des Balkens. Während Sie noch darüber nachdenken, was Sie tun sollen, fällt Ihnen plötzlich auf, daß das Gebäude auf Ihrer Seite des Balkens in Flammen steht.

Welche Gedanken und Gefühle haben Sie jetzt? Wie hat sich Ihr Blickwinkel gegenüber der vorigen Situation geändert? Erinnern Sie sich daran, vor einem Augenblick waren Sie noch bei dem Gedanken an einen Sturz in 30 Meter Tiefe wie gelähmt. Ertappen Sie sich nun bei dem Gedanken: ,,Ich muß jetzt einfach hinübergehen. Keine Zeit mehr, sich Gedanken über einen Absturz zu machen, ich gehe jetzt hinüber, egal wie.``

Die meisten Menschen fangen jetzt an, kreativ über einen möglichen Weg über den Balken nachzudenken, wie unvollkommen die Methoden auch sein mögen. Fehler und Perfektion sind jetzt schnell vergessen, und die Teilnehmer meiner Kurse sagen oft: ,,Ich würde auf dem Hintern über den Balken rutschen oder auf Händen und Füßen kriechen, wenn ich wirklich in dieser Situation wäre.'' Nur die Angst vor etwas Schlimmerem führt zum Sieg über die Angst vor unserer Unvollkommenheit oder vor der Wertung anderer, und nur sie führt zum Sieg über die Angst davor, uns wirklich im Spiegel zu betrachten und unsere wahren Fähigkeiten zu erkennen.

Beachten Sie, wie schnell sich Ihre Gefühle verändert haben, als Sie vor einer direkteren und realeren Gefahr als der *bloßen Möglichkeit* eines Absturzes standen. Wie haben Sie das geschafft? Sind Sie überrascht, daß Sie nun plötzlich das Problem, über den Balken zu gelangen, kreativ in Angriff nahmen, ohne noch viel an die Gefahr des Absturzes zu denken? Vor einem Augenblick hat vielleicht die bloße Vorstellung einer lebensbedrohlichen Situation noch einen Streßzustand ausgelöst. Aber beachten Sie, wie schnell Ihr Geist und Körper Ihre Energie von Sorgen, Unentschlossenheit und Verzögerungsverhalten weg zu produktiven Handlungen geführt hat, nachdem Sie einmal eine Entscheidung gefällt haben. (Falls die Vorstellung von dem brennenden Haus Sie nicht besonders motiviert hat, dann probieren Sie doch einmal, wie Ihre Sorgen über die Aufgabe und einen möglichen Absturz sich ändern, wenn Sie sich ein kleines Kind vorstellen, das auf der anderen Seite um Hilfe ruft.)

Jetzt, wo Sie unter direktem Zeitdruck stehen, stürzen Sie sich kopfüber in die Aufgabe und erledigen sie so gut, wie Sie können, mit welchen Mitteln auch immer. Sie stehen nicht mehr der *Möglichkeit* von Schmerzen und Tod gegenüber, es geht jetzt um *echte Schmerzen* und den *sicheren Tod*. Sie stellen fest, daß Sie nicht mehr gelähmt, dafür aber höchst aktiv sind. Und genau auf diese Weise setzt man Verzögerungstaktiken ein, nämlich um einen aus einer Situation zu befreien, die man in erster Linie selbst geschaffen hat!

Wenn Sie etwas aufschieben, sind Sie wie derjenige, der den Balken vom Boden in schwindelerregende Höhen hebt, sich damit selbst lähmt und dann auch noch das Feuer anzündet, um Entscheidungsdruck zu verursachen.

Zuerst geben Sie einer Aufgabe oder einem Ziel die Macht, Ihren Wert und Ihr Glück zu bestimmen. ,,Wenn ich diese Arbeit bekomme, diese Prüfung bestehe, mich mit diesem Menschen verabrede, wird sich mein Leben ändern und ich werde glücklich sein.'' Wenn Leistungen oder das Erreichen eines bestimmten Ziels zum einzigen Maßstab Ihres Eigenwerts werden, steht zu viel auf dem Spiel, um ohne Entlastungsmaßnahmen, zum Beispiel einem Aufschub, mit der Arbeit anzufangen.

Der Psychologe Rich Beery von der Berkeley-Universität in Kalifornien behauptet, daß die Angst vor dem Versagen aus der Annahme entsteht, daß unsere Produkte unsere Fähigkeiten widerspiegeln und unsere Fähigkeiten unseren Wert als Mensch bestimmen. Das Verzögerungsverhalten gibt einem die Möglichkeit, aus dieser schrecklichen Gleichsetzung auszubrechen und sich einer Bewertung aufgrund der eigenen Leistungen zu entziehen, denn auf diese Weise setzt man sich nie mit allen seinen zur Verfügung stehenden Fähigkeiten ein.

Durch Perfektionismus heben Sie den Balken in schwindelerregende Höhen, so daß jeder Fehler mit dem Tod bestraft wird. Also sind jedes Versagen und jede Zurückweisung völlig unerträglich. Sie verlangen von sich Vollkommenheit − ohne jede Nervosität, unter völliger Anerkennung durch Ihr Publikum, ohne jede Kritik.

Sie sind vor Angst wie versteinert. Je mehr Bedeutung Sie einer Aufgabe zuweisen, desto ernsthafter ist die Gefahr, wenn ein Fehler passiert. Deshalb erzeugen Sie mit einer Reihe von ,,Was-wäre-wenn''-Fragen ein Katastrophenszenario: Ein Fehler führt zum Verlust eines Klienten, damit zum Verlust des Arbeitsplatzes, damit zu vergeblichen Versuchen, jemals wieder eine andere Arbeit zu finden, damit zerbricht Ihre Ehe und so weiter. Bei solchen Vorstellungen gehört nicht viel dazu, sich gestreßt und angespannt zu fühlen und dann Erleichterung im Verzögerungsverhalten zu suchen.

Dann benutzen Sie Verzögerungstaktiken, um Ihrem Dilemma zu entkommen, der letzte Termin rückt dadurch näher, Sie geraten unter Zeitdruck, die Spannung steigt noch weiter, und so haben Sie eine direktere und angsterregendere Bedrohung erzeugt, als selbst Ihre Angst vor dem Versagen oder vor der Kritik für unvollkommene Leistungen es jemals könnten. Vielleicht fühlen Sie sich gerade jetzt sogar besonders leistungsfähig, immerhin haben Sie es geschafft, ein Gegengewicht zu Ihren Ängsten zu finden und diese für sich einzusetzen. Sie sind auch der schrecklichen Gleichsetzung von Eigenwert und Leistung entkommen, indem Sie die Aufgabe so lange vor sich hergeschoben haben, bis Sie nicht mehr auf Ihre echten Fähigkeiten überprüft werden können − das heißt, auf das, was Sie leisten könnten, wenn Sie genug Zeit hätten.

Sie können auch eine Einschüchterungstaktik anwenden, um das Gefühl einer dringenden Verpflichtung zu erzeugen, die Sie aus der Verantwortung für Ihre Entscheidung und mögliche Fehler entläßt. Der Brand oder der Zeitdruck wirken sowohl als Entscheidungshilfe als auch als Motivation. Das ist zwar ein sehr teures und kompliziertes Mittel, aber dennoch bekämpft es wirkungsvoll die Lähmung durch Perfektionismus und Angst vor dem Versagen. Sie haben dadurch wieder einmal gelernt, daß Verzögerungstaktiken sinnvoll sind und belohnt werden. Das wird Sie in diesem Teufelskreis gefangen halten, bis Sie dieses Verhalten verlernen und durch effektivere Methoden ersetzen, mit der Arbeit und dem Selbstwertgefühl umzugehen.

Situation 4:

Sie befinden sich wieder auf dem Balken, 30 Meter über dem Erdboden. Aber diesmal gibt es keinen Brand, sondern ein Netz – ein starkes, hilfreiches Fangnetz direkt unter dem Balken.

Wie fühlen Sie sich jetzt? Können Sie sich vorstellen, über den Balken zu gehen und über die Erfüllung dieser Aufgabe nachzudenken? ,,Kein Problem'', sagen jetzt die meisten Leute. ,,Jetzt kann ich es tun, es könnte sogar Spaß machen. Selbst wenn ich abstürzte, könnte ich noch in dem Netz herumhüpfen.''

Sie wissen jetzt, daß Sie sich höchstens ein bißchen ärgern würden, wenn Sie vom Balken fallen. Ein Sturz bedeutet nicht mehr den Tod. Ein Fehler ist nicht mehr das Ende der Welt. Sie können sich von jedem Absturz erholen. Kein einzelner Fehler könnte Ihr Ende bedeuten. Sie können immer wieder neu anfangen.

Wenn Sie bei perfektionistischen Maßstäben bleiben, dann fühlen Sie sich, als ob Sie sterben müßten, wenn Sie Ihr Ziel verfehlen oder einen Fehler begehen. Aber vielleicht sind Ihnen Ihre Arbeit, Ihre Ehe oder Ihr Haus so wichtig, daß ein Verlust dem Ende der Welt gleichkäme. Wenn das so ist, werden Sie wissen wollen, wie Sie Alternativen schaffen können, um von Ihren natürlichen Verzögerungstaktiken freizukommen. Sie werden nach Plan B und Plan C suchen, statt sich nur von Plan A abhängig zu machen. Sie wünschen sich Fangnetze in Ihrem Leben, damit ein Absturz nicht so schlimm ist. Und Sie brauchen eine positive Selbstaussage, um sich von jedem Fehler oder Verlust erholen zu können: ,,Was immer auch passiert, ich werde es überleben. Ich werde einen Weg finden, um weiterzumachen. Das hier wird für mich nicht das Ende der Welt sein, weil ich es nicht zulasse. Ich werde einen Weg finden, um die Schmerzen in meinem Leben auf ein Minimum zu beschränken und möglichst viel Freude zu erleben.''

Um in einer Welt voller Streß möglichst gute Leistungen zu erzielen, müssen Sie für ein sicheres und unanfechtbares Selbstwertgefühl sorgen. Solange Sie das nicht tun, werden Energie und Konzentration von Ihrer Arbeit abgeleitet und in die Vorbereitung auf mögliche Bedrohungen Ihres Lebens und auch in Verzögerungstaktiken als Mittel zur Anpassung investiert. Wie Sie es auch tun mögen, oder was Sie auch sagen, sorgen Sie für einen geschützten Raum, in dem Sie sich von Wertungen freimachen, einen Ort und eine Zeit, wo Sie unbesorgt aufhören können, Leistungen zu erbringen.

Wenn Sie sich mit Selbsthaß und einem unglücklichen Leben bedrohen, solange Sie Ihre Ziele nicht erreicht haben, können Sie sich unmöglich auf die Arbeit konzentrieren. Sie müssen einen gewissen Schutz vor diesen selbstauferlegten Bedrohungen besitzen. Ihre gesunde Überlebensantwort (normalerweise als Streß bezeichnet) wird nicht aufhören, bis Sie in Sicherheit sind. Sie brauchen eine Verpflichtung sich selbst und Ihrem angeborenen Wert gegenüber, die Sie wissen läßt, daß Sie trotz aller denkbaren Fehlschläge genug an sich selbst glauben, um einen neuen Versuch zu wagen, auf diesen Balken zurückzuklettern – oder einen anderen Balken, der Ihren einzigartigen Talenten besser entspricht.

Es ist interessant zu beobachten, wie oft erfolgreiche Menschen unter Katastrophen und Pleiten leiden. Ein erfolgreicher Mensch versagt oft und steht danach wieder auf; der Versager versagt nur einmal und macht diesen Fehlschlag zu einem endgültigen Urteil über seinen Wert, er stempelt sich also selbst ab. Wenn Sie dem Beispiel der meisten erfolgreichen Menschen folgen, könnten Sie oft abstürzen und Ihr Fangnetz benutzen, um auf den Balken zurückzufedern und einen anderen Erfolg anzustreben. Versagen und Fehler können Sie dann nicht aufhalten, denn sie können Ihnen Ihren inneren Wert und Antrieb nicht nehmen.

Sie können Ihren Selbstwert aus keinem Buch beziehen. Ein Buch kann Sie nur lehren, so zu handeln, als hätten Sie ein ausgeprägtes Selbstwertgefühl. Am Anfang ersetzen Sie Ihre Verzögerungstaktiken durch die positiven Angewohnheiten eines produktiven Menschen. Wenn Sie dann Ihre Arbeitsgewohnheiten besser im Griff haben und sich Ihre Freizeit zugestehen können, wird Ihre Selbstachtung steigen. Das ist allerdings noch kein echtes Selbstwertgefühl, solange Sie noch nicht mit sich selbst in der positiven Sprache sprechen können, die die Selbstentfremdung heilt, welche Sie im Lauf der Jahre erlernt haben.

Glücklicherweise bedarf es keiner perfekten Psychoanalyse, und Sie müssen sich selbst auch nicht uneingeschränkt lieben, um von dem Ersatz von bedrohlichen inneren Dialogen durch aufbauende und effektive Selbstgespräche zu profitieren. Sie werden deutliche Fortschritte in Ihrer Fähigkeit zu ernsthafter, konzentrierter Arbeit und Kreativität feststellen, wenn Sie Sicherheit und ein Mitgefühl für Ihre menschlichen Schwächen mit Hilfe Ihres Versprechens an sich selbst schaffen: „Was auch geschehen mag, ich werde es überleben. Ich schaffe mir selbst Sicherheit." Wenn Sie anfangen, sich selbst diese Sicherheit zu schaffen – selbst wenn es sich am Anfang nur um Worte handelt – werden Sie feststellen, daß Sie gelassener an jede Aufgabe herantreten. Sie sind gelassener, weil Sie ganz direkt die Bedrohung Ihres Lebens weggenommen haben. Sie haben den Balken tiefer gelegt, so daß ein Fehler Sie nicht mehr am Boden zerstört. Sie kämpfen gezielt gegen die Gleichsetzung von Eigenwert und Leistungen, deshalb sind Sie nicht mehr auf Verzögerungstaktiken als einen Weg angewiesen, um mit der Bedrohung Ihrer Selbstachtung und Sicherheit umzugehen. Sie verlernen das Aufschieben, indem Sie die Art ändern, in der Sie mit sich selbst sprechen.

3. Kapitel
Innere Selbstgespräche

> Nicht Disziplin, Willenskraft oder Druck von außen
> erleichtern den Zugang zu einem lohnenden Handeln;
> sondern es sind eher die Freiheit, aus vielen
> Alternativen auszuwählen, die persönliche Hingabe an
> einen Auftrag und die Bereitschaft, die Verantwortung
> für die eigenen Entscheidungen zu tragen, die den
> Willen stählen und dem Geist Kühnheit verleihen.
>
> *Neil A. Fiore*

Das Hier-und-Jetzt-System konzentriert sich auf die Sprache, nicht etwa, weil eine Veränderung in der Sprache allein den Hang zum Aufschieben besiegen könnte, sondern weil Ihre Art, mit sich selbst zu sprechen, die Einstellungen und Überzeugungen widerspiegelt, die Ihre Gefühle und Handlungen bestimmen. Die inneren Selbstgespräche von Menschen, die zum Aufschieben neigen, verursachen und verstärken oft unbewußt das Gefühl, ein Opfer zu sein, eine schwere Last zu tragen und haben die Auflehnung gegen Autoritäten zur Folge. Die Vorstellungen und Gefühle, die durch eine solche Sprache hervorgerufen werden, verursachen fast immer Verzögerungstaktiken als einen Akt der Selbstvergewisserung und des Aufstands. Wenn Sie lernen, Ihren negativen inneren Dialog zu bekämpfen und zu ersetzen, befreien Sie sich von Vorstellungen über Ihren Wert und Ihre Fähigkeiten, die Ihrem Alter, Ihrem Verstand und Ihrer Kraft nicht mehr angemessen sind.

Kontraproduktive Botschaften

Wenn man sich selbst in autoritärem Tonfall anspricht, deutet das an, daß man sich unter Druck gesetzt fühlt, etwas zu tun. Dabei übt ein Teil der eigenen Persönlichkeit den Druck aus, während ein anderer Teil die Arbeit verweigert. Während es allgemein üblich ist, sich selbst mit Aussagen wie „ich muß" oder „ich sollte" zu motivieren, wird dem Verstand dadurch unmißverständlich mitgeteilt: „Ich will es zwar nicht tun, aber ich muß mich zwingen, es für diese Leute da zu tun." In einem solchen inneren Selbstgespräch liegen Selbstentfremdung und eine unbewußte Botschaft verborgen, die unweigerlich zum Verzögerungsverhalten führt.

Wir versuchen uns durch einen solchen Druck und durch Drohungen zu motivieren, die andeuten, daß die uns auferlegte Aufgabe unangenehm ist und wir ihr entkommen wollen. Deshalb erzeugen derartige Botschaften Nervosität und eine negative Einstellung zur Arbeit. Sie sagen auch aus, daß wir uns niemals freiwillig für so etwas entscheiden würden. Solche Botschaften sind nicht nur kontraproduktiv, sie können auch nicht die Richtung zu der Tätigkeit weisen, die man sich *wünscht*, für die man sich *entscheidet* oder die man *auswählt*.

Um Selbstentfremdung und innere Konflikte zwischen der autoritären Stimme und dem Rebellen in sich zu heilen, müssen Sie eine Sprache erlernen, die den inneren Konflikt und die Auseinandersetzung mit denjenigen, denen Sie Macht über sich zuschreiben, überflüssig machen.

Eine Veränderung der inneren Selbstgespräche ist ein wirksames Mittel, sich von Verzögerungstaktiken, Unentschlossenheit und Zaudern zu lösen. Durch eine Sprache, die Wahlmöglichkeiten, persönliche Hingabe und das Wort „Nein" betont, werden Sie lernen, Ihre Energie auf ein Ziel zu konzentrieren und sich stark und nicht mehr als Opfer zu fühlen.

„Ich muß" — eine Streßbotschaft

Die doppeldeutigen inneren Selbstgespräche des Aufschiebens —
„Ich sollte, aber ich will es nicht tun. Ich muß es tun, weil man
mich dazu zwingt." — drücken Märtyrertum, Auflehnung, Streß
und Verwirrung aus. Von allen Merkmalen, die einen Menschen,
der zum Aufschieben neigt, von einem produktiven Menschen
unterscheidet, ist keines befreiender als die Konzentration auf
die „Wahl" und die „Entscheidungsfreiheiten". Botschaften
wie: „ich wähle aus, ich entscheide mich" oder: „ich will" leiten Energien auf ein einzelnes, persönliches Ziel, bei dem die
Verantwortung für den Ausgang eindeutig feststeht.

Man geht oft in die Falle, mit sich selbst in selbstmitleidigem
Tonfall und mit den Worten „ich muß" über den Besuch beim
Zahnarzt, die Steuern, die Arbeit oder eine Begegnung mit dem
Chef zu sprechen. Diese Aussagen verstärken die Überzeugung,
daß andere einen dazu zwingen, etwas gegen den eigenen Willen zu tun. Am Ende sieht man sich dann selbst als einen Verlierer, der von den kleinen Pflichten des alltäglichen Lebens über-
rollt wurde, als überlastet, als Schwerarbeiter ohne Freude am
Leben. Wenn man es nur oft genug wiederholt, teilt das „ich
muß" dem Unterbewußtsein mit:

- „Ich will nicht."

- „Man zwingt mich, das gegen meinen Willen zu tun."

- „Ich muß es tun, oder etwas Scheußliches und Furchtbares
  wird mit mir passieren."

- „Ich stecke in einer ausweglosen Lage: Wenn ich es nicht tue,
  werde ich bestraft, wenn ich es tue, arbeite ich gegen mich
  selbst."

Diese Botschaften erzeugen das Gefühl, unter enormem Druck
von außen zu stehen und ein hilfloses Opfer zu sein — Bedingungen, die für den defensiven Einsatz von Verzögerungstaktiken reif machen. Bei einem gesunden Bedürfnis nach Selbstver-

teidigung führt das unausweichlich zu Unentschlossenheit, Groll und Auflehnung gegenüber Aufgaben, die mit „ich muß" verbunden sind.

Beim Versuch, alle Botschaften zu verarbeiten, die im „ich muß" enthalten sind, muß Ihr Gehirn gleichzeitig zwei widersprüchliche Aufgaben erfüllen: Es muß die Energie für die angestrebte Aufgabe bereitstellen, und es muß die Energie für die Auflehnung gegen eine Bedrohung der eigenen Integrität − das heißt gegen eine Lebensgefahr − liefern. Der Körper als gehorsamer Diener antwortet auf dieses „was ich auch tue, es ist verkehrt" entweder mit Streß (indem er viel Energie für einen Kampf oder die Flucht bereitstellt) oder einer Depression (indem er Energie fürs Überleben speichert). Aber Energie kann nicht in zwei Richtungen gleichzeitig fließen, und der Geist kann sich auch nicht auf zwei Probleme gleichzeitig konzentrieren. Solange Sie noch schwanken, ob Sie in dieser bestimmten Sache für Ihre Freiheit kämpfen oder die Aufgabe anpacken sollen, sind Ihr Geist oder Ihr Körper in der Verzögerung gefangen, die durch mehrdeutige und widersprüchliche Botschaften verursacht wurden.

Die verwirrende „ich-muß"-Botschaft wirkt lähmend − sowohl auf den Geist als auch auf Körper und Gefühle. Ein Versuch, die Lähmung durch zusätzlichen Druck zu durchbrechen, sei es durch Selbstdisziplin oder Vorstellungen von schrecklichen Katastrophen, wird die Lage nur noch verschlimmern. Dadurch bestätigen Sie nur den Eindruck, daß die Aufgabe furchtbar und schmerzhaft ist − eine Aufgabe eben, die Sie nie freiwillig übernehmen würden. Dieses Gefühl entspricht demjenigen, das Sie als Kind hatten, wenn Ihnen Menschen, die Macht über Ihre Ernährung, Ihre Sicherheit und Ihr Selbstbild hatten, sagten, Sie sollten etwas tun, was Sie nicht tun wollten. Jeder kennt doch das Gefühl von Unentschlossenheit, Druck und Bedrohung sowie den Groll und die Auflehnung, die damit verbunden sind. Und dennoch sprechen wir uns weiter so an, als ob ein Teil von uns dieses Kind wäre, das einem anderen Teil gehorchen muß, der im Tonfall von drohenden Eltern spricht.

Als ich Betty kennenlernte, war es höchste Zeit zum Handeln.

Der Jahresbericht war schon lange fällig, und sie dachte ziemlich deprimiert daran, ihre Arbeit aufzugeben. Obwohl Betty sehr kompetent ihrer Arbeit als Buchhalterin einer großen Versicherungsgesellschaft nachging, haßte sie es, den Jahresbericht zu schreiben. Jedes Jahr verschwendete sie eine beträchtliche Zeit, bevor sie sich entschloß, den Bericht in Angriff zu nehmen. Wochenlang hörte man sie klagen: „Ich muß den Jahresbericht schreiben." – „Ich sollte schon am Jahresbericht arbeiten." – „Ich würde gerne mit Dir Essen gehen, aber ich muß den Jahresbericht zu Ende bringen." Jedem war klar, daß sich Betty als Opfer einer verhaßten Pflicht fühlte. Immer, wenn der Jahresbericht fällig war, verwandelten sich ihre normale Energie und Fröhlichkeit in Depressionen und ein gequältes Aussehen. Sie ging gebückt wie unter einer großen Last und litt unter Müdigkeit, Verkrampfungen und Schlaflosigkeit. Das ganze Leben sah wie ein einziges, großes „ich muß" ohne Freiheiten und Freude aus.

Um schnelle Erfolge zu erzielen und ihr Gefühl zu überwinden, ein hilfloses Opfer zu sein, mußte Betty ihre Einstellung ändern, denn in ihrer Lage würde sie es höchstwahrscheinlich weiter bevorzugen, den Bericht hinauszuzögern. „Was mich betrifft, müssen Sie keine Leistungen erbringen, um ein wertvoller Mensch zu sein", sagte ich. „Aber wenn Sie es tun, können Sie es auch genausogut mit der vollen Verantwortung für die Folgen tun. Ihr Geist und Ihr Körper werden fähig sein, mit dieser Botschaft zusammenzuarbeiten. Jedes ‚ich muß' verlangt nach einem Ersatz durch eine reife, erwachsene Entscheidung darüber, wie Sie das Projekt anpacken oder aber Ihrem Chef erklären wollen, daß Sie es nicht tun." Nach dieser ersten Sitzung begann sie, jedes „ich muß" mit einer Entscheidung zu bekämpfen – einer klaren Entscheidung, die Sie als reife Erwachsene traf.

Am folgenden Tag entschloß sich Betty, mit dem Teil des Jahresberichts anzufangen, den sie am wenigsten haßte, und bat ihren Chef dort um Hilfe, wo sie Schwierigkeiten sah. Sie versprach sich auch, daß dies ihr letzter Jahresbericht sein sollte, falls sie sich *entschloß,* ihn wirklich zu schreiben.

Betty setzte die Macht der Wahl sehr effektiv ein. Sie hat jetzt das Gefühl, ein selbstbestimmteres Leben zu führen. Ihre kindliche Seite hatte sich früher zwischen ihrem Bedürfnis nach Anerkennung durch Autoritäten und ihrem Bedürfnis, ihre Angst und Macht durch Aufschieben zu beweisen, gefangen gefühlt. Aber jetzt hat Betty mit ihrem eigenen, inneren Unterstützungssystem und der produktiveren Sprache des Auswählens einen Weg gefunden, auf integre, eindeutige Weise mit dem Arbeitsdruck fertigzuwerden.

„Ich sollte" — eine Depressionsbotschaft

Für viele Menschen sind die Selbstvorwürfe und Schuldgefühle, die aus Verzögerungstaktiken entstehen, mit den Worten „ich sollte" verbunden. Für Menschen, die zum Aufschieben neigen, hat *ich sollte* seine ursprüngliche Bedeutung verloren.

Innere Selbstgespräche, die um die Worte „ich sollte" kreisen, haben dieselbe negative Wirkung wie kontraproduktive Ziele, Neid und Sehnsucht nach der Zukunft. Das alles erzeugt die folgenden negativen, selbstkritischen Vergleiche:

— „Ich sollte" vergleicht eine *ideale* mit einer *bösen* Realität.

— Kontraproduktive Ziele vergleichen etwas *Abgeschlossenes* mit einem *schlechten Start*.

— Neid vergleicht *„ich bewundere Dich"* mit *„Du Böser"*.

— Sehnsucht nach der Zukunft vergleicht *Glück* mit einer *schlechten Gegenwart*.

Durch ständige Wiederholungen wird „ich sollte" zu einer Art von kontraproduktiver Melodie, die den Geist auf die negative, unterbewußte Botschaft programmiert: „Ich bin schlecht. Wo ich bin, ist es schlecht. Das Leben ist schlecht. Mit meinem Fortschritt sieht es schlecht aus. Nichts ist, wie es sein sollte." Genau wie „ich muß" Streß erzeugt, erzeugt „ich sollte" Depressionen. Zählen Sie doch einmal zehn Minuten lang nach, wie oft Sie „ich sollte" und „ich sollte nicht" denken, und Sie besitzen einen guten Maßstab für den Grad Ihrer Depression.

Ich will damit nicht sagen, daß es sich nicht lohnt, nach Idealen und Zielen zu streben. Ich behaupte allerdings, daß „ich sollte" negative Vergleiche erzeugt, ohne zu zeigen, wie man aus der jetzigen Lage zu den angestrebten Zielen gelangen könnte. „Ich muß" und „ich sollte" übermitteln dem Geist *kein klares Bild davon,*

- *was* Sie tun *wollen,*

- *wann* Sie es tun *wollen,*

- *wo* Sie damit anfangen *wollen.*

Wenn Sie anfangen, mit sich selbst in einer Sprache zu sprechen, die sich auf Ergebnisse statt auf Selbstvorwürfe, auf Entscheidungen statt auf „ich muß", auf die Realität statt auf „ich sollte" konzentriert, werden Sie feststellen, daß Geist und Körper Ihnen helfen, indem sie ausreichend positive Energie bereitstellen (das heißt ohne Streß oder Nervosität), die nichts mit unnötigen Kämpfen mit der Vergangenheit und negativen Vergleichen mit der Zukunft zu tun hat.

Der Kunsthandel war für Paul der Traumberuf. Aber während er Kunst liebte, haßte Paul unglücklicherweise die notwendigen Verwaltungsarbeiten und den ganzen Kleinkram, den sein Gewerbe mit sich brachte. Wenn er seine Steuererklärung abgeben mußte oder auch nur eine Verkaufsquittung suchte, verschwendete Paul beträchtliche Energie darauf, sich endlos mit „ich hätte die Belege besser ordnen sollen" und „ich sollte mehr Energie in die Werbung stecken" herabzusetzen. Selbst wenn er anfing, Ordnung in seinen Akten zu schaffen, dachte er meistens: „Es hätte besser sein können, ich hätte früher anfangen sollen." Was einmal ein Traumjob war, hatte sich in eine bedrückende Last verwandelt.

Für Paul schien es keinen großen Unterschied zu machen, ob er mit seiner Arbeit fertig wurde oder sich einfach dem Aufschieben hingab, es gab immer noch ein „ich sollte", das zu einem schlechten Gewissen führte. Als er mich aufsuchte, mußte er lernen, das „ich hätte es tun sollen" loszulassen, indem er anerkannte, daß diese Dinge nicht mehr in seiner Macht standen. Ich lehrte ihn, wie er die frühen Anzeichen von Depressionen aufgrund verpaßter Gelegenheiten erkennen konnte, und empfahl ihm, zu sagen: „Ja, das liegt in der Vergangenheit. Leider kann ich nichts mehr dagegen tun. Aber was kann ich jetzt unternehmen?" Er ging dazu über, schnell seine Aufmerksamkeit auf einen einzigen, kleinen Schritt zu richten, den er jetzt tun konnte. Paul lernte auch, die blockierte Energie und die Sorgen um zukünftige „ich sollte" in konstruktive Bemühungen umzuwandeln, indem er sich fragte: „Wann kann ich das nächste Mal anfangen, mich für dieses Ziel einzusetzen?" Indem er mit sich selbst in einer Art sprach, die seine alten Verhaltensmuster aufbrach, lernte Paul, Selbstkritik und Depressionen über Unabänderliches in etwas Konstruktives umzuleiten, das er erreichen konnte.

Sie müssen anfangen, Ihre Sprache zu verändern, wenn Sie vermeiden wollen, in Gedanken über die Vergangenheit und die Zukunft gefangen zu sein. Um produktiver und effizienter zu werden, müssen Sie sich Ihre Entscheidungen sowie Ort und Zeitpunkt, wann Sie Ihre Selbstverpflichtung verwirklichen wollen, deutlich klarmachen.

Die Macht der Entscheidung

Wie wichtig es ist, die Doppelbotschaften und mehrdeutigen Gefühle, die in „ich muß" und „ich sollte" enthalten sind, zu überwinden, wurde mir klar, als ich in der Armee war. Obwohl alle Fallschirmjäger offiziell Freiwillige waren, hatte ich nur die Möglichkeit, mich freiwillig zur Ausbildung zu melden oder irgendwann einmal ohne Training abspringen zu müssen.

Ich habe die grausamen Wochen überstanden, in denen ich in voller Kampfausrüstung Liegestütze und Krafttraining machen mußte, nur um dann zu entdecken, daß man von mir erwartete, aus einem Flugzeug zu springen, das in 1 000 Metern Höhe mit einer Geschwindigkeit von 250 Stundenkilometern flog. Irgendwie lassen einen die ganzen Anstrengungen vergessen, wozu die Ausbildung zum Fallschirmjäger eigentlich dient. Wenn ich mir darum Sorgen gemacht hätte, hätte ich sicher unter der Angst vor dem Versagen gelitten – unter dem Angst-Typus, der von der Erwartung verursacht wird, daß harte Arbeit nur durch noch härtere Arbeit belohnt wird.

Ich werde den ersten Absprung nie vergessen. Die Flugzeugtür stand offen, und man erwartete offensichtlich von uns, daß wir hinaussprangen. In der Reihe vor mir sah ich andere junge Männer beim Versuch, mit dieser Lage fertigzuwerden. Wenn sie zur Tür gingen, legten viele von ihnen die Hände innen an den Rahmen und drückten so ihre Unentschlossenheit vor dem Absprung aus; wir hatten gelernt, den Türrahmen außen anzufassen, damit wir uns vom Flugzeug abstoßen konnten. Sie blickten auf den harten Erdboden hinunter, und man konnte sehen, wie sich ihr Körper verkrampfte und innerlich automatisch zusammenrollte, als ob er sich auf einen Fehlsprung vorbereitete. Aus dieser unbequemen und unsicheren Stellung heraus versuchten sie entweder, sich zum Sprung zu zwingen, oder wurden vom Ausbilder mit einem Tritt ins Freie befördert. Beides sind nicht gerade die optimalen Ausstiegsmethoden. Durch diese halbherzigen Absprünge wurde nur das Risiko vergrößert, daß der Fallschirm sich nicht richtig öffnete.

Obwohl ich mich nicht völlig für diese verrückte Situation entschieden hatte und nur die Wahl zwischen zwei Übeln gehabt hatte, wußte ich, daß ich *nicht* mit einem Tritt aus dem Flugzeug befördert werden wollte. ,,So oder so werde ich aussteigen müssen‘‘, sagte ich mir, ,,und dann werde ich es auch aus eigener Kraft tun. Ich werde meine Chancen auf einen sicheren Absprung so gut wie möglich vergrößern.‘‘ In diesem Augenblick trat eine dramatische Änderung meiner Gefühle ein. Der Streß verschwand zugunsten zielgerichteter Handlungen; ich fühlte mich nicht mehr als Opfer, sondern bekam neue Kräfte.

Als ich mit dem Absprung an der Reihe war, sagte alles in mir: ,,Ich entscheide mich, dieses Flugzeug zu verlassen.'' Es gab kein Zögern und keine Unentschlossenheit mehr. Ich legte die Hände bewußt auf die Außenseite des Türrahmens, um mich abzustoßen und um jeden Zweifel auszuschließen, daß ich springen würde. Statt in Erwartung eines Fehlschlags auf den Boden zu schauen, sah ich nach oben, in Richtung einer Wolke, die ich mir zum Ziel auserkor.

Weil ich mich selbst zum Absprung entschlossen hatte, konzentrierte ich alle Gedanken und Handlungen auf den Absprung, ich drückte alle Gedanken daran beiseite, nicht zu springen oder springen zu ,,müssen''. Ich ging mit einem einzigen Ziel zur Tür. Auf das Zeichen hin holte ich tief Luft, ging in die Hocke, konzentrierte mich auf die Wolke und schleuderte mich zur Tür hinaus. Ich hatte einen sicheren Abstand von mindestens zwei Metern zum Flugzeug.

Die Erregung über diesen ersten Absprung werde ich nie vergessen und auch nicht mein freudiges Lachen, als ich ohne die kleinste Schramme am Boden ankam. Aber noch wichtiger ist mir die kraftspendende Lektion geworden, die aus der Veränderung von ,,ich muß'' zu einer freien Wahl entsteht.

Von der Auflehnung zur Selbstverpflichtung

Es gibt im Leben mehr als genug begrenzte Wahlmöglichkeiten und unangenehme Entscheidungen. Die Rekonvaleszensphase nach einer Krankheit ist zum Beispiel eine bekannte Situation, in der man lernen kann, Entscheidungen zu treffen. Krankheit ist zwar wenig empfehlenswert, aber sie zeigt auch, daß unsere monumentalen Pflichten, das ,,ich muß'', irgendwie auch ohne uns erledigt werden. Vielleicht überleben wir es sogar, daß diese Aufgaben liegenbleiben. Eine Krankheit gibt uns auch die Gelegenheit, beim Gesundwerden zu beobachten, wie ein echtes *Verlangen* nach der Arbeit wächst. Wir stellen plötzlich fest, daß wir tun wollen, was wir bisher als schwere Bürde empfunden haben.

Wir können uns leicht vorstellen, wie der leidende Mensch, der doch sonst zum Aufschieben neigt, in der Phase der Krankheit, wo man Geschäfte mit Gott abschließt, betet: „Ich verspreche, ich werde nie wieder etwas aufschieben oder mich über die Arbeit beklagen. Laß mich bitte nur diese Krankheit überstehen, damit ich in Frieden, mit Freude und gesund meiner Arbeit nachgehen kann." Es ist wirklich ein ganz besonderes Geschenk, diesen Wandel in der Energie und der Einstellung zur Arbeit zu erfahren.

Wer eine Diät einhält oder versucht, mit dem Rauchen aufzuhören, erlebt oft eine schnelle Wandlung von der Auflehnung zur Verpflichtung und Hingabe, wenn eine lebensbedrohliche Situation oder eine Schwangerschaft entsteht. Die „Washington Post" druckte vor kurzem die Geschichte einer Frau, die ihr erstes Kind erwartete. Sie hatte schon seit Jahren *versucht,* mit dem Rauchen aufzuhören, und *versucht,* ihre Ernährung umzustellen. Als sie schwanger wurde, war sofort Schluß mit den Zigaretten und dem ungesunden Essen. Ein Frühstück wurde eingeführt. Das übliche Mittagessen aus Knabberzeug und Diät-Cola wurde durch ein Butterbrot und ein Glas Milch ersetzt. Sie *wollte* nun das Richtige essen. Es war ihre persönliche Selbstverpflichtung, ihre Entscheidung, nicht ein von außen auferlegtes „ich sollte".

Sie müssen nicht aus Flugzeugen springen, krank oder schwanger werden, um diese gewaltige Wandlung Ihres persönlichen Blickwinkels zu erleben. Achten Sie darauf, wie bei Ihren alltäglichen Tätigkeiten Bilder von Passivität und Machtlosigkeit durch Ihre negativen inneren Selbstgespräche erzeugt werden: „Ich muß die Mittagspause durcharbeiten; ich muß das Auto auftanken, ich muß ein Geschenk für meine Mutter kaufen, ich muß zum Betriebsfest gehen." Wenn Sie Ihre Entscheidungsfreiheit einsetzen, haben Sie die Chance, früher durch Märtyrertum und Auflehnung blockierte Energien auf positive Bemühungen umzuleiten.

Sind Sie bereit, die Folgen zu tragen, wenn Sie das nicht tun? Um wieviel freier würden Sie sich fühlen, wenn Sie zu diesen

Aufgaben eine klare Entscheidung träfen? Sie haben die Wahl. Sie müssen die Aufgabe nicht gerne erfüllen, Sie müssen sie auch nicht lieben. Aber wenn Sie die Aufgabe den Folgen des Unterlassens vorziehen, können Sie sich entscheiden, sich Ihr mit ganzer Kraft *hinzugeben*. Wenn Sie einmal beschlossen haben, zum Betriebsfest, zur Tankstelle oder dem Geschenkartikelladen zu gehen, ist es sinnvoll, daß Sie sich positiv und stark (wie ein starker Erwachsener, der Sie nun einmal sind) versichern: ,,Ich gehe in den Laden; ich werde pünktlich um 15 Uhr beim Zahnarzt sein.''

Weil Sie sich voll für diese Aufgabe entschieden haben, statt dagegen zu argumentieren, können Sie die Aufgabe auch so angenehm wie möglich gestalten. Selbst wenn Sie sich nur zwischen schlechten Möglichkeiten entscheiden können, bleibt Ihnen doch die Freiheit der Wahl, und Sie können lernen, den Weg zu wählen, der für Sie am sinnvollsten ist. Und gerade weil Sie sich selbst dafür entschieden haben, läßt sich die Aufgabe leichter, schmerzloser und schneller zu Ende führen. Immer wenn Sie sich dabei ertappen, die Motivation für ein bestimmtes Projekt zu verlieren, sollten Sie das verborgene ,,ich muß'' in Ihrem Denken aufspüren und in diesem Augenblick die Entscheidung treffen, an ihrem Weg festzuhalten. Dieser Weg ist so, wie er ist, nicht so, wie er Ihrer Meinung nach sein sollte. Sie können das Projekt auch aufgeben. Die Entscheidung steht Ihnen frei.

Nein sagen lernen

Kinder lernen in ihrer Trotzphase, zu fast allem nein zu sagen. Das gehört zu ihrer Persönlichkeitsentwicklung – der Entwicklung eines Ichs, das sich von den Eltern unterscheidet. Vielleicht kann man es auch als eine Absicherung des inneren Wertes betrachten, als eine Art, zu sagen: ,,Nein, ich muß das nicht tun. Ich muß nichts tun, um zu beweisen, daß ich liebenswert und wertvoll bin.'' Wäre es nicht schön, diese Sicherheit des eigenen Wertes auch noch als Erwachsener zu haben? Viele Erwachsene können nur sagen: ,,Nein, ich muß das nicht tun'', wenn sie krank sind und entschuldigend ergänzen dürfen: ,,Tut mir leid, ich kann das nicht. Aber sobald ich wieder aufrecht sitzen und selbständig essen kann, werde ich mich da draußen weiter versklaven und versuchen, das zu tun, was ich tun muß, selbst wenn ich wieder meine Gesundheit ruiniere.‘‘

Nein sagen ist eine wichtige Übung für Menschen, die zum Aufschieben neigen. Es vermindert die Gefahr, sich überstürzt in eine Aufgabe zu stürzen, nur um einen Mangel an Selbstwertgefühl auszugleichen. Ein direktes und erwachsen vorgebrachtes ,,Nein‘‘ klärt die Atmosphäre wesentlich schneller als ein passives ,,Ja, das muß ich wohl‘‘, daß Sie sofort bereuen und gegen das Sie mit Verzögerungstaktiken rebellieren.

Besonders für Menschen, die einen Hang zum Aufschieben haben, ist die Fähigkeit zum Neinsagen ein wirksames Mittel, um echte Entscheidungen zu treffen. Nein bedeutet mit anderen Worten ,,Vielleicht bin ich nicht vollkommen, aber ich besitze genug Selbstachtung, um zu sagen ‚Nein, ich muß das nicht tun.‘‘‘ Es ist auch eine Möglichkeit, sich nicht zuviel aufzubürden und sich dann überfordert zu fühlen. Nein sagen ist eine Möglichkeit, zu versichern: ,,Ich weiß, Du kannst mich unter Druck setzen, aber Du kannst mein Selbstwertgefühl nicht bedrohen.‘‘ − ,,Nein‘‘ kann auch bestätigend eingesetzt werden und ohne in eine Verteidigungshaltung zu geraten:

- ,,Nein, ich muß erst noch darüber nachdenken.‘‘

- ,,Nein, ich bin nicht so schnell wie Sie, und ich möchte mir die Zeit nehmen, um über die Aufgabe so gründlich nachzudenken, wie es nötig ist.‘‘

- ,,Nein, ich hätte lieber einen Vertrag mit Bedingungen, die ich mit voller Überzeugung annehmen kann, statt durch Kompromisse meine Arbeit zu gefährden.‘‘

- ,,Nein, ich werde die Rechnung jetzt nicht bezahlen, und ich bin bereit, dafür Zinsen an Sie zu zahlen.‘‘

Es ist ein großer Schritt vorwärts auf dem Weg zu einer größeren Entscheidungsfreiheit bei der Arbeit und vom Aufschieben zur Produktivität, wenn Sie neue, alternative Aussagen über sich selbst entwickeln und lernen, nein zu sagen. Sie werden feststellen, daß das folgende System zur Umprogrammierung von negativen Selbstaussagen Sie schnell dazu führen wird, Ihre alten Gewohnheiten zu ändern.

Was unterscheidet Menschen, die zum Aufschieben neigen, von produktiven Menschen? – Fünf Selbstaussagen

Nach jahrelangen Studien und gründlicher Untersuchung meiner eigenen Verzögerungstaktiken und der meiner Klienten habe ich fünf grundlegende, negative Haltungen oder Selbstaussagen identifiziert, die zum Aufschieben verführen und produktive Menschen von Zauderern unterscheiden. Zwar wird nicht jedes Symptom auch bei Ihnen auftreten, aber wenn Sie feststellen, was davon auch auf Sie zutrifft, wird Ihnen das helfen, es durch die positiven Herausforderungen zu ersetzen, die ich entwickelt habe.

1. Negatives Denken: ,,Ich muß''

Immer wieder wiederholt, wird die Aussage ,,ich muß'' (das heißt: ,,Ich muß, aber ich will nicht'') Sie unentschlossen machen und Ihnen das Gefühl vermitteln, ein Opfer zu sein. (,,Ich muß, aber wenn ich mächtig genug wäre, würde ich es nicht tun.'') Damit ist Ihr Aufschieben gerechtfertigt. Wenn Sie einmal dieses innere Selbstgespräch durchschaut haben, werden Sie es bald durch eine Aussage bekämpfen wollen, die eine Wahlmöglichkeit ausdrückt und Kraft spendet.

Ersetzen Sie ,,Ich muß'' durch
,,Ich entscheide mich für''.

Die Sprache, Einstellung und Verhaltensweise von produktiven Menschen kann durch spezifisches Training erworben werden. Wenn Sie zum Beispiel am Schreibtisch sitzen und einen Stapel von unbeantworteten Briefen und eine Liste mit unbeantworteten Anrufen betrachten, dann werden Sie vielleicht zunächst bemerken, wie Ihre Schultern nach unten in eine deprimierte, belastete Haltung sinken. Das ist ein klares Zeichen, daß Sie, selbst wenn Sie nicht ,,ich muß'' gesagt haben, sich eher als Opfer und nicht als verantwortlich und stark fühlen. *Entscheiden Sie sich* in diesem Moment sofort *für* die Arbeit, oder aber übernehmen Sie die Verantwortung für die Entscheidung, sie aufzuschieben. Nutzen Sie die Erkenntnis gerade in negative Denk- und Handlungsmuster verfallen zu sein, um auf eine entschlossene und starke Haltung überzugehen.

2. Negatives Denken: ,,Ich muß fertig werden''

Wenn Sie sich sagen: ,,Ich muß fertig werden'', dann konzentrieren Sie sich auf das Endprodukt, das irgendwo in der Zukunft liegt, ohne sich klarzumachen, wo Sie anfangen können. ,,Fertigwerden'' liegt in einer unbestimmten Zukunft, weit entfernt von Ihrem jetzigen Standpunkt, was Fähigkeiten, Selbstvertrauen und Perspektive betrifft. Dieser Blickwinkel läßt die Aufgabe noch größer, ja fast unlösbar erscheinen. Er muß durch eine tragfähige Selbstverpflichtung zum sofortigen Anfang ersetzt werden.

> *Ersetzen Sie ,,Ich muß fertig werden'' durch*
> *,,Wann kann ich anfangen''.*

,,Wann kann ich anfangen'' ist der Schlüssel zur Produktivität. Er ersetzt die planlose Energie von Sorgen über den Abschluß und das Gefühl der Überforderung durch einen klaren Blick für das, was sofort in Angriff genommen werden kann. Er funktioniert wie ein Rückkopplungsmechanismus, der jede schwankende Betrachtungsweise an den Anfangspunkt zurückverweist. Und wenn es unmöglich ist, sofort anzufangen, bereitet die Frage: ,,Wann ist der nächste, günstige Starttermin?'' Sie auf einen zielstrebigen, leichten Anfang in der näheren Zukunft vor und gibt Ihnen eine klare Vorstellung davon, wann, wo und mit was Sie anfangen wollen.

3. Negatives Denken: ,,Das ist zu groß für mich''

Das Gefühl der Überforderung wird noch verstärkt, wenn man ein Projekt für groß und bedeutend hält. Sie sagen in Wirklichkeit: ,,Ich weiß nicht, wie ich solch eine große Aufgabe anpacken soll. Dieses Projekt muß jeden beeindrucken. Das ist die einzige große Chance in meinem Leben.''

Je größer und überwältigender einem ein Projekt vorkommt, desto größer wird auch die Neigung zum Aufschieben. Natürliche Motivation und Neugierde werden durch Nervosität ersetzt, wenn man sich alle notwendigen Schritte und alles, was bei diesem wichtigen Projekt auf dem Spiel steht, vorstellt und sich selbst damit überfordert.

*Ersetzen Sie ,,Das ist zu groß'' durch
,,Ich kann mit einem kleinen Schritt anfangen''.*

Immer, wenn Sie sich durch das große, überragende Projekt überfordert fühlen, das drohend vor Ihnen aufragt, dann erinnern Sie sich daran: ,,Ich kann mit einem kleinen Schritt anfangen, mit einem winzigen Schritt, mit einem ganz rohen Vorentwurf, mit einer unvollkommenen Skizze. Mehr ist nicht notwendig.'' Sie können kein Haus auf einmal bauen. Alles, was Sie jetzt tun können, ist, das Fundament aus Beton zu gießen, eine Wand zu mauern − immer nur ein Schritt auf einmal. Sie können nicht jetzt ein ganzes Buch schreiben; Sie können jetzt nur ein Kapitel, ein paar Seiten auf einmal schreiben. Ein einzelner, kleiner Schritt ist alles, was Sie jetzt vollenden können. Wenn Sie diesen kleinen, überschaubaren Schritt mit dem kolossalen Gesamtprojekt vergleichen, gibt Ihnen das die Zeit, zu lernen, sich zu entspannen und sich zwischen den einzelnen kleinen Schritten zu erholen. Nach jedem Schritt haben Sie die Möglichkeit, Ihre Leistungen anzuerkennen, einen Blick auf die eingeschlagene Richtung zu werfen und sich wieder Ihren langfristigen Zielen zu widmen.

4. Negatives Denken: ,,Ich muß vollkommen sein''

Wenn Sie sich sagen: ,,Ich muß vollkommen sein, ich würde einen Fehler nicht ertragen'', dann erhöhen Sie beträchtlich das Risiko, daß Sie Verzögerungstaktiken als Polster gegen die Schmerzen des Versagens und der Kritik brauchen werden. Es bedeutet auch, daß ein Teil Ihrer inneren Selbstgespräche darum kreist, jeden kleinen Erfolg als unbedeutend im Vergleich zu dem abzuwerten, wie er aussehen *sollte*. Wenn Sie von sich eine perfekte Präsentation, ein Projekt, das über jede Kritik erhaben ist, die vollkommene Befolgung einer Diät oder eine Wohnung ohne das kleinste Staubkörnchen verlangen, dann programmieren Sie eine sichere Niederlage und unausweichliche Selbstkritik vor.

Je perfektionistischer und selbstkritischer man ist, desto schwerer wird es fallen, mit einem Projekt anzufangen, daß ja doch niemals gut genug sein wird. Wer sich an die Vorstellung von Vollkommenheit anklammert, erzeugt Angst vor dem tatsächlichen Ergebnis und wird sich selbst davon abhalten, einen Ausweichplan für den Fall eines Fehlschlags aufzustellen. Er wird die Neigung verstärken, das Projekt aufzugeben, wenn in der Entwicklungsphase ein ganz normales Problem auftritt. Ironischerweise machen Perfektionismus und Selbstkritik Fehlschläge wahrscheinlicher und gravierender.

> *Ersetzen Sie ,,Ich muß vollkommen sein'' durch*
> *,,Ich darf ein Mensch sein''.*

Ersetzen Sie Ihre Forderung nach vollkommener Arbeit durch die keineswegs resignative Annahme Ihrer menschlichen Grenzen. Akzeptieren Sie sogenannte Fehler (in Wahrheit handelt es sich um Rückkopplungen) als Teil eines natürlichen Lernprozesses. Sie brauchen eher Verständnis für sich selbst als Selbstkritik, um Ihre mutigen Bemühungen zu verstärken, echte, unvollkommene Arbeit zu *leisten,* anstatt von perfekten, vollendeten Projekten zu *träumen.* Sie müssen besonders nett zu sich sein, wenn Sie feststellen, daß Sie als Neuling ungewisse, erste Schritte überstehen müssen, bevor Sie die Sicherheit eines Meisters erworben haben. In dem Maß, in dem Sie von sich unvollkommene, frühe Schritte bei Ihren Projekten erwarten und akzeptieren, erwerben Sie die Beharrlichkeit eines produktiven Menschen und sind besser darauf vorbereitet, nach einem Fehlschlag weiterzumachen, denn Sie haben sich ein Fangnetz aus Verständnis geknüpft.

Für Menschen, deren Hang zum Aufschieben durch Perfektionismus entsteht, empfehle ich oft den direkten Angriff, um dieses heimtückische Verhaltensmuster zu verlernen. Versuchen Sie, unvollkommen zu sein. Schlampen Sie am Anfang eines Projekts mit Absicht (aber zeigen Sie es jetzt noch nicht Ihrem Chef), arbeiten Sie schnell und unzureichend. Wenn Sie an einem Computer arbeiten, versuchen Sie es mit einem Schmierzettel; wenn Sie mit Tinte schreiben, versuchen Sie es mit Bleistift – aber arbeiten Sie auf jeden Fall mit menschlicher Unvollkommenheit. Beobachten Sie dann den Entwicklungsprozeß hin zur Perfektion, wenn Sie erst einmal die Genialität der ersten Schritte anerkennen und sich der Arbeit hingeben, das Projekt zu verfeinern.

5. Negatives Denken: ,,Ich habe keine Zeit für Freizeit"

Aussagen wie: ,,Ich muß das ganze Wochenende arbeiten." – ,,Ich habe keine Zeit, ich muß das Projekt fertigmachen." – ,,Ich bin heute abend beschäftigt, ich stehe derartig unter Zeitdruck", lassen Sie den ganzen Groll gegen Ihre Arbeit spüren, der aus langen Phasen voller Isolation und Einschränkungen entsteht. Wenn Sie diese Sätze oft genug wiederholen, bekommen

Sie den Eindruck, ein Leben voller Verpflichtungen und Forderungen zu führen, so daß Sie am wahren Leben und seinen Freuden vorbeigehen.

Ersetzen Sie ,,Ich habe keine Zeit zum Spielen'' durch ,,Ich muß mir die Zeit zum Spielen nehmen''.

Wenn Sie auf regelmäßigen Zeiten für Sport, für Essen mit Freunden, für Pausen im Laufe des Tages und häufigen Urlaub im Laufe des Jahres bestehen, verstärken Sie Ihr Selbstwertgefühl und die Selbstachtung, die entscheidend für das Verlernen des Bedürfnisses sind, die Dinge ,,auf die lange Bank'' zu schieben. Das Wissen, daß Sie sich in der nächsten Zukunft auf etwas freuen können − eine feste Verpflichtung zur Erholung und zur Zeit mit Freunden − verringert die Abneigung gegen eine schwierige Arbeit. Die Anwendung dieser fünf positiven Selbstgespräche vermindert die Unlust, die mit der Arbeit verbunden wird, und steigert gleichzeitig die Chance, daß Sie feststellen, daß Arbeit an sich durchaus persönliche Befriedigung bringen kann. Außerdem steigert hochwertige Arbeit die Freude an verdienten Ruhepausen ohne Schuldgefühle. Und wenn Sie kleine Schritte durch häufige Belohnungen verstärken, steigert das die Chancen auf einen beständigen Fortschritt.

Die kontraproduktiven Selbstaussagen des Menschen, der zum Aufschieben neigt, vereinigen sich in einem einzigen Satz: ,,Ich muß eine große Aufgabe perfekt zu Ende führen, während ich lange hart arbeiten muß, ohne Freizeit zu haben.'' Was Sie jetzt tun müssen, ist, diese verwirrende und kontraproduktive Aussage aus dem kraftvollen Blickwinkel eines produktiven Menschen heraus umzuprogrammieren:

,,Ich beschließe, mit einem kleinen,
unvollkommenen Schritt anzufangen im Wissen,
daß mir viel Zeit für die Freizeit
und zum Spielen übrigbleibt.''

Glücklicherweise läßt sich das eigene Verhalten ändern, bevor man alle negativen Gedanken und Selbstaussagen vollständig abgelegt hat. Denn das wird seine Zeit fordern. Statt dessen kann man sein Bewußtsein für die alten Verhaltensmuster einsetzen, um sich darauf aufmerksam zu machen, einen effektiveren Weg einzuschlagen. Das ist, als ob Sie bei der Eisenbahn im Stellwerk sitzen: Ein Zug fährt an einem Meldepunkt vorbei und teilt Ihnen so mit, daß Sie eine Weiche umstellen müssen.

Immer, wenn Sie beschließen, Ihre Energien von negativen inneren Selbstgesprächen in die Sprache des produktiven Menschen umzuleiten, schalten Sie eine neue Kette von Gehirnzellen ein − es entsteht ein neuer neuronaler Weg im Gehirn. Wenn Sie mehrmals von dem alten auf den neuen Weg umgeschaltet haben, werden sich die neuen Assoziationen verstärken, sich leichter auslösen lassen, während die alten verkümmern. Jedesmal, wenn Sie sich bewußt entscheiden, sich selbst Sicherheit zu schaffen und in der Sprache des produktiven Menschen zu sprechen, verlernen Sie die Verhaltensmuster, die zum Aufschieben führen, während Sie die neuen, gesunden Gewohnheiten eines produktiven Menschen verstärken.

Merken Sie sich die Verbindung Ihrer alten Selbstaussagen, in der folgenden Aufstellung links, mit den korrigierenden, produktiven Aussagen auf der rechten Seite.

Verzögerungstaktiker	*Produktiver Mensch*
,,Ich muß."	,,Ich will."
,,Ich muß fertig werden."	,,Wann kann ich anfangen?"
,,Das ist zu groß für mich."	,,Ich kann mit einem kleinen Schritt anfangen."
,,Ich muß vollkommen sein."	,,Ich darf ein Mensch sein."
,,Ich habe keine Zeit für Freizeit."	,,Ich nehme mir Zeit für Freizeit."

4. Kapitel

Freizeit ohne Schuldgefühle, hochwertige Arbeit

Eine der tragischsten Tatsachen,
die mir über die menschliche Natur bekannt sind,
ist, daß wir alle dazu neigen, das Leben aufzuschieben.
Wir träumen alle von einem magischen
Rosengarten jenseits des Horizonts –
statt die Rosen zu genießen,
die heute unter unserem Fenster wachsen.

Dale Carnegie

Wir kennen alle den alten Witz ,,Ich wollte gerade mit dem Aufschieben aufhören, aber ich habe beschlossen, damit noch ein bißchen zu warten." Zu den niederschmetterndsten Folgen des Aufschiebens gehört, daß auch das Leben aufgeschoben wird. Man läßt sich oft durch diesen Teufelskreis davon abhalten, die Belohnungen für die Erfolge der eigenen Arbeit und die volle Freude an der Freizeit zu genießen.

,,Das Leben aufschieben" ist die tragischste Verzögerungstaktik, die nur denkbar ist. Sie hält nicht nur davon ab, die wirklich wichtigen Aufgaben des Lebens abzuschließen, sie vermindert auch die Selbstachtung, weil destruktive Verzögerungstaktiken wie zuviel Essen, exzessives Fernsehen, die Verschwendung von Zeit und Geld für eine Reihe von halbherzig aufgenommenen, schnell aufgegebenen Hobbys und Plänen die Oberhand gewinnen.

Der Versuch, mit Ferien, Ruhepausen und Sport zu knausern, unterdrückt die Lebensgeister und die Motivation, weil das Leben schal aussieht. Um die Motivation auf einem hohen Niveau zu halten und das ,,Verzögerungsbedürfnis" im Angesicht der vom Leben geforderten Höchstleistungen zu vermindern, ist Freizeit ohne Schuldgefühle dringend notwendig, um körperliche und geistige Erneuerung zu finden.

Es ist kein Zufall, daß Arbeitssüchtige und Menschen, die zum Aufschieben neigen, sich in denselben, charakteristischen Merkmalen von produktiven Menschen unterscheiden. Dr. Charles Garfield sagt, daß Menschen, die Höchstleistungen erbringen, den Arbeitssüchtigen auch in der Zahl der Urlaubstage, dem Grad der Gesundheit und dem Abschluß von wirklich wichtigen Aufgaben übertreffen. Arbeitssüchtige wie auch Menschen, die zum Aufschieben neigen, haben den Hang:

– sich immer von unvollendeter Arbeit belastet zu fühlen. Sie haben das Gefühl, rastlos zu arbeiten, ohne eine Pause zu verdienen;

– ihr Leben in einer Warteschleife zu sehen, mit nur geringer Hoffnung, daß sie eines Tages so gut durchorganisiert oder so erfolgreich sein werden, daß sie das Leben genießen können;

– andere Menschen für faul zu halten. Nur Disziplin und Druck können Motivation erzeugen. Beide setzen negative innere Selbstgespräche und Drohungen ein, aber Arbeitssüchtige reagieren darauf mit ständiger, emsiger Tätigkeit, während Menschen mit einem Hang zum Aufschieben sich eher von den Sorgen überfordert und gelähmt fühlen;

– eine negative Einstellung zur Arbeit aufrechtzuerhalten. Arbeit ist für sie etwas Endloses und Unersättliches, sie verlangt Entsagung und Opfer, die Arbeitssüchtige bereitwillig bringen, oft um menschliche Nähe zu vermeiden. Menschen, die zum Aufschieben neigen, übertreiben das Opfer und flüchten in halbherzige Freizeit aus Angst, nie wieder Freizeit zu haben.

Sowohl Arbeitssüchtige als auch Menschen, die chronisch Dinge vor sich herschieben, arbeiten entweder oder leiden unter Schuldgefühlen, weil sie gerade nicht arbeiten. Marilyn Machlowitz und Dr. Alan A. McLean, der medizinische Direktor von IBM deuten an, daß viele Arbeitssüchtige sich in schlechter körperlicher Verfassung befinden und unter Streß (Typ A) und „Burnout" leiden. Produktive Menschen dagegen kennen normalerweise die Bedeutung der Freizeit und wissen, wie wichtig es ist, sie ohne Schuldgefühle zu genießen.

Die Bedeutung der Freizeit

> Wenn ich erst einmal hier und auf Sendung bin,
> tue ich das, was ich liebe.
> Das ist keine Arbeit.
>
> *Jim Gabbert*
> *Eigentümer und Präsident von TV 20,*
> *San Francisco*

Wenn Ihnen jemand erzählt, seine Arbeit wäre eigentlich gar keine Arbeit, sagt er in Wirklichkeit: „Ich muß mich nicht zur Arbeit zwingen. Ich habe die archaischen Definitionen von Arbeit, Spiel und menschlicher Natur überwunden. Ich habe einen eigenen Lebenssinn, der mir hilft, Arbeit und Spiel zu verbinden. *Arbeit* ist für mich ein Vergnügen; nicht die schwere, mühsame Aufgabe, die sie nach meiner in jungen Jahren erworbenen Arbeitsethik eigentlich sein sollte. Ich bin energiegeladen und motiviert – kein bißchen faul, wie nach meiner Erziehung alle Menschen von Natur aus sein sollten. Ich brauche keinen äußeren Druck, damit ich meine Arbeit tue."

Meine Untersuchungen des Arbeitsstils von besonders leistungsfähigen Menschen haben mir gezeigt, wie wichtig Freizeit ohne Schuldgefühle ist, um zu hochwertiger Arbeit und minimalen Verzögerungen zu gelangen. Eine feste Verpflichtung zur Freizeit wird Ihre Batterien wieder aufladen, Motivation, Kreativität und Kraft für alle anderen Lebensbereiche erneuern. Wenn Sie wissen, daß die Arbeit an einer großen Aufgabe keineswegs den Verzicht auf die Freude an den guten Dingen des Lebens erfordert, können Sie leichter eine große Aufgabe in Angriff nehmen, ohne Angst zu haben, sie könnte Ihr ganzes Leben beherrschen. Wenn Sie wissen, daß die Arbeit an einem großen Projekt immer wieder durch Verpflichtungen wie Freunde, Sport und Freizeit unterbrochen wird, können Sie die Aufgabe mit weniger Angst vor der Überforderung angehen. Durch geplante Freizeit ohne Schuldgefühle ist ein Projekt nichts überwältigend Großes mehr. Sie wissen jetzt, daß es Pausen und Stützpunkte auf dem Weg gibt.

Diese Theorie basiert auf dem scheinbaren Paradoxon, daß man nur dann produktive, hochwertige Arbeit an wichtigen Projekten leisten kann, wenn man aufhört, das Leben aufzuschieben, und sich statt dessen von ganzem Herzen der Erholung und Entspannung hingibt. *Ja richtig,* Sie können produktiver sein, wenn Sie mehr Freizeit haben! Und wenn Sie die Strategie der Freizeit ohne Schuldgefühle in die Praxis umsetzen, lernen Sie, *mehr zu spielen und dabei mehr zu leisten.*

Meine erste Aufgabe als neueingestellter Psychologe im Beratungszentrum der Berkeley-Universität in Kalifornien war die Leitung einer Gruppe von Studenten, die den Abschluß ihrer Dissertationen verzögerte. Wir kamen einmal in der Woche zusammen, um diese Studenten auf ihrem anstrengenden, mit Streß erfüllten und oft einsamen Weg durch das größte Einzelprojekt, daß sie jemals in Angriff genommen hatten, zu unterstützen.

Ich fing an, mich für den Unterschied zwischen denjenigen zu interessieren, die viele Jahre brauchten, um ihre Forschungen abzuschließen, und denen, die innerhalb von zwei Jahren oder noch kürzerer Zeit damit fertig wurden. Überraschenderweise lag der Unterschied zwischen den beiden Gruppen nicht in der Intelligenz oder in psychischen Problemen. Diejenigen, die zwischen drei und neunzehn (!) Jahren für ihre Dissertationen brauchten, *litten* anscheinend mehr. Diese Studenten, die über lange Zeiträume die Dinge vor sich herschoben,

– hatten den Eindruck, immer zu arbeiten. Sie waren ständig beschäftigt, ohne viel zu produzieren;

– hatten das Gefühl, gleichsam in einer Warteschleife zu kreisen. Sie hatten ihren Terminkalender freigeräumt, damit Sie
immer arbeiten konnten, Partys, Freunde und Sport mußten bis nach der Dissertation warten;

– hatten das Gefühl, daß Arbeit Entsagung und Opfer verlangt.
Arbeit war etwas Schweres, sie mußten dafür auf anderes verzichten;

– bekamen Schuldgefühle, wenn Sie Zeit für Freunde und Erholung aufbrachten. Weil Sie nicht wirklich produktiv waren, fühlten sie sich schuldig, wenn sie sich Zeit für Spaß nahmen, deshalb war ihre Erholung nur eine halbe Sache.

Viele von Ihnen waren in schlechter körperlicher Verfassung,
und ihre Wohnungen sahen meistens wie Schlachtfelder aus, wo
Papier, Bücher, ungespülte Tassen und schmutzige Wäsche her-
umlagen. Einer von ihnen trug ein T-Shirt mit der Aufschrift:
„Frag mich bloß nicht nach meiner Dissertation."

Andererseits gaben sich die, die gute Fortschritte machten,
uneingeschränkt ihrer Freizeit hin. Gesundheit und Erholung
besaßen bei ihnen hohe Priorität und waren ein fester Bestandteil ihres Gesamtplans, um gute Arbeit an der Dissertation zu
leisten. Sie *mußten* jeden Tag laufen, schwimmen oder tanzen
gehen. Sie *mußten* sich mehrmals in der Woche mit Freunden
zum Essen treffen. Sie waren danach wie neugeboren, auf eine
Art, die ihr Interesse und ihre Motivation aufrechterhielt, jede
Woche 15, 20 oder auch 25 Stunden hochwertiger Arbeit in ihre
Projekte zu investieren. Sie führten ein erfülltes Leben. Sie mußten für ihre Arbeit auf nichts verzichten, ganz im Gegenteil, intensive Arbeit und intensives Spiel gingen Hand in Hand mit
ihrer Freude am Leben. Sie lebten jetzt, in der Gegenwart und
warteten nicht darauf, das Leben zu beginnen, wenn die Arbeit
erst einmal abgeschlossen war.

Eine der Ursachen für die Neigung zum Aufschieben ist die
Angst, daß man keine Zeit mehr für Freizeit haben wird, wenn
man erst einmal mit der Arbeit angefangen hat. Freizeit ohne

Schuldgefühle löst dieses Problem, indem verlangt wird, daß man Erholungsphasen in den eigenen Zeitplan einbaut. Wenn Sie über das Aufschieben siegen wollen, müssen Sie die Freizeit und das Spielen zu einer Priorität in Ihrem Leben machen.

Erwachsene halten spielen für etwas, das normalerweise von Lernen und Arbeit getrennt ist. Aber das Spiel ist ein unverzichtbarer Teil der kindlichen Entwicklung, und im Spiel lernt das Kind etwas über die Arbeit. Im Spiel erlernen wir die körperlichen, geistigen und sozialen Fähigkeiten, die wir im Erwachsenenleben brauchen. Mit Spielzeug und ihrer Vorstellungskraft erschaffen Kinder Welten, die sie auf die Arbeit, auf Beziehungen und Konflikte vorbereiten. Im Spiel drücken Kinder komplizierte Gefühle aus, verhandeln über Versprechen, lösen Probleme und erlernen Beständigkeit, das Aufgehen in der Arbeit und völlige Konzentration. Wir lernen einige der wichtigsten und kompliziertesten Lektionen und erledigen einige der schwierigsten Arbeiten unseres Lebens, während wir spielen.

Der britische Psychoanalytiker und Kinderpsychologe Donald W. Winnicott sagt, daß wir beim Spielen das Vertrauen auf die Zuverlässigkeit unserer Kreativität und unsere Freude an Entdeckungen erlernen – die Bewegung vom Nichtwissen zum Wissen, von mangelhafter Beherrschung von Problemen zur Beherrschung und Lösung von Problemen. Weiterhin lernen wir im Spiel, allein in tiefer Konzentration zu arbeiten, nachdem wir sicher und schrittweise durch die früheren Stufen des Spiels mit Mutter und Vater gegangen sind. Wir gehen durch die Stufe des Spiels mit einem Spielzeug in der Gegenwart der Eltern dahin, allein zu spielen, mit dem sicheren Wissen, geliebt zu werden.

Erwachsene nutzen diese Fähigkeiten, die sie in der Kindheit erlernt haben, um allein zu arbeiten und stundenlang vor einem Computer, einem Zeichentisch oder einem Kassenbuch zu sitzen. Sie verlassen sich auf den körperlichen und geistigen Zustand von Konzentration und Kreativität, den sie vor vielen Jahren beim Spiel in der Sicherheit des Elternhauses gelernt haben. Später im Leben benötigen sie diese Fähigkeiten dann, um Aufgaben in Angriff zu nehmen, die beharrliches Problemlösen verlangen und das Risiko von Fehlern und Zurückweisung mit sich bringen.

Das Kind hat keine Probleme mit der Motivation. Ein dreijähriges Kind wird darauf bestehen, beim Putzen oder Abwaschen zu helfen. Für das Kind ist das alles ein lehrreiches Spiel. Aber die angeborene Freude am Lernen geht durch den Prozeß der Anpassung an soziale Erwartungen und die Erkenntnis verloren, daß Nichtanpassung bestraft wird. Es ist an sich nichts Schlechtes, soziale Erwartungen verstehen zu lernen; der Schaden wird erst durch die heimtückische Art verursacht, in der diese Lektionen uns auch zu verstehen geben, daß wir faul sind und zum Aufschieben neigen könnten. Winston Churchill sagte einmal über ein vergleichbares Problem: ,,Ich persönlich bin immer zum Lernen bereit, obwohl ich es nicht immer mag, belehrt zu werden.''

Weil wir gelernt haben, daß wir faul sind, glauben wir, daß wir den Druck durch ,,ich muß'' und ,,ich sollte'' brauchen, um uns von der Flucht ins Spiel abzuhalten. Und der Verlust des Spielens und somit der Freizeit ohne Schuldgefühle läßt die Aufgaben des Lebens unangenehmer, entsagungsvoller und schwieriger erscheinen, als sie es sein müßten. Freizeit ohne Schuldgefühle kann die kindliche Freude am Lernen und Handeln wiederbeleben.

Selbstmotivation durch Anziehungskraft

Wenn man sich einem schwierigen Projekt nähert, stellt man sich normalerweise vor, es in großen Brocken zu erledigen, die lange Perioden von einsamer Arbeit erfordern. Aber die Erwartung von langanhaltendem Verzicht auf Freunde und Erholungspausen fördert die Neigung zum Aufschieben. Die Folgen solcher Arbeitsgewohnheiten für Körper und Geist ähneln den Erfahrungen von Häftlingen in Einzelhaft und Versuchspersonen in Isolationslabors, die wie Mumien eingewickelt wurden, um die Sinnesreize möglichst einzuschränken. Jede dieser Situationen schränkt die körperlichen Bewegungen und die optische Stimulation drastisch ein und macht den Geist für jede Sorge anfällig, die durch Selbstkritik und drohendes Versagen ausgelöst wird. Die Chance auf produktive Arbeit steigt, wenn man Vergnügen und Erfolg statt Isolation und Sorgen zu erwarten hat. Die Forderung nach zwanzig − oder vielleicht auch nur nach vier − Stunden ermüdender Arbeit ist nicht gerade darauf ausgelegt, zu motivieren, besonders wenn es soviel angenehmere Alternativen gäbe.

Wenn Sie vor der Wahl stehen, die Einkommenssteuererklärung zu machen oder einen alten Freund zu treffen, hat der alte Freund die besseren Karten, es sei denn, Sie besitzen eine Strategie.

Wenn Sie versuchen, sich zur Aufnahme der Arbeit für ein Ziel zu motivieren, setzen Sie sich dann unter Druck, um sich selbst voranzutreiben, oder setzen Sie die Anziehungskraft des Zieles ein, um sich selbst mitzureißen? Unglücklicherweise benutzen die meisten Menschen die Motivation durch Druck und bemerken nicht, daß es Alternativen gibt.

In einer ganzen Reihe von Lebensbereichen, dazu gehören das Militär, das Geschäftsleben und auch Ausbildungsstätten, werden wir Drohungen ausgesetzt − Motivation durch Druck −, die dazu dienen sollen, durch Angst zur Arbeit zu zwingen. Tatsächlich sind die Handlungen, die durch Bestrafung und Angst ausgelöst werden, nicht zielgerichtet, sondern, genau wie Verzögerungstaktiken, auf die Flucht vor Angst ausgerichtet. Bestrafung wirkt eher lähmend als motivierend. Nur allzuoft wird diese rauhe Methode eher eingesetzt, um Autorität und Macht auszuüben, als um positive Ergebnisse zu erzielen. Der Einsatz von Drohungen durch Autoritätspersonen ist ein Beispiel dafür, wie der Lösungsversuch, anstatt positive Motivation für ein Ziel zu erzeugen, kontraproduktiv wirkt und weiteres Aufschieben herbeiführt, indem er Auflehnung gegen die Autorität, Angst vor dem Versagen und Angst vor dem Erfolg erzeugt.

Die Motivation durch Antreiben basiert auf der Annahme,

daß Menschen grundsätzlich faul sind und nur eine Heidenangst Motivation erzeugen kann. Einige Beispiele:

- Gefreiter Jones, wenn Sie diese Wagenladung Kartoffeln nicht bis 17 Uhr geschält haben, sperre ich Ihnen den Wochenendausgang für das nächste halbe Jahr.

- Wenn unsere Firma in diesem Monat nicht Verkäufe im Wert von 200 000 Dollar abschließt, dann können wir uns alle einen neuen Arbeitsplatz suchen.

- Wenn Sie die Zahl Ihrer Klienten nicht auf 15 am Tag steigern, müssen Sie sich eine neue Stelle suchen.

- Dieser Anfängerkurs sollte am besten gleich zu Anfang lernen, daß wir hier hart arbeiten. Bis zum Semesterende müssen Sie dieses komplette Bücherregal gelesen haben, und bis zum Examen die ganze Regalwand.

Die Motivation durch Anziehungskraft dagegen basiert auf der Annahme, daß wir Menschen von Natur aus neugierig sind, und daß wir, wenn wir angemessen für unsere Bemühungen belohnt werden, sogar die schwierigsten Aufgaben erfüllen können:

- Gefreiter Jones, für jeden Korb Kartoffeln bekommen Sie einen freien Tag. Wenn Sie die ganze Wagenladung bis 17 Uhr schaffen, gibt es dazu noch ein freies Wochenende.

- Wir müssen in diesem Monat Verkäufe im Wert von 200 000 Dollar abschließen. Das bedeutet, daß wir uns alle noch mehr anstrengen müssen, damit wir im nächsten Monat wieder freier atmen können. Ich bin an Ideen interessiert, was wir tun können, um mehr Kunden zu erreichen und mindestens zehn Prozent mehr Umsatz zu machen.

- Diese Woche werden Sie lernen, Ihre Klienten beim Thema zu halten und die Unterredung höflich zu beenden. Innerhalb von zwei Wochen werden Sie dann mit Leichtigkeit 15 Klienten am Tag beraten können.

– Stellen Sie sich vor, daß Sie jedes Kapitel aus Ihren Lehrbüchern in dieses leere Regal stellen, wenn Sie es gelesen haben. So werden Sie dieses Bücherregal Kapitel für Kapitel und Buch für Buch bis zum Ende des Semesters füllen. Bis zum Examen werden Sie dann so viele Bücher gelesen haben, daß Sie diese ganze Regalwand füllen können.

Die Motivation durch Mitreißen berücksichtigt, daß *entfernte* und *unbestimmte Ziele,* wie zum Beispiel ein *möglicher* Arbeitsplatz nach einer vierjährigen Ausbildung, nur wenig ausrichten, um einen Menschen dazu zu motivieren, ständig schwierige, beinahe überwältigende Aufgaben anzupacken. Der versprochene Lohn für harte Arbeit hat wenig Einfluß auf das, wofür wir uns jetzt entscheiden. Dagegen folgt auf die *näherliegenden* und *bestimmteren* Belohnungen durch das Leben, wie zum Beispiel Muße, Freunde treffen und ein Eis essen, sofort und mit Sicherheit ein greifbares Vergnügen.

Dieses Motivationsmodell beweist, daß die Wahrscheinlichkeit gering ist, daß Sie eine Arbeit anfangen, die sofort Einsamkeit und Verlust bringt, während der Lohn unbestimmt ist und in der fernen Zukunft liegt. Es zeigt auch, daß es noch unwahrscheinlicher ist, daß Sie diese Art von Arbeit Freizeitaktivitäten vorziehen, denn Freizeit ist mit Freude verbunden, und jede mögliche Strafe ist ungewiß und liegt in weiter Ferne. Mit anderen Worten: Um Ihre Arbeitsgewohnheiten in den Griff zu bekommen, müssen die Arbeitsphasen kürzer (und damit schmerzfreier) und die Belohnungen häufiger und direkter (mit mehr Freude verbunden) ausfallen, indem kurze Arbeitsphasen durch Pausen und Belohnungen unterbrochen werden.

Wenn Sie also daran interessiert sind, eine große Aufgabe anzugehen und dabei die Verzögerung auf ein Minimum beschränken wollen, müssen Sie die Belohnungen so strukturieren, daß sie die Wahrscheinlichkeit erhöhen, daß Sie jeden Tag mit der Aufgabe anfangen werden. Wenn Sie ein Manager sind, werden Sie auch die Arbeitsumgebung so strukturieren wollen, daß Ihre Mitarbeiter durch die Zusammenarbeit und das gemeinsame

Ziel, durch die Hilfe für andere und Lob für erzielte Fortschritte genauso belohnt werden wie durch das monatliche Gehalt.

Für diejenigen unter uns, die an die puritanische Arbeitsethik glauben, ist es nur schwer einzusehen, daß Menschen durch Vergnügen mehr als durch Schmerz motiviert werden. Tatsächlich *mußten* die ursprünglichen Puritaner die Arbeit sogar am Sabbat unterbrechen. Neben seiner wichtigen, religiösen Funktion als Tag des Gottesdienstes diente der Sabbat auch als ein Tag der Ruhe, so daß man wie neugeboren und zu härterer Arbeit fähig in die nächste Woche ging.

Als ich Jeff, einen 35jährigen Professor, zum ersten Mal traf, fühlte er sich frustriert und schuldbewußt, weil er seinem Beruf nicht so hingebungsvoll nachging, wie er es seiner Meinung nach sollte. Er wollte mehr Forschungsberichte lesen und Veröffentlichungen in Fachzeitschriften schreiben. Aber im Laufe der vergangenen drei Jahre war er an ungezählten Versuchen gescheitert, auch nur eine einzige wissenschaftliche Abhandlung zu schreiben. Anfangs war er nur ein gutes Beispiel dafür, wie wenig effektiv die Motivation durch Druck sein kann. Aber Jeff entpuppte sich als ein herausragendes Beispiel dafür, wie Spiele und Freizeit ohne Schuldgefühle und die Motivation durch Mitreißen zu hochwertiger Arbeit führen.

Jeff war blockiert. Er hatte Schuldgefühle, weil er keine Beiträge zu seinem Fachbereich leistete, und spürte den Druck der Kollegen, doch endlich einmal etwas zu veröffentlichen. Aber er war nicht bereit, sich zu den langen Stunden einsamer Arbeit zu verpflichten, die mit dem Lesen von Fachzeitschriften und dem Schreiben einer Veröffentlichung verbunden waren.

Nach einem kurzen Gespräch war mir klar, daß Jeff beinahe erfolglos versucht hatte, seine Neigung zum Aufschieben mit allen Methoden zu bekämpfen, die ihm nur einfielen, um sich durch Druck und Angst zum Schreiben zu zwingen. Ich hatte auf die harte Tour gelernt, nicht gegen einen solchen Widerstand anzukämpfen. Wir brauchten eine völlig neue Strategie und keineswegs noch mehr Druck.

Deshalb beschloß ich, etwas zu sagen, das einen klugen Kopf

wie Jeff gleichzeitig schockieren und anziehen mußte. Ich riet ihm, mit der Selbstquälerei aufzuhören, die nur zu Frustrationen und Depressionen führte. Ich sagte „Machen Sie eine Pause und tun Sie etwas, was Ihnen wirklich Spaß macht – etwas, daß Sie schon lange tun wollten." Nachdem wir eine lange Liste durchgegangen waren, die auch Windsurfen, Skifahren, Steptanzen und Musikunterricht umfaßte, entschloß sich Jeff am Ende, bei einer Laienschauspielgruppe mitzumachen.

Er bewarb sich für ein Stück und bekam eine kleine, aber wichtige Rolle. Jeff befand sich schon bald in der Situation, 20 bis 30 Stunden in der Woche proben zu müssen. Das hieß, daß er in den nächsten beiden Monaten keine Zeit mehr hatte, an seinen Artikel zu denken, geschweige denn, sich deswegen schuldig zu fühlen.

Jeff hatte so viel Spaß am Schauspielern, daß er wie durch ein Wunder Zeit für die 20 Stunden in der Woche fand – und auch die Kraft, die dafür nötig war –, um seine Verpflichtungen gegenüber dem Regisseur und den anderen Schauspielern zu erfüllen.

Das Stück wurde ein Erfolg, aber für Jeff war es wichtiger, daß er seinen Spaß hatte. Seine intensive Hingabe an das Stück war wie ein langerträumter Urlaub. So gesehen hatte er hart gearbeitet, immerhin hatte er jede Woche soviel Zeit investiert, wie auch eine Teilzeitbeschäftigung erfordert. Aber Jeff fühlte sich erholt und zufrieden, denn diese Arbeit war sein Traum gewesen, nach dem er schon lange gesucht hatte.

Außerdem hatte er in diesen zwei Monaten mehr getan, als nur zu *versuchen*, zu arbeiten und sich schuldig zu fühlen, weil er seine Ziele nicht erreichte. Er hatte sehr konkret gelernt, daß er zur Hingabe an ein Projekt fähig war und auch die Zeit dafür finden konnte. Am Abschluß der ganzen Arbeit für das Stück war Jeff dennoch leicht deprimiert. Er hatte eines seiner großen Lebensziele erreicht, und das war ein gutes Gefühl, aber er konnte nicht damit weitermachen. Jeff lernte, daß es eine Menge Hingabe, Konzentration und Zeit kostet, in einem Theaterstück mitzuwirken. Dafür mußte er einige seiner anderen

Aktivitäten opfern. Er spürte nun eine Leere in seinem Leben, nachdem diese zwanzig Stunden voller intensiver Arbeit und großer Befriedigung entfielen.

Jetzt bemerkte er, daß er, wenn er sich zwei Monate lang 20 bis 30 Stunden in der Woche freihalten konnte, mit ein wenig Hingabe auch genug Zeit finden würde, um seine Veröffentlichung zu schreiben. Aber zunächst würde er sein Denken über diese große, belastende Aufgabe ändern müssen. Er wußte nun, wie wichtig es war, in jeder Woche etwas zu haben, das er wirklich gern tat, um das Gefühl der Belastung und Entsagung durch die Arbeit an seinem Forschungsprojekt zu vermindern. Er änderte seine Aufgabe innerlich von einer die gesamte Zeit einnehmenden Belastung zu einem Projekt, an dem er zeitweise arbeiten wollte, etwa 10 bis 20 Stunden in der Woche.

Jeff änderte seinen Zeitplan so, daß er feste Verpflichtungen zum Sport und für Freunde enthielt. Das machte ihm klar, daß seine einsamen Arbeitsphasen kurz und zielgerichtet sein mußten. Mit einem größeren Bewußtsein für seine Fähigkeit, das Leben zu genießen, kehrte er an die Aufgabe zurück, seine Veröffentlichung zu schreiben.

Es fiel ihm leicht, zehn Stunden in der Woche für das Schreiben freizuhalten, nachdem er zwanzig Stunden Zeit für die Proben gehabt hatte. Der Anfang fiel ihm immer noch schwer, aber nachdem er einen gewissen Schwung durch tägliche Arbeitsphasen erreicht hatte, sah er bald, wie die Veröffentlichung Gestalt annahm. Von da an war es nur noch eine Frage der Beharrlichkeit, denn sein natürliches Interesse an dem Thema drängte ihn zum Abschluß – es riß ihn zu einem Ziel mit, das jetzt für ihn erreichbar war.

Jeff fand einen Weg, das Schreiben wieder in sein Leben zu integrieren, ohne es zur Last zu machen und ohne Gewalt oder Drohungen anzuwenden. Nach wenigen Monaten legte er seinen Artikel einer Fachzeitschrift vor. Er wurde zunächst zurückgewiesen, nach einigen Änderungen aber von einer angesehenen Fachzeitschrift gedruckt.

Vom Spiel ohne Schuldgefühle
zu hochwertiger Arbeit

Die Freude am Spiel und an der Freizeit ohne Schuldgefühle gehört zu einem Kreislauf, der Sie zu mehr Qualität und kreativerer Arbeit führen wird. Der Kreislauf verläuft nach einem Muster, das normalerweise mit *Freizeit ohne Schuldgefühle* beginnt, oder zumindest damit, daß Sie sie einplanen. So bekommen Sie ein gewisses Freiheitsgefühl, was Ihr Leben betrifft, das es Ihnen ermöglicht, sich leichter auf eine kurze Zeit von *hochwertiger Arbeit* einzustellen. Wenn Sie einen bestimmten Abschnitt hochwertiger Arbeit an Ihrem Projekt geleistet haben, wächst Ihr Gefühl, die Dinge im Griff zu haben, ebenso wie Ihr Vertrauen auf die Fähigkeit, sich zu konzentrieren und kreativ Probleme zu lösen. Im gleichen Maße steigt Ihre Fähigkeit, *hochwertige Freizeit ohne Schuldgefühle* zu genießen. Das befriedigende Gefühl, sich Zeit abseits der Arbeit verdient zu haben, steigert Ihre Fähigkeit, konzentrierte, hochwertige Zeit mit Ihren Freunden zu verbringen, die sich wirklich auszuzahlen beginnt, wenn Sie anfangen, *beim Spiel kreativ zu arbeiten*.

An dieser Stelle des Kreislaufs trägt die Saat früherer hochwertiger Arbeit unterbewußte Früchte in Form von neuen Ideen, Durchbrüchen und der Motivation, ausgeruht und interessiert zur Arbeit zurückzukehren, um die neuen Ideen auszuprobieren. Sie sind nun erholt, inspiriert und zu *mehr hochwertiger Arbeit* bereit. Kreatives Spiel ohne Schuldgefühle verleiht die Motivation, zur Arbeit zurückzukehren. Im nächsten Kapitel wird dieses Prinzip in einer einzigartigen Anwendung – dem alternativen Zeitplan – vorgestellt.

Wenn Freizeit ohne Schuldgefühle zu Ihren Instrumenten gegen das Aufschieben gehört, werden Sie feststellen, daß Sie den ganzen Tag über neue Einsichten gewinnen. Sie stellen plötzlich fest, daß Golfspielen, Laufen, ein Buch lesen oder ein Gespräch mit einem Freund oder einer Freundin reichhaltige Bilder für eine Werbekampagne liefern, für Vertragsverhandlungen, für Ihre Präsentation vor der Firmenleitung oder für Ihr

Ziel, das Rauchen aufzugeben. So etwas passiert, wenn Sie entspannt sind, denn während Ihr Bewußtsein sich in den zwei Stunden des Spielens auf etwas anderes konzentriert, kann Ihr kreatives Unterbewußtsein eindeutige Lösungen fast mühelos ausarbeiten. So tragen Spielen und Freizeit zu mehr Qualitätsarbeit bei.

Kennen Sie den folgenden Ausspruch: ,,Wenn Sie eine Arbeit schnell erledigt haben wollen, dann geben Sie sie der meistbeschäftigten Person." Nun ja, Carlos war jedenfalls derjenige, dem man Aufgaben zuteilte, die schnell erledigt werden mußten. Seit seiner Schulzeit hatte er immer mindestens zwei Jobs gleichzeitig gehabt.

Carlos stammte aus einer Arbeiterfamilie, in der Arbeit einfach als Teil des Leben betrachtet wurde. Er verschwendete keine Zeit darauf, irgendwelchen Groll gegen die Arbeit zu hegen, ob es nun um die Schule, seinen Nebenjob oder die Organisation eines Wochenendausflugs ging. Seine Sprache wirkte zielgerichtet: ,,Ich fange um acht Uhr mit der Arbeit an. Ich mache den Bericht heute nachmittag fertig."

Carlos ist ein klassisches Beispiel für jemanden, der sich dem Spiel ohne Schuldgefühle genauso verpflichtet fühlt wie optimalen Leistungen während der Arbeitszeit. Die Vitalität in seiner Freizeit überträgt sich auf seine Arbeit, und er genießt Herausforderungen in beiden Lebensbereichen. Wenn es etwas zu bedenken gab, wußte er, daß seine Freizeit ihm eine alternative Perspektive geben würde, von der aus er seine Möglichkeiten abwägen konnte. Seine Hingabe an Erholung und Geselligkeit gaben ihm die Chance, neue Arbeitskonzepte in einer relativ sicheren Umgebung zu testen oder durchzusprechen. Er hatte nicht nur Spaß an seiner Freizeit, sie war auch die Quelle seiner besten Ideen und kreativsten Lösungen.

Diese Betonung der Bedeutung des Spiels soll keineswegs die Wichtigkeit von Arbeit und Ausdauer in Frage stellen. Sie erkennt die Wichtigkeit der Arbeit an, sie rückt nur von der traditionellen Vorstellung von ,,Arbeit" ab. Die herkömmliche Betrachtungsweise trennt die Arbeit scharf vom Spiel und von der

Freizeit und führt zu einem inneren Konflikt, in dem Arbeit als etwas betrachtet wird, zu dem man sich zwingen muß. Die Form von Arbeit und Hingabe, die besser zum Hier-und-Jetzt-System paßt, ist die *Hingabe an einen Auftrag,* die Ihre Energien bündelt und innere Harmonie erzeugt, eine Hingabe, die aus einem inneren Drang nach einem Ziel und der Freude über den Weg dorthin entsteht.

Charles Garfield schreibt über die Kraft der Hingabe und der gemeinsamen Mission am Beispiel des Apollo-Programms: ,,Was die Vorstellungskraft beflügelte und Kräfte freisetzte, die kaum jemand in sich vermutet hätte, war das Bewußtsein, an einem Projekt teilzunehmen, daß einen der ältesten Träume der Menschheit erfüllen würde. Es gab eine Mission. Ich sah Männer und Frauen mit durchschnittlichen Fähigkeiten Quellen von persönlicher Kraft und Kreativität anzapfen, die schließlich zu außerordentlichen menschlichen Leistungen führten. Ich sah, wie in ihnen Aufregung und Freude lebendig wurden und jeden um sie herum ansteckten und dabei Visionen der Möglichkeiten auslösten, die aus dem entstehen würden, was sie zu tun versuchten. Eines wurde mir sehr klar − es ist nicht das Ziel, sondern letztlich die *Mission,* die die Vorstellungskraft anregt und uns zu noch höheren Ebenen der menschlichen Entwicklung motiviert.''

Dieses Bewußtsein für eine Mission ist die Motivation durch Anziehungskraft, die Sie mit positiver Energie zu Ihrem Ziel zieht, anstatt Sie durch Angst und Drohungen anzutreiben. In dieser positiven Arbeitsatmosphäre werden Sie mit größerer Wahrscheinlichkeit außergewöhnliche Fähigkeiten und Motivation beweisen. Regelmäßige, geplante Freizeitphasen ohne Schuldgefühle werden einen neuen Blickwinkel auf die Arbeit eröffnen. Sie werden Ihnen die Zeit verschaffen, Ihre angeborene Neugierde und die Bereitschaft auszuleben, gute, hochwertige Arbeit zu leisten. Spiel ohne Schuldgefühle bildet die Brücke zwischen Arbeit und Freizeit, und jedes steigert die Qualität des anderen.

5. Kapitel
Blockaden überwinden

Gebet für mehr Gelassenheit:

Gib mir die Gelassenheit, die Dinge anzunehmen,
die ich nicht verändern kann,
den Mut, die Dinge zu verändern, die ich ändern kann,
und die Weisheit, beides voneinander zu unterscheiden.

Reinhold Niebuhr

Gebet für mehr Streß:

Gib mir die Sturheit, gegen die Dinge anzukämpfen,
die ich nicht verändern kann;
die Trägheit, Arbeit an meinen Gewohnheiten
und Einstellungen zu umgehen, die ich ändern könnte,
und die Dummheit, den Unterschied zwischen
äußeren Ereignissen, die nicht in meiner Macht stehen,
und meinen eigenen, beherrschbaren Reaktionen zu ignorieren.
Aber gib mir vor allem den Haß
auf meine eigene, menschliche Unvollkommenheit
und auf die Grenzen der menschlichen Macht.

Wenn Sie jemals unter harter Kritik gelitten haben – Ihrer eigenen, der der Eltern, Lehrer oder Freunde –, weil Sie unvollkommene Arbeit geleistet haben, oder wenn Sie unter der Demütigung gelitten hatten, ein Problem nicht lösen zu können, das anderen einfach erschien, haben Sie eventuell eine Phobie gegen bestimmte Arbeiten entwickelt. Solange Sie kein Mittel gefunden haben, direkt und positiv diese Reaktion zu überwinden, wird Ihre Angst oder Phobie weiter Ihre Handlungsfähigkeit blockieren.

Das Aufschieben, wenn es sich um Verzögerung von Dingen handelt, vor denen Sie Angst haben, ist eine phobische Reaktion auf Arbeit, die für Sie mit Angst und Sorgen verbunden ist. Wenn es Ihre einzige Waffe gegen etwas ist, das Sie fürchten, wird das Aufschieben eine Gewohnheit sein, die nur sehr schwer zu verlernen ist. Obwohl sowohl Phobien als auch das Aufschieben Suchtcharakter besitzen, weil sie innere Spannungen reduzieren, ist es möglich, sie zu verlernen.

Um diese Blockaden der Handlungsfähigkeit aktiv zu bekämpfen, brauchen Sie Alternativen zu der suchterzeugenden und kontraproduktiven Lösung, die Ihnen das Aufschieben bietet. Mit den Mitteln des Hier-und-Jetzt-Systems können Sie die phobische Reaktion des Aufschiebens verlernen und durch alternative Wege ersetzen, Ihre Ängste zu überwinden. Wenn Sie die Mittel anwenden, die Ihnen dieses Kapitel zur Hand gibt − *dreidimensionales Denken*, die *Sorgenarbeit* und den *beharrlichen Anfang* − und wenn Sie sich außerdem noch ein Fangnetz knüpfen und positive Selbstgespräche üben, können Sie angstbesetzte Aufgaben in kleinen, durchführbaren Schritten anpacken. Außerdem werden Sie jedesmal, wenn Sie eine konstruktive Alternative anwenden, um eine schwierige Aufgabe in Angriff zu nehmen, das alte Verhaltensmuster etwas mehr verlernen und Ihre Sucht durchbrechen.

Drei große Blockaden

Die drei großen Ängste, die unsere Handlungsfähigkeit blockieren und zum Aufschieben führen, sind die *Angst vor der Überforderung*, die *Angst vor dem Versagen* und die *Angst vor dem Fertigwerden*. Diese drei Blockaden wirken normalerweise zusammen und verschärfen jede ursprüngliche Form von Angst und Streß. Wenn man eine dieser Ängste überwindet, beschleunigt das die Zerstörung der verbleibenden Blockaden, denn aus dem Ertragen einer Angst und dem Kampf gegen sie entsteht Selbstvertrauen.

Studien haben ergeben, daß bereits 30 Sekunden des Ausharrens in einer gefürchteten Situation − vor einem bellenden Hund stehen, eine Party mit vielen Gästen besuchen, eine Rede halten —, während der man sich selbst positive Worte zuspricht, ausreichen, um eine phobische Reaktion durch positive Alternativen zu ersetzen. Es wird Ihnen viel leichter fallen, eine Angst zu ertragen, wenn Sie Mittel und Wege in der Hand haben, die Alternativen zur Flucht offenlassen.

Um den Streß und die Sorgen zu verringern, die zum Umgehen von großen und wichtigen Aufgaben führen, beachten Sie die folgenden Strategien:

- *dreidimensionales Denken* und den *umgekehrten Kalender,* um die Angst vor der Überforderung und die Angst vor dem Beginn zu bekämpfen;

- die *Sorgenarbeit*, um die Angst vor dem Versagen und die Angst vor der Unvollkommenheit zu bekämpfen;

- das *beharrliche Beginnen*, um die Angst vor dem Fertigwerden und die Angst vor dem Erfolg zu besiegen.

Instrument 1: Dreidimensionales Denken

Der Start eines großen Projekts erfordert einen Überblick über seine Höhe, Länge und Breite, so daß die Richtung planbar ist und entschieden werden kann, wo man anfangen will. Wenn Sie die vor Ihnen liegende Aufgabe überblicken, werden Sie in der Regel eine Welle negativer Energie (Streß oder Unruhe) erleben, weil Ihr Körper versucht, an mehreren Punkten des Projekts gleichzeitig zu sein. Es ist, als würden Sie zur Spitze eines Wolkenkratzers schauen und erwarten, ihn in einem einzigen, erschöpfenden Sprung erstürmen zu müssen.

Sie haben ein zweidimensionales Bild Ihres Projekts entworfen, es gibt nur Arbeit, alles muß auf einmal geschehen, es gibt keine Atempausen. Dieses Bild erhöht die einzelnen Stufen, so daß Ihr Körper Energie für die Arbeit an allen Teilen gleichzeitig bereitstellt — den Start, die Mitte und die Ziellinie.

Das Gefühl der Überforderung durch eine große oder wichtige Aufgabe ist eine Art psychischer und physischer Terror.

Als ehrgeiziger und produktiver junger Rechtsanwalt befriedigte es Joel sehr, an Projekten zu arbeiten, die er schnell fertigstellen konnte, aber er schreckte vor komplizierteren Fällen zurück. Seine Angst und seine Neigung zum Aufschieben fingen an, seinem Aufstieg in der Kanzlei im Weg zu stehen. Immer, wenn er vor einem wichtigen oder risikoreichen Fall stand, waren seine körperlichen und emotionalen Reaktionen so stark, daß er sich wie gelähmt und unfähig zur geringsten Arbeit fühlte. Seine Sorgen führten zu Schlaflosigkeit, steigender Unentschlossenheit bei kleinen Entscheidungen und erhöhtem Kaffee- und Alkoholkonsum. Er sorgte sich darum, einen Fehler zu machen, um seine Fähigkeit, den Fall zu Ende zu führen, über das Ausmaß der Arbeit, die nötig war, um den Fall nur einigermaßen über die Bühne zu bringen und über die Folgen eines möglichen Versagens.

Nicht nur für Joel wird die Angst vor der Überforderung noch durch die Erwartung verschlimmert, er müßte eigentlich ohne Ängste beginnen können. Sie steigt zusätzlich durch die scharfe Selbstkritik an seinen ersten Bemühungen (,,Wie soll ich jemals fertig werden, wenn das alles ist, was ich zu bieten habe?'').

Der Sieg über das Gefühl der Überforderung beginnt mit der Einsicht, daß es ganz natürlich ist, einen gewissen Grad an Sorgen zu haben, wenn man sich die viele Arbeit vorstellt, die ein großes Projekt erfordert. Es ist wichtig, dieses Gefühl nicht als ein Zeichen mißzuverstehen, daß man der Aufgabe nicht gewachsen ist. Ein normales Maß an Angst wird Sie nicht überwältigen, es sei denn

1. *Sie bestehen darauf, den einzig richtigen Ausgangspunkt zu kennen*.
   Die Unentschlossenheit und Verzögerung durch die Suche nach dem einzig richtigen Ausgangspunkt hält Sie davon ab, zum Rest des Projekts zu gelangen. Die Möglichkeit, daß es wahrscheinlich mehrere gleichwertige Ausgangspunkte gibt, entgeht Ihnen, und statt dessen machen Sie sich Sorgen

darum, daß Ihre Wahl zu einem niederschmetternd falschen Ergebnis führt. Sie haben sich selbst durch das Denken in einer Schwarz-Weiß-Dichotomie blockiert – entweder machen Sie es sofort richtig oder es ist falsch. Aus diesem Blickwinkel sieht jeder Ausgangspunkt wie einbetoniert aus, er bestimmt die folgenden Schritte und treibt Sie möglicherweise in die falsche Richtung.

2. *Sie haben sich auf dem Weg durch Ihr Projekt nicht genügend Zeit gelassen zu lernen, mit jedem Schritt mehr Selbstvertrauen zu entwickeln und fremde Hilfe anzufordern.*
   Ihr zweidimensionales Bild zwingt Sie dazu, jetzt alle erforderlichen Fähigkeiten zu beherrschen. Auch wenn es sich vielleicht um Ihr erstes Projekt dieser Art und Größe handelt, erwarten Sie, schon am Anfang das Selbstvertrauen zu haben, um auf dem ganzen Weg zu wissen, was zu tun ist.

3. *Sie kritisieren die Tatsache, daß Sie nur anfangen, wo Sie doch schon „fertig sein sollten".*
   Jeder Erfolg wird durch den Vergleich mit dem vorgestellten Ideal geschmälert. Der Ausgangspunkt und der Weg durch Versuch und Irrtum haben im Vergleich mit Ihrem Ziel kaum eine Daseinsberechtigung. Sie besitzen nur wenig Toleranz oder Verständnis für Ihren jetzigen Grad an Unvollkommenheit und Ihre gegenwärtigen Schwierigkeiten. Dieser kritische Vergleich führt dazu, daß Sie ständig zwischen Ihrem negativen Selbstbild am Anfang und Ihrem idealen Selbstbild am Ziel hin- und herpendeln. Sie erleben eine überwältigende Unruhe, während Sie zu entscheiden versuchen, wie Sie den Übergang schaffen sollen.

Der umgekehrte Kalender

Nachdem Joel erst einmal das dreidimensionale Denken auf seine Pflichten anwandte, konnte er den ganzen Vorgang überschauen und seine Energie darauf konzentrieren, das Projekt in kleine, durchführbare Abschnitte zu unterteilen. Diese Sichtweise überschaut auf geistiger Ebene die Arbeit der kommenden Tage und Wochen, Sie selbst legen Ihre eigenen Termine für die Unterabschnitte des Projekts fest.

Wer es lernt, Projekte auf diese Art zu betrachten, verteilt bald die konzentrierten Bemühungen und Kräfte dieses Gefühls der Überforderung über die ganze Zeit und das gesamte Projekt. Jetzt steht man nicht mehr einer großen, drohenden, unmöglichen Aufgabe gegenüber, man hat nur kleine Abschnitte vor sich, deren erfolgreicher Abschluß leicht vorstellbar ist.

Ich nenne das den *umgekehrten Kalender*. Während Sie sich mehrere kleine Termine vorstellen − Sie haben alle unter Kontrolle −, verschwindet die Lähmung durch den Versuch, ein großes Projekt (mit üblen Folgen bei einem Fehlschlag) auf einmal abzuschließen. Wenn Sie sich selbst Ihre Termine setzen und auf die Zukunft verteilen, haben Sie die Arbeit besser im Griff und zusätzlich einige fest eingeplante Atempausen zwischen den einzelnen Schritten gewonnen. Dieses revidierte Bild Ihres Projekts ermöglicht es, andere Mittel einzusetzen, sich auf die Gegenwart zu konzentrieren. Und in der Gegenwart wird der erste Schritt getan. Die zusätzliche Energie, die Sie für Ihren Versuch benötigten, alles auf einmal zu tun, konnte ursprünglich nicht ausgelebt werden, deshalb wurde sie als Anspannung und Streß erlebt. Aber wenn Sie Ihren Geist auf das Hier und Jetzt konzentrieren, liefert Ihnen Ihr Körper genau die richtige Menge an Energie für den Start.

Der umgekehrte Kalender beginnt mit dem Abschlußtermin Ihres Projekts und bewegt sich dann Schritt für Schritt bis zur Gegenwart zurück, in der Sie Ihre Energie auf den Beginn des Projekts konzentrieren können. Sie werden den umgekehrten Kalender immer dann besonders nützlich finden, wenn Sie vor einer Aufgabe stehen, die Arbeit über einen langen Zeitraum erfordert − das Haus anstreichen, eine Werbekampagne durchführen, ein Schlankheitsprogramm durchhalten. Und der umgekehrte Kalender sollte *sofort* angewendet werden, wenn Sie sich überfordert fühlen. Sie brauchen den umgekehrten Kalender, um festzustellen, was Sie *genau jetzt* in Angriff nehmen können, was Sie delegieren können und wo Ihre Atempausen liegen. Hier zwei Beispiele:

1. *Letzter Termin:* 1. Juni. Die Zeichnungen, die Rede oder das Projekt müssen um 9 Uhr auf dem Schreibtisch des Chefs liegen. Das bedeutet:

28. Mai:	Letzte Korrekturen.
26. Mai:	Materialien noch einmal sichten.
23. Mai:	Letzter Termin der Sekretärin für den Versand von Reproduktionen / die Anfertigung von Dias / die Fertigstellung der Datensammlung.
15. Mai:	Zeichnungen / Änderungen / Folgegespräche abschließen.
1. Mai:	Mit der Schlußphase des Projekts beginnen.
22. April:	Nach dem Gespräch mit dem Chef notwendige Änderungen durchführen.
21. April:	Mit dem Chef über die Gesamtrichtung und die Fortschritte sprechen.
Heute, 15. April:	Erste Skizzen zeichnen; mit der Gliederung anfangen; die wichtigsten Ergebnisse der Marktforschung prüfen und Experten konsultieren.

2. *Letzter Termin:* 1. Januar (nächstes Jahr). Vertragsverhandlungen mit der XYZ AG abschließen. Das heißt:

1. Dezember:	Konferenz mit den Anwälten und Vertretern der XYZ AG.
20. November:	Anruf bei XYZ vor dem Skiurlaub vom 22. bis 27. November.
1. November:	Letzten Teil des Vertragsentwurfs bei Jones abgeben.

(Setzen Sie die Planung für jeden Monat fort, bis Sie in der Gegenwart ankommen.)

1. Juli:	Besprechung mit unseren Anwälten.
Heute, 15. Juni:	Mit Jones von XYZ Zeitlimits und Gesprächstermine abklären.

Dieses Vorgehen ist auf jeden Schritt eines Projekts anwendbar. Der Geschäftsbericht einer großen Firma zum Beispiel kann Schritte enthalten, die schon in sich eine Überforderung darstellen. Aber wenn die Arbeit erst einmal in ihre Teile untergliedert ist und Schritt für Schritt angegangen wird, können Sie heute mit dem ersten Schritt anfangen. Ein umgekehrter Kalender für ein Projekt liefert die Zeitlimits für jeden einzelnen Schritt und sagt aus, wieviel Zeit jede Woche eingeplant werden muß – zum Beispiel fünf Wochen lang 20 Stunden pro Woche.

Wie umfangreich Ihr Bericht oder Ihre Kampagne auch sein mögen, der umgekehrte Kalender gibt Ihnen einen realistischen Blick dafür, wieviel Zeit jeder Schritt erfordert. *Sie* bestimmen jetzt die Zeitlimits; es gibt nicht mehr einen großen Termin, der Ihnen von oben auferlegt wird. Das Gefühl, Ihr Projekt besser im Griff zu haben, ist verbunden mit weniger äußerem Druck und einem gewachsenen Bewußtsein für die eigenen Leistungen.

Nachdem Joel den umgekehrten Kalender und das dreidimensionale Denken anwandte, war er in der Lage, die einzelnen Aufgaben bei der Vorbereitung eines Falls zu erkennen: die Rechtslage klären, geeignete Maßnahmen treffen, Aufgaben an die Assistenten delegieren, alles mit den Seniorpartnern der Kanzlei überprüfen. Joel konnte nun beobachten, wie er sich regelrecht auf eine Aufgabe stürzte, die er bewältigen konnte, und wie langsam die Freude an der Entwicklung des Falls wuchs.

Weil er sich so große Sorgen über mögliche Fehler gemacht hatte, benutzte Joel seinen umgekehrten Kalender, um sein Bewußtsein für die Punkte zu schärfen, an denen er unruhig werden und in die falsche Richtung gehen konnte. Er nutzte jetzt das Gefühl von Unsicherheit und Überforderung, um sich daran zu erinnern, eine Denkpause einzulegen oder sich mit einem Kollegen zu beraten. Joel überwand durch das dreidimensionale Denken nicht nur seine Angst vor der Überforderung, sondern fand auch zu einer realistischeren Zeiteinteilung. Wenn die Einzelschritte eines Falls einmal klar definiert waren, war er in der Lage, einige bisher überraschende Schwierigkeiten bei der Zeitplanung vorauszusehen und kostspielige Fehler zu vermeiden.

Instrument 2: Die Sorgenarbeit

> Er aber sprach zu seinen Jüngern:
> Darum sage ich euch: Sorget nicht
> für euer Leben, was ihr essen sollt,
> auch nicht für euren Leib, was ihr antun sollt.
> Das Leben ist mehr denn die Speise,
> und der Leib mehr denn die Kleidung . . .
> Welcher ist unter euch, ob er schon darum sorget,
> der da könnte eine Elle seiner Länge zusetzen?
> So ihr denn das geringste nicht vermöget,
> warum sorget ihr für das andere?
>
> *Lukas 12, 22 – 26*

Sorgen können Sie vor Gefahren warnen und Handlungen anregen, die auf diese Gefahren vorbereiten. Respektieren Sie Ihre Fähigkeit, sich Sorgen zu machen, als ein Mittel, das Sie auf mögliche Gefahren aufmerksam machen kann. Aber die schnelle Folge von furchterregenden Gedanken, die meist für die kontraproduktive Form der Sorgen charakteristisch ist, erzeugt einfach nur noch mehr Bedrohungen – ,,Es wäre schrecklich, wenn das passiert. Ich würde es nicht ertragen. Ich muß es gut machen oder...'' Wenn man hier aufhörte, nur bei dem furchterregenden Teil der Sorgen, ist das, als ob man ,,Gefahr!'' riefe, ohne zu wissen, was zu tun ist oder wohin man flüchten soll. Am Ende hat der Schrei eine Menge Leute aufgescheucht, aber ihnen nicht gesagt, *wie* sie der Gefahr entkommen können.

Wenn Sie Ihr Bewußtsein für eine mögliche Gefahr schärfen, ohne einen Plan zu schmieden, wie Sie ihr entkommen können, haben Sie die Sorgenarbeit nur halb zu Ende geführt. Sie haben die positive ,,Sorgenarbeit'' ausgelassen – die Aufstellung eines Aktionsplans.

Sobald eine Bedrohung auftritt, muß sie bekämpft werden, um Streß zu vermeiden – letzten Endes eine Form von gefangener Energie, die hier und jetzt nicht produktiv genutzt werden kann. Solange Sie keine Lösung gefunden oder die Bedrohung beseitigt haben, können Sorgen zu einem dauernd wiederkehrenden Alptraum werden, der ein Rätsel oder Problem ständig wiederholt. Pläne, Taten und Lösungen sind erforderlich, um der Energie eine Richtung zu weisen und die Sorgenarbeit zu vollenden.

Dinge einfach aufzuschieben ist ein ineffektiver Weg, um mit Sorgen fertig zu werden, denn er bremst das Handeln und türmt nur weitere Sorgen auf. Das Besorgtsein, eine Begleiterscheinung des Aufschiebens, wurde normalerweise schon in jungen Jahren erlernt. Eltern und Lehrer benutzen oft Drohungen und Katastrophenbilder, um ein Kind zu motivieren, die Ziele zu erreichen, die *sie für es* ausgewählt haben. Die Überzeugung, daß die Peitsche motivierender als das Zuckerbrot wirkt, ist unter den Leitern von Schulen, Fabriken und Büros so vorherrschend, daß die meisten Menschen unter irgendeiner Form der Angst vor dem Versagen leiden und sich darum sorgen, aufgrund ihrer Unvollkommenheit nicht akzeptabel zu sein.

Ein vertrautes Beispiel ist der Vorgesetzte, der mit Lob für die getane Arbeit geizt, während er ungetane und unvollkommene Arbeit freigiebig kritisiert. (,,Das muß sich aber noch beträchtlich bessern... Es gibt noch viel zu tun, und ich brauche es so bald wie möglich.'')

Dieses Training – *Ihre Arbeit* war nie gut genug – erzieht zu der Überzeugung, daß *Sie selbst* nie gut genug sein werden, um die Eltern oder den Chef zu befriedigen. Das Gefühl, nichts auszurichten, wie sehr man sich auch bemühen mag, ist zutiefst deprimierend und tödlich für das Selbstwertgefühl. Ohne ein intaktes Selbstwertgefühl, an dem Kritik für normale Fehler einfach abprallt, ist es extrem schwer, ins Arbeitsleben zu treten, in dem zumindest einige Fehlschläge zu erwarten sind und das ersehnte Lob für harte Arbeit und gute Leistungen selten ist. Am Ende scheint das Risiko zu groß zu sein, Motivationsversuche durch Drohungen wirken einfach nicht mehr.

Dieses Syndrom ist dann besonders traurig, wenn begabte Menschen keinen Versuch mehr wagen, weil Sie Angst haben, nicht die Nummer eins zu sein. Im schlimmsten Fall führen Perfektionismus und die Angst vor dem Versagen (in diesem Fall wird alles Versagen genannt, was nicht völlig perfekt ist) dazu, daß sie lieber ihre eigenen Talente verkümmern lassen, als den Wettbewerb aufzunehmen und zu riskieren, nur als zweitbester anzukommen. Bei Menschen, die mit Drohungen erzogen worden sind, ist allerdings die ,,Lösung'' verbreiteter, sich selbst in dem Versuch zu ,,bedrohen'', Anerkennung durch die Nachahmung der autoritären Vorbilder zu finden. Aber solche Drohungen helfen nicht, sie führen eher in den Teufelskreis des Aufschiebens: Drohende Selbstgespräche führen zu Sorgen, dann zu Auflehnung, die schließlich zum Aufschieben verleitet. Verzögerungstaktiken können zwar zeitweise die Nervosität vor einem schwierigen Projekt lindern, das auch zu einem Fehlschlag führen kann, aber man entkommt damit nicht seinen Sorgen.

Um diese Blockade der Handlungsfähigkeit zu durchbrechen, ist es notwendig, daß Sie sich nicht nur mit Bildern von drohenden Katastrophen ängstigen. Benutzen Sie die Sorgenarbeit, um die Energie, die in Sorgen und Ängsten steckt, in Pläne zur Beseitigung der Bedrohung umzusetzen. Das wird Ihnen helfen, den Streß, Ihre gesunde Überlebensreaktion, so einzusetzen, wie er gedacht ist – nämlich, um Sie zu beschützen, indem er Sie auf positives Handeln vorbereitet. Wenn Sie diese Energie einmal richtig eingesetzt haben, kann Ihr Gehirn im Bewußtsein Ihres körperlichen und geistigen Wohlbefindens Sie auf ein normales Maß an Energie für produktive Arbeit zurückführen.

Zehn Jahre lang litt Judith, eine intelligente, junge Buchhalterin, unter der Sorge, ihre Arbeit zu verlieren, weil sie ständig wichtige Arbeiten vertrödelte. Judith zwang sich immer weiter zur Arbeit in einer Versicherungsgesellschaft, die andere Mitarbeiter schon vor Jahren wegen der dort herrschenden eisigen Arbeitsatmosphäre verlassen hatten. Schließlich hatte sie schon in jungen Jahren gelernt, daß sie faul und unfähig war, daß es immer noch etwas zu tun gab und daß sie ständige Ermahnungen und Druck von den Menschen brauchte, die sie liebten, damit sie an ihre Möglichkeiten heranreichte.

In Judiths Familie wurde persönlicher Fortschritt selten anerkannt. Der Druck, *die Beste* zu sein, ließ niemals nach, ob es nun um die Schule, den Sport oder die Musik ging. Aus der Perspektive ihres Chefs sollte Judiths Motivation durch ihr Gehalt, seinen Druck und seine Drohungen entstehen.

Aber für Judith festigten die Arbeitsbedingungen nur ihre persönliche Unsicherheit, die sie viel früher erworben hatte. Sie hatte das Gefühl, es nicht besser verdient zu haben, und hatte Angst sowohl vor dem Versagen als auch vor dem Erfolg.

Die dauernde Angst vor Kritik und der Entlassung hielt Judith unter Streß und sorgte für einen meist schlechten Gesundheitszustand. Aber ihre Angst vor ständig schlechteren Leistungen motivierte sie schließlich dazu, Hilfe zu suchen. Wie die meisten Menschen, die zum Aufschieben neigen, war Judith eine gute Arbeiterin. Sie war keineswegs faul. Der ständige Druck und die Angst vor dem Versagen fingen an, ihre Arbeitsfähigkeit zu blockieren. Als der Streß wegen erwarteter Kritik für unzureichende Arbeit stieg und sie immer weniger Lob bekam, trockneten ihre Motivation und ihr Selbstvertrauen gleichsam ein. Sie verließ sich immer mehr auf das Aufschieben als Möglichkeit zur Flucht und um ihren Ärger auszudrücken.

Judith sah ohne große Schwierigkeiten ein, daß die Drohungen und das zurückgehaltene Lob ihres Chefs die alte Familiensituation wiederbelebten. Und als Judith erkannte, daß ihre Familienumgebung sie zu geringer Selbstachtung, dem Gefühl, ein Opfer zu sein, zur Auflehnung und zu destruktiven Strategien, damit fertig zu werden, erzogen hatte, brannte sie darauf, ihre Umgebung zu wechseln. Schon bevor ich mit ihr über die Sorgenarbeit als einen Weg zur Streßverminderung gesprochen hatte, überlegte sie: ,,Was wäre, wenn das Schlimmste passierte?'' Sie erkannte, daß sie es ertragen konnte, entlassen zu werden, auch wenn es extrem belastend und schwer wäre, und daß eine Entlassung in einem gewissen Sinn sogar eine willkommene Erleichterung wäre. Tatsächlich war es in Anbetracht ihrer Schüchternheit und ihres geringen Selbstbewußtseins sogar sehr unwahrscheinlich, daß sie sich ohne eine Kündigung jemals eine andere Arbeit suchen würde.

Aber Judith hatte beschlossen, daß sie mehr wollte. Sie wollte für ihre Arbeit und ihre Begabung anerkannt werden. Judith war entschlossen, Menschen zu finden, die sie als Person und für ihre Fähigkeiten anerkennen würden, anstatt sich weiterhin die auszusuchen, die immer forderten, sie sollte anders sein. Sie wollte nicht mehr unter Bedingungen arbeiten, die ihr Selbstbewußtsein schmälerten. Nachdem sie einmal der schlimmsten Möglichkeit, der Entlassung, ins Gesicht geblickt hatte, hatte sich Judith mit Fangnetzen aus verständnisvollen Selbstgesprächen und konkreten Alternativen vorbereitet, die ihr helfen würden, solange sie eine neue Stelle suchte.

Die Sorgenarbeit umfaßt einen sechsstufigen Prozeß, um Ängsten entgegenzutreten und Sicherheit zu schaffen. Diese Stufen führen Sie über ein ,,aber was passiert, wenn. . .'' hinaus und leiten die blockierten Energien der Angst in konstruktive Vorbereitungen für mögliche Gefahren um. Wenn Sie sich dauernd Sorgen um das Scheitern eines Projekts oder den Verlust Ihrer Arbeit machen, dann fragen Sie sich doch einmal:

1. *Was könnte schlimmstenfalls passieren?*
Man muß das am meisten gefürchtete Szenario berücksichtigen, das eintreten könnte, und überlegen, wie hoch die Wahrscheinlichkeit seines Eintretens ist. Aber Sie dürfen nicht bei der Frage stehenbleiben: *,,Was ist, wenn dieser schlimmste Fall wirklich eintritt?''* Wenn Sie hier aufhören, wird die Angst nur ständig wiederkehren. Der Ausweg liegt in der Frage: ,,Was würde ich *tun*, wenn dieser Fall wirklich einträte?''

2. *Was würde ich tun, wenn das Schlimmste wirklich einträte?*
Anstatt einfach zu sagen, daß das wirklich schrecklich wäre,
sollten Sie überlegen: ,,Wo könnte ich Hilfe finden? Was
würde ich dagegen unternehmen, wenn ich wütend werde und
aus der Haut fahre? Und was würde ich dann tun?'' Sie sollten so lange weiter fragen: ,,Und was würde ich dann tun?'',
bis sicher ist, daß Sie Ihr Bestes tun würden, um weiterzumachen, was immer auch geschehen mag.

3. *Wie würde ich den Schmerz verringern und so fröhlich wie*
möglich weiterleben, wenn der schlimmste Fall einträte?
Wenn alles andere versagt hat und wirklich die am meisten
gefürchtete Situation eingetreten ist, lassen sich Depressionen und Selbstkritik mildern, indem man sich verzeiht,
menschlich, verletzlich und unvollkommen zu sein. Gleich-
gültig, wie schlimm die Lage auch ist, sollte man an die Stärken denken, auf die man bauen kann, an die Kräfte, die einen vielleich schon öfter durch Situationen geführt haben,
die im ersten Augenblick hoffnungslos aussahen. Man sollte
überlegen, was man aus seinen vergangenen Erfolgen bei der
Überwindung widriger Umstände, aus seinen verborgenen Talenten und aus den Stärken lernen kann, die sich gerade dann
zeigen, wenn man sie braucht.

4. *Welche Alternativen hätte ich?*
Haben Sie Ihre Wahlmöglichkeiten beschränkt, indem Sie auf
der einzig vollkommenen Arbeit bestanden und diktatorische
Vorstellungen darüber hatten, wie Ihr Leben aussehen sollte?
Was werden Sie tun müssen, um akzeptable Alternativen zu
finden? Über welche möchten Sie nachdenken? Man muß
über die Idee hinauswachsen, das Leben nur zu den eigenen
Bedingungen zu akzeptieren, daran denken, daß es viele Möglichkeiten gibt, glücklich und erfolgreich zu sein.

5. *Was kann ich jetzt tun, damit das gefürchtete Ereignis wahr-scheinlich nicht eintritt?*

Gibt es irgend etwas, das Sie aufgeschoben haben − einen Anruf, einen Brief, eine Begegnung − , dem Sie sich stellen sollten, um Ihre Sorgen zu verringern, Sicherheit zu schaffen und sich zur Aufnahme der Arbeit zu bewegen? Nachdem man bedacht hat, was schlimmstenfalls passieren könnte, und sich auf dieses Ereignis vorbereitet hat, ist man jetzt bereit, die nächsten Aufgaben anzupacken, die die eigenen Erfolgsaussichten steigern könnten.

6. *Gibt es etwas, was ich jetzt tun kann, um meine Chancen zu vergrößern, das Ziel zu erreichen?*

Nachdem Sie das Schlimmste bedacht und Pläne geschmiedet haben, wie Sie damit fertigwerden können, und nachdem Sie sich selbst versichert haben, daß es Alternativen gibt, können Sie sich nun fragen: ,,Gibt es etwas, was ich *jetzt* tun kann, um meine Chancen zu vergrößern, das Ziel zu erreichen?'' Nachdem Sie sich die Sicherheit verschafft haben, daß Sie selbst im schlimmsten Fall Alternativen besitzen, sind Sie nun fähig und bereit, ohne die Angst vor dem Versagen Ihr Bestes zu geben.

Indem Sie die Sorgenarbeit, das Schaffen von Sicherheit und die Sprache eines produktiven Menschen anwenden, bauen Sie die Fähigkeit auf, Ihr Selbstvertrauen aufrechtzuerhalten. Die meisten Menschen streben nach einer illusorischen Sicherheit, die sagt: ,,Ich muß wissen, daß ich gewinnen werde, ich brauche eine Garantie, daß nichts schiefgehen wird.'' Damit unterliegen sie einem schweren Nachteil, denn sie haben nicht überlegt: ,,Was werde ich tun, wenn etwas schiefgeht?'' Der Versuch, die Dinge so im Griff zu haben, daß alles nach Wunsch verläuft, kostet viel zuviel Kraft, verschließt die Augen für das, was nicht nach Wunsch verlaufen könnte, hindert an der Planung eines strategischen Rückzugs und entzieht die Energie, die man für einen Neuanfang braucht.

Echte Sicherheit besteht in dem Bewußtsein, daß Sie Ihr Bestes geben werden, ob Sie nun ruhig oder nervös sind, ob Sie Erfolg oder Mißerfolg haben, und daß Sie, falls nötig, sich wieder zu einem neuen Versuch aufraffen können. Echte Sicherheit ist die Fähigkeit zu sagen: „Ich bin auf das Schlimmste vorbereitet, jetzt kann ich mich auf die Arbeit konzentrieren, die zum besten Ergebnis führen wird."

Instrument 3: Der beharrliche Anfang

Nachdem Sie gelernt haben, die ersten beiden Blockaden der Handlungsfähigkeit zu überwinden, und den Anfang gefunden haben, müssen Sie jetzt vielleicht noch die Angst vor dem Fertigwerden besiegen. Viele Menschen haben keine Schwierigkeiten mit dem Anfangen, aber sie bremsen sich durch eine Reihe von negativen inneren Selbstgesprächen und Einstellungen und erzeugen damit Blockaden vor dem Abschluß der Arbeit. Schwierigkeiten mit dem Fertigwerden können, wie die Angst vor dem Erfolg, ganz bestimmte Hemmnisse umfassen, ein Projekt auch wirklich zu Ende zu führen.

Die Verzögerung der Fertigstellung eines Projekts kostet mehr Mühe als ein Durchhalten bis zum Ende. Sie ist auch weniger befriedigend als die Erfahrung, ein Projekt abzuschließen und Platz für mehr Spaß am Leben und neue Anfänge zu schaffen. Es lohnt sich, Strukturen für die Überwindung von Blockaden und gute Arbeitsgewohnheiten zu schaffen, die die Vorteile und Aufregungen, die aus einem Aufschub des Abschlusses entstehen, bei weitem übertreffen. Dr. Joan Minninger schrieb über das Erlernen einer Erinnerungsstruktur:

„Es ist weniger aufregend als das Chaos, das durch verpaßte Termine und verlorene Autoschlüssel verursacht wird. Aber Chaos ist ermüdend und eine echte Zeitverschwendung... Wahrscheinlich halten Sie die Arbeit, sich an etwas zu erinnern, für eine Plackerei; etwas, was Sie vom Spaß am Leben fernhält. Aber in Wirklichkeit ist es genau umgekehrt. Wenn Sie Strukturen für das Chaos in Ihrem Leben schaffen, befreien Sie sich selbst.

Sie befreien Ihre Zeit und Energie für die wirklich guten Dinge des Lebens.‟

Die 30jährige Laura stand kurz vor dem Erwerb ihres Magistertitels, der eine Gehaltserhöhung und bessere Chancen auf eine Beförderung versprach. Dennoch zog sich die Arbeit an ihrer Magisterarbeit hin. Die letzten Feinheiten eines Projekts interessierten Laura nie so sehr wie die aufregende Erfahrung, eine neue Entdeckungsreise zu starten. Es verlangte ihre ganze Disziplin, eine Reparatur im Haus zu beenden oder so lange bei einem Hobby zu bleiben, bis sie es zu echter Meisterschaft brachte. Es fiel ihr so leicht, ein Projekt anzufangen, daß sie nicht sicher war, ob sie wirklich zum Aufschieben neigte. Und in der Tat, Lauras Stärke lag in jedem Lebensbereich (dazu gehörte auch der Langstreckenlauf) beim Start. Am Ende brachte dann ihre Begeisterung fürs Laufen und der Wunsch, an einem Marathon (Spiel ohne Schuldgefühle) teilzunehmen, die große Wandlung ihrer Einstellung und die Motivation, ihre Magisterarbeit doch endlich abzuschließen.

Laura bereitete sich seit Monaten auf ihren ersten Marathonlauf vor. Sie war sehr gründlich vorgegangen, sie mußte nur noch lernen, die letzten zehn bis zwölf Kilometer durchzustehen, wo die meisten Läufer „gegen eine Wand rennen‟ – das Gefühl, der Körper versagt von einem Moment zum anderen, weil die Energiespeicher leergepumpt sind. Als Laura die Schmerzen in ihrem Körper fühlte, der geradezu nach Nahrung schrie, wußte sie, daß sie gegen ihre persönliche Mauer gerannt war. Sie wußte nicht, wie sie die letzten elf Kilometer schaffen und zur Ziellinie kriechen, geschweige denn laufen sollte. Aber bevor sie noch ans Aufgeben denken konnte, hörte sie sich selbst etwas sagen, das ihr später half, ihre Neigung zum Aufschieben zu besiegen und ihre Magisterarbeit abzuschließen: „Ich habe Schmerzen. Es tut weh, wenn ich laufe, und es tut weh, wenn ich einfach stehenbleibe. Es tut weh, wenn ich gehe, und es würde auch wehtun, wenn ich mich hinlegte. Ich kann machen, was ich will, ich habe Schmerzen, also kann ich auch weiterlaufen und die Sache so schnell wie möglich hinter mich bringen.‟

Was Laura dabei wirklich verstand, ist die Tatsache, daß das Aufschieben Arbeit kostet, genau wie es Arbeit kostet, die Angst vor dem Fertigwerden zu bekämpfen. Es gibt keinen Ausweg, irgendeine Form von Arbeit muß auf jeden Fall getan werden. Warum also nicht die Arbeit angehen, die langfristig die meisten Früchte verspricht? Die Entscheidung, trotz ihrer Schmerzen den Marathon zu Ende zu laufen, erleichterte es Laura, auch den Rest des Hier-und-Jetzt-Systems für den Abschluß Ihrer Magisterarbeit einzusetzen. Sie hatte ihre Neigung durchschaut, genau dann aufzugeben, wenn ihre Bemühungen sie dem Ziel nahe brachten und eine Bewertung näherrückte. Indem sie diese Neigung mit ihren negativen, inneren Selbstgesprächen in Verbindung brachte, wurde sie fähig, sie mit positiven Selbstgesprächen zu bekämpfen und ihre Bemühungen auf den Abschluß auszurichten. Der Marathonlauf lieferte ihr ein gutes Muster für die Schritte, die zum Abschluß ihrer Magisterarbeit notwendig waren.

Wie bei den meisten großen Aufgaben waren scheinbar unzählige Korrekturen der Arbeit notwendig. Es war schwer, die Frustrationen und Enttäuschungen durch Computerversagen, übersehene Tatsachen und Fehler abzuschütteln und mit neuem Mut weiterzumachen. Aber Laura hatte ein abgeschlossenes Projekt hinter sich, das ihr Selbstvertrauen gab und genauso viele Schwierigkeiten mit sich gebracht hatte. In den letzten Monaten ihrer Forschungsarbeit erinnerte sie sich daran, daß es nicht ganz ausreichte, innerlich darauf vorbereitet zu sein, 42 Kilometer zu laufen. Denn die Strecke eines offiziellen Marathonlaufes beträgt genau 42 Kilometer und 195 Meter. Als Sie an der 42-Kilometer-Marke vorbeihumpelte und bereit war, ihren erschöpften Körper einfach zu Boden fallen zu lassen, hörte Laura nicht den erwarteten Applaus, sondern empfand nur die schwere Notwendigkeit, noch 195 Meter mehr zurückzulegen. Indem sie ihre Schritte zählte, lernte Laura, sich nicht durch zusätzliche Arbeit überwältigen zu lassen und sich auf das zu konzentrieren, was erreichbar ist, indem sie sich ständig wiederholte: ,,Ich kann noch einen Schritt weiterlaufen.''

Decken Sie die kontraproduktiven Aussagen und Einstellungen auf, die sich in Ihrem Geist einnisten, wenn Sie schon den Anfang einer Arbeit geschafft haben. Benutzen Sie dann Ihre Kenntnis dieser negativen, inneren Selbstgespräche, um Mittel bereitzustellen, die einen angstfreien Abschluß ermöglichen und Ihre kreative Kraft freisetzen:

,,Ich muß mich erst noch besser vorbereiten."

Achten Sie scharf darauf, an welchem Punkt die Vorbereitung zum Verzögern gerät. Sie haben angefangen und fühlen sich gut beim Sammeln der vielen Informationen, die für die Aufgabe erforderlich sind, aber Sie fühlen sich gezwungen, immer noch weitere Fragen zu stellen und weitere Vorbereitungen zu treffen, bevor Sie Ihre eigenen Ideen ins Spiel bringen. Sie haben fest beschlossen, das Projekt zu Ende zu führen, aber nachdem Sie nun die ersten Schritte hinter sich gebracht haben, ist Ihr Antrieb, auch wirklich durchzuhalten, zusammengebrochen. Das gilt besonders dann, wenn Sie ein Perfektionist sind, denn Ihre Angst vor Fehlern bewegt Sie dazu, immer noch einen Experten zu befragen und lange Listen von ungeklärten Fragen aufzustellen; tatsächlich halten Sie sich so wirksam davon ab, sich wirklich in die Sache hineinzuknien.

Wenn Sie diese Neigung überwinden wollen, dann bezeichnen Sie jeden Drang, denn Chef um Rat zu fragen oder in der Bibliothek nach fertigen Lösungen oder weiteren Daten zu suchen, als Verzögerungstaktik. Vielleicht müssen Sie ,,Arbeit am Projekt'' ganz streng so definieren, daß nur Ihre eigenen Beiträge zum Abschluß dazugehören und nicht etwa Vorbereitungen oder das Sammeln fremder Informationen. Die *Legitimität* jeder weiteren Recherche kann sichergestellt werden, indem Sie das Feedback auf Ihre bisherigen Ergebnisse abwarten. Denken Sie immer daran, daß man der Arbeit nicht entkommen kann: Weitere Vorbereitungen erfordern Arbeit; der Abschluß des Projekts erfordert Arbeit; und die Flucht in das Aufschieben erfordert Arbeit. *Warum entscheiden Sie sich an diesem Punkt nicht für die Mühe, einen weiteren Schritt nach vorn zu gehen?*

„Bei diesem Tempo werde ich nie fertig."

Die Lern- und Arbeitsfortschritte sind am Anfang eines neuen Projekts oft kleiner, als man es gewohnt ist. Denken Sie daran, daß Sie später schneller vorwärtskommen werden, wenn Sie mit der Materie besser vertraut sind und Vertrauen gewonnen haben. Je höher Sie einen Berg hinaufkommen, desto weiter können Sie sehen. Sie werden Zeit und geeignete Orte für Ruhepausen finden. Ihre Lernkurve kann sehr steil ansteigen, besonders, wenn Sie positive, innere Selbstgespräche einsetzen, um Ihre Aufmerksamkeit bei der Aufgabe, statt bei Selbstkritik zu halten. Nutzen Sie den Flow-Zustand (siehe Kapitel 7), um kreative Lösungen für momentane Blockaden zu finden. Erzeugen Sie positive Erwartungen darauf, daß mit den Fortschritten Ihres Projekts Ihr Wissen und Ihre Fähigkeiten sprunghaft anwachsen werden. Sie können Ihr Vorwärtskommen nicht an Ihren jetzigen Fähigkeiten und Kenntnissen messen. Wenn Sie sich dem Ende Ihres Projekts nähern, werden Sie erleben, wie sich Ihr Selbstvertrauen und Ihre Fähigkeiten verwandelt haben.

„Ich hätte früher anfangen sollen."

Sie haben angefangen, und das müssen Sie anerkennen. Das Syndrom des halbleeren Glases, das unter selbstkritischen Perfektionisten so verbreitet ist, hält Sie davon ab, Ihre bisherigen Schritte zum Ziel anzuerkennen. Dieses Projekt könnte doch umfangreicher sein, als Sie ursprünglich vermutet hatten.

Jetzt, wo Sie angefangen haben und die ganze vor Ihnen liegende Arbeit überblicken können, wird vielleicht ein wenig mehr dreidimensionales Denken erforderlich sein, um die Angst vor der Überforderung zu besiegen. Unterteilen Sie Ihr Projekt in Abschnitte, zwischen denen wohlverdiente Pausen und geplante Urlaubstage liegen. Machen Sie ohne Schuldgefühle Pausen. Jetzt ist nicht die Zeit für Kritik und Bilder voll von Entsagungen. Erkennen Sie auf jeden Fall jeden Fortschritt an, wie klein er auch sein mag.

„Danach wartet nur noch mehr Arbeit auf mich."

Eine der Ängste vor dem Erfolg besteht darin, daß nur noch mehr von einem erwartet werden wird: „Wenn ich das einmal tue, wird man es immer von mir erwarten. Ich weiß nicht, ob ich diese Erwartungen erfüllen kann oder will." Es gibt keinen Anreiz, Ihr jetziges Projekt zu Ende zu führen, wenn Sie „Erfolg" für etwas halten, was Sie in die Sklaverei zukünftiger Plackerei führt. Trennen Sie diese Arbeit von Ihrer Entscheidung über zukünftige Projekte. Geben Sie sich das Versprechen, sich die Entscheidung über zukünftige Schritte so weit wie möglich offenzuhalten. Vermeiden Sie jedes Gefühl von „ich muß" und Märtyrertum in bezug auf Arbeit, die noch weit in der Zukunft liegt. Sie werden diese Entscheidung zu gegebener Zeit treffen, wenn Sie wissen, was dieser neue Schritt bringt. Vergessen Sie nicht, daß es sich um separate Schritte handelt, daß Sie es im Griff haben, wann Sie den nächsten Arbeitsabschnitt anpacken wollen, und daß Sie stärker und klüger sein werden, wenn Sie den jetzigen Schritt abgeschlossen haben.

„Es klappt nicht."

Innere Selbstgespräche, wie: „Ich versuche es ja, aber es klappt einfach nicht. Was stimmt hier nicht?" können auf Perfektionismus hindeuten und auf das Fehlen der beschriebenen „Sorgenarbeit", die dazu verhilft, Alternativpläne zu entwickeln und ein Projekt trotz aller Schwierigkeiten zu Ende zu führen. Ein gewisses Unbehagen ist eine ganz natürliche Begleiterscheinung, wenn man über den gewohnten, behaglichen Bereich hinaus in einen neuen Leistungsbereich hineinwächst. Schwierigkeiten und negative Gedanken sind kein Grund zum Aufgeben, sondern eine Aufforderung, die eigene Kreativität einzusetzen, um das Problem zu lösen oder zu umgehen. Statt auf einen geraden Weg ohne Schwierigkeiten zu hoffen, können Sie den festen Willen aufrechterhalten, alles doch noch zum Besten zu wenden. Als produktiver Mensch testen Sie kein System, das Ihr Projekt schmerzfrei machen kann, Sie suchen auch nicht die erträumte, perfekte Lösung ohne Probleme. Sie konzentrieren sich auf die gewünschten Ergebnisse und sorgen dafür, daß der eingeschlagene Weg zum Erfolg führt.

„Ich brauche nur ein bißchen mehr Zeit."

Die Konstruktions-, Verkaufs- oder Produktionsabteilung ist bereit, die Ergebnisse Ihrer Arbeit anzuwenden, aber Sie bitten um mehr Zeit, um die letzten Verfeinerungen vorzunehmen und nach möglichen Fehlern zu suchen. Sie führen die Wünsche Ihres Chefs oder Ihrer Klienten großartig aus, geben das Endprodukt Ihrer Arbeit dann aber nicht ab, weil Sie noch nicht sicher sind, daß es perfekt oder fehlerfrei ist. Wie sehr andere auch darauf bestehen mögen, daß Ihre Arbeit völlig den Ansprüchen genügt, Sie denken mit Furcht und Schrecken daran, die Ergebnisse aus der Hand zu geben.

Vielleicht fällt es Ihnen schwer, einzusehen, daß andere nicht Ihre hohen Qualitätsstandards teilen. Vielleicht fühlen Sie sich Ihnen sogar ein wenig überlegen. Aber man erwartet ein fertiges Endprodukt von Ihnen − und wird Sie für die Einhaltung des Termins verantwortlich machen. Sie sehnen sich oft nach nur einer einzigen Stunde mehr, damit Sie eine wirklich gute Arbeit abgeben können, aber man will die Ergebnisse Ihrer Arbeit jetzt sofort haben. Obwohl Sie gute Arbeit leisten, fühlen Sie sich oft als Opfer eines Systems, das Menschen eher für ihre Leistungen als für ihre Möglichkeiten und ihr Genie belohnt.

Diese Form des Aufschiebens verlangt einen schonungslosen Blick auf den Wert realer, vollendeter, aber vielleicht unvollkommener Arbeit im Vergleich zu verspäteter, unvollständiger, idealer Arbeit. Obwohl Phantasien immer sicherer und vollkommener als die Realität sind, müssen diejenigen, die unter dieser Form des Aufschiebens leiden, einsehen, daß es keinen Grad menschlicher Perfektion gibt, der über jede Kritik erhaben ist.

Sie müssen lernen, die Unruhe und die Risiken zu ertragen, die mit dem Fertigwerden verbunden sind, auch wenn Sie wissen, daß Ihre Arbeit nicht vollkommen ist. Sehen Sie ein, daß der Versuch, letzte Perfektion zu erreichen, nur kostbare Zeit kostet. Lernen Sie, mit Kritik umzugehen, indem Sie Ihr Ego aus der Schußlinie zurückziehen – das heißt, indem Sie Sicherheit schaffen und Ihren persönlichen Wert von Ihrer Arbeit trennen. Achten Sie auf die Angst vor der Präsentation realer Arbeit – der Arbeit, die innerhalb des Zeitlimits fertiggestellt wird. Sie müssen es wirklich zu einer festen Gewohnheit machen, etwas innerhalb der verfügbaren Zeit zu tun. Setzen Sie Mittel und Instrumente wie die Sorgenarbeit ein, um mit vorhersehbarer Kritik und notwendigen Korrekturen fertigzuwerden.

Beginnen Sie immer wieder

Die Aufgabe, etwas zu Ende zu führen, hat ihre besondere Eigenart, weil man Dinge zusammenführt und verfeinert. Aber im Grunde genommen werden alle großen Aufgaben in einer Reihe von Anfängen zu Ende geführt. Ihre Fähigkeiten, Blockaden der Handlungsfähigkeit zu überwinden, wird Ihnen beim Abschluß helfen. Nutzen Sie diese Strategien und Ihre Kenntnis von negativen inneren Selbstgesprächen, um die Angst vor der Überforderung, die Angst vor dem Versagen und die Angst vor dem Fertigwerden zu besiegen. Beginnen Sie immer wieder, und Sie werden das Ziel wie von selbst erreichen.

6. Kapitel
Der bessere Zeitplan

> Die größten und wichtigsten Probleme
> des Lebens sind grundsätzlich nicht
> zu lösen . . . [sie wurden]
> nicht an sich logisch gelöst,
> sondern verblaßten, als sie mit einem
> neuen und stärkeren Lebensimpuls
> konfrontiert wurden.
>
> *Carl G. Jung*

Wir wollen uns nichts vormachen, es gibt kein Leben, das nur aus Spiel und Freizeit besteht. Wenn Sie versuchen, der Arbeit durch Aufschieben zu entkommen, wird das Ihre Unruhe noch weiter steigern; *nur Arbeit kann Sie beruhigen.* Weder Schokoladenriegel noch das Fernsehen können die Anspannung im Angesicht einer überwältigenden oder unangenehmen Aufgabe verringern. Weder das Aufschieben noch Freizeitaktivitäten können Sie von der inneren Unruhe befreien, wenn Sie vor etwas Schwierigem stehen. Das einzige, das Ihnen wirklich hilft, ist, *mit der Arbeit anzufangen.*

Aber genau da liegt das Problem, oder etwa nicht? Anscheinend können sich viele Menschen nicht zur Aufnahme der Arbeit zwingen, zumindest nicht mit den üblichen Gefühlen der „Arbeit" gegenüber. „Arbeit" heißt für viele Entsagung, Überforderung, Unsicherheit und innere sowie äußere Forderungen nach Perfektion, der Zwang, etwas zu tun, was man lieber unterlassen würde.

Aber was wäre, wenn Sie durch ein einfaches System lernen könnten, so lange Ihre Ängste zu bekämpfen und Ihre Unvollkommenheit zu ertragen, bis Sie wenigstens einige Minuten hochwertiger Arbeit geleistet hätten, die es Ihnen erlauben, Ihre Freizeit ohne Schuldgefühle zu genießen?

Der bessere Zeitplan fordert Sie auf, einen Anfang von etwa dreißig Minuten anzustreben. Das ist alles. Wenn Sie sich jeden Tag nicht mehr als dreißig Minuten der Arbeit widmen, die Sie aufgeschoben haben, können Sie ein Programm beginnen, das Sie vom chronischen Aufschieben zur Produktivität führt.

Obwohl dreißig Minuten vielleicht nicht als ausreichend erscheinen, bei einem großen Projekt viel auszurichten, können sie mehr als ausreichen, ein Problem zu lösen, wenn man konzentriert ist. Sie werden auf die Uhr schauen und staunen, wieviel Sie in einer Zeitspanne geleistet haben, die normalerweise als so kurz erscheint. Sie können auch eine Stoppuhr benutzen, um diese Phasen der hochwertigen Arbeit genau zu erfassen.

Wichtig ist, *angefangen zu haben*. Wenn man einmal die eigene Trägheit überwunden hat, ist man über den schwierigsten Teil schon hinaus. Manchmal reicht es schon aus, angefangen zu haben, um auch zum Ziel zu gelangen. Anzufangen zeigt den Grad an echter Arbeit, die auf einen wartet, und nicht die imaginäre Arbeit, die man erwartet hat. Wenn man sich dieser Angst stellt, sieht man, daß es sich nur um Arbeit handelt, vielleicht sogar schwierige Arbeit, aber keinesfalls um die Vielfalt von Sorgen und Ängsten, die man sich ausgemalt hatte.

Carolyn, eine meiner Klientinnen, schob schon seit Monaten die Aufgabe vor sich her, ihrer Mutter einige chinesische Küchengeräte zu kaufen. Immer kam etwas dazwischen und machte die Aufgabe kompliziert und schwer zu bewältigen – es war wie eine lange Reise, sie wußte nicht, an welcher Haltestelle sie den Zug verlassen mußte, es würde unangenehm sein, Fremde um Rat zu bitten, sie kannte den richtigen Laden nicht. An einem Regentag beschloß sie, einfach in den Zug zu steigen, jemanden nach der richtigen Haltestelle zu fragen und darauf zu vertrauen, daß sie den Weg schon finden würde, und das alles, weil sie auf diese Weise eine andere wichtige Angelegenheit vor sich herschob. Als sie am Ziel angekommen war, schaute sie auf die Uhr und stellte fest, daß sie nur neuneinhalb Minuten gebraucht hatte. „Nur neuneinhalb Minuten!" sagte sie zu sich selbst. „Und ich habe monatelang etwas aufgeschoben, das nur neuneinhalb Minuten gedauert hat!"

Selbst produktive Menschen brauchen ein System

Aus meinen Tätigkeiten als Armeeleutnant, als Produktionsleiter und als Wirtschaftsanalytiker für eine Ölfirma besaß ich schon einige Erfahrungen mit dem „wirklichen Leben", als ich beschloß, Psychologie zu studieren. Diese frühen Erfahrungen hatten mich die Arbeit unter Druck und Pünktlichkeit gelehrt, wenn andere auf mich bauten. Meine Erfahrungen hatten bewiesen, daß ich effektiv und effizient arbeiten konnte, wenn ich es nur wollte. Und dennoch mußte ich feststellen, daß ich und meine Kommilitonen tagelang wie gelähmt vor kleinen Aufgaben saßen, die normalerweise in weniger als zwei Stunden zu bewältigen gewesen wären.

All diese intelligenten Studenten menschlicher Psychologie mühten sich ab, als hätten sie noch nie etwas davon gehört, wie man den eigenen Gedanken, Gefühlen und Taten eine Richtung verleiht. Das kam mir merkwürdig vor. Unsere erlernten Theorien über Persönlichkeit und abnormales Verhalten halfen uns auch nicht weiter. Sie funktionierten nicht besonders gut bei normalen Problemen wie der Neigung zum Aufschieben, der Einhaltung guter Vorsätze, beim Wäschewaschen, bei der Anfertigung einer Seminararbeit oder der Pünktlichkeit bei privaten Verabredungen.

Deshalb fing ich an, ein *wirklich* funktionsfähiges System zu suchen, das mir mehr Selbstkontrolle bei schwierigen, unangenehmen oder überwältigenden Aufgaben versprach. Auf der Suche nach einem praktischen System stieß ich auf B. F. Skinner, den Gründer des modernen Behaviorismus, der eine Stoppuhr an seinem Stuhl befestigt hatte. Wenn er sich zur Arbeit hinsetzte, schaltete er die Uhr ein, wenn er aufstand, blieb sie wieder stehen. Dieser produktive Autor benutzte also eine Stoppuhr!

Er fertigte Tabellen an, die den Zweck hatten, ihm ein „Sternchen" zu verleihen, wenn er einen kleinen Arbeitsabschnitt abgeschlossen hatte! Das überraschte mich. Ich sagte mir: „Wenn sogar B. F. Skinner ein System benutzen muß, dann brauche ich auch eines."

Nach dieser Entdeckung begann ich, jede halbe Stunde ununterbrochener, hochwertiger Arbeit auf dem, was ich meinen besseren Zeitplan nannte, aufzuzeichnen. Ich benutzte meinen Plan, um festzuhalten, wann ich mit der Arbeit begann und aufhörte, und belohnte mich für die echte Arbeitszeit, genau, wie es B. F. Skinner mit seiner Stoppuhr gemacht hatte. Ich sorgte dafür, daß ich danach auf jeden Fall etwas tat, was mir besonders Spaß machte, und wandte so die Motivation durch Anziehungskraft an.

Nachdem ich diese Strategie nur eine Woche angewandt hatte, bemerkte ich, daß ich früher mit der Arbeit anfing und mehr schaffte, weil ich mich darauf freuen konnte, meine kleinen Erfolge aufzuzeichnen und sie dann durch Zeit mit Freunden, Tennisspielen, Lesen und anderen Vergnügungen belohnte. Das war der Ausgangspunkts meines Systems für die Zielerreichung, das beruht auf:

- Spiel und Freizeit ohne Schuldgefühle,

- hochwertiger Arbeit und

- dem besseren Zeitplan.

Diese Urform des besseren Zeitplans hielt die Zeitspannen hochwertiger Arbeit fest und brachte mich dazu, im voraus Belohnungen festzulegen, auf die ich mich freuen konnte. Mit diesem System konnte ich meine Doktorarbeit in einem Jahr abschließen, während ich sogar noch einer Teilzeitarbeit nachging. Weil mir dieser Plan ein klares Bild meiner Zeitnutzung lieferte, weiß ich, daß ich durchschnittlich fünfzehn konzentrierte und produktive Arbeitsstunden in der Woche auf meine Dissertation verwandte, während mir noch eine Menge Zeit fürs Skifahren, Joggen oder für Treffen mit meinen Freunden blieb. Der bessere Zeitplan ist ein Wochenkalender mit fest einge- planten Erholungsphasen, der die Woche in überschaubare Ab- schnitte mit Pausen, Mahlzeiten, festgelegten sozialen Aktivi- täten und Spiel unterteilt und eine Aufzeichnung von abgeschlos- senen, produktiven Arbeitsphasen enthält. Diese Methode der Zeitplanung regt Sie an, früher mit Ihrem Projekt anzufangen, weil Sie nun erkennen, wie wenig Zeit eigentlich für die Arbeit zur Verfügung steht, wenn Sie einmal Ihre täglichen Pflichten, Konferenzen, Fahrtzeiten, Mahlzeiten, Schlaf und Freizeit ab- ziehen. Außerdem wird der Anfang erleichtert, weil eine halbe Stunde Arbeit einfach nicht genug ist, um abschreckend zu wir- ken, während sie für einen guten Anfang und eine Pause oder eine Belohnung völlig ausreicht. Dreißig Minuten reduzieren die Arbeit auf kleine, überschaubare und lohnende Bröckchen, die die Wahrscheinlichkeit verringern, daß man sich durch die Kom- plexität und Dauer von großen und beängstigenden Projekten überfordert fühlt.

Der bessere Zeitplan verbindet verschiedene anerkannte Prin- zipien der Psychologie und der Verhaltensforschung auf inno- vative Art, um die verbreiteten Probleme mit dem Aufschieben zu bekämpfen und Menschen, die dazu neigen, zu befähigen, ihre Produktivität und Kreativität zu steigern. Indem Sie an- fangen, Freizeitaktivitäten, Erholungspausen und Freizeit mit Freunden zu planen, umgeht der bessere Zeitplan eine der er- sten Fallen von typischen Anti-Aufschubs-Programmen, die mit der Planung der Arbeit beginnen und so sofort die Vorstellung von einem Leben ohne Freude und Freizeit auslösen. Statt des- sen kehrt der bessere Zeitplan diesen Vorgang um und erzeugt zuerst die Vorstellung von Spiel und Freizeit.

Der bessere Zeitplan stärkt außerdem auf zwei Arten das Selbstvertrauen: Er sorgt erstens für sofortige und häufige Be- lohnungen nach kurzen Arbeitsphasen, statt das Erfolgsgefühl bis zum Abschluß des Projekts zu vertagen. Und die Gewohn- heit, jede Arbeitsphase schwarz auf weiß festzuhalten, sorgt zwei- tens für eine sichtbare Belohnung, die es Ihnen ermöglicht zu

sehen, wieviel konzentrierte, ununterbrochene Arbeit Sie täglich und wöchentlich leisten. Die Konzentration dieses Zeitplans
auf halbstündige Arbeitsphasen erzeugt ein nicht bedrohliches
Ziel, das sogar der ängstliche Mensch, der Probleme mit dem
Aufschieben hat, ohne Furcht angehen kann. Dreißig Minuten
beständiger Arbeit reichen aus, um Ihnen ein Bewußtsein für
Ihre Leistungen zu vermitteln, ohne die Angst vor dem Versagen zu erzeugen, die oft mit der Planung von längeren, weniger
realistischen Arbeitsphasen verbunden ist.

Umgekehrte Psychologie

Neben anderen Strategien nutzt der bessere Zeitplan unseren natürlichen Widerstand gegen Strukturen und Autoritäten – eine
der Hauptursachen für das Aufschieben – und verwandelt ihn
in eine der Ursachen für Produktivität. Schon seit Jahren nehmen Sie sich immer wieder vor, härter an schwierigen Projekten zu arbeiten, und versuchen, mehr Zeit in sie zu investieren.
Der bessere Zeitplan und das System der Freizeit ohne Schuldgefühle helfen Ihnen, mehr Zeit in Ihre Erholung und mehr Qualität in Ihre Arbeit zu investieren. Er fordert Sie auf, Spielzeiten zu intensivieren:

– Arbeiten Sie auf keinen Fall mehr als zwanzig Stunden in der
  Woche an einem Projekt!

– Arbeiten Sie auf keinen Fall mehr als fünf Stunden am Tag
  an einem Projekt!

– Sie *müssen* jeden Tag mindestens eine Stunde lang Sport treiben, das Leben genießen oder tanzen!

– Sie *müssen* jede Woche mindestens einen vollkommen arbeits-
  freien Tag haben!

– Streben Sie nur eine halbe Stunde hochwertiger Arbeit an!

– Arbeiten Sie für einen unvollkommenen, vollkommen menschlichen Anfang!

– Fangen Sie klein an!

Diese Strategie kehrt die Angst vor der Überforderung und dem Versagen um und verwandelt sie in wirksame Mittel, das Hier-und-Jetzt-System aufzubauen. Normalerweise planen wir unsere Arbeitszeit und lassen die Freizeit weitgehend unstrukturiert. Indem er von Ihnen verlangt, die Erholungsphasen zu planen und einzuhalten und anfangs Ihre Arbeitsphasen auf dreißig Minuten zu beschränken, *baut der bessere Zeitplan ein unbewußtes Verlangen auf, mehr zu arbeiten und weniger zu spielen.*

Mein Klient Alan, ein Endzwanziger, benahm sich beinahe wie ein aufsässiger Teenager. Alans kontraproduktives ,,ich sollte'', das er sich selbst gegenüber in die Worte: ,,Du mußt diese Arbeit tun'' faßte, produzierte das unausweichliche: ,,Nein, das muß ich nicht'', wenn er an seine Dissertation dachte.

Obwohl Alan darauf bestand, daß *er* seinen Doktortitel bekommen *wollte* – das heißt, daß *er* die Dinge im Griff hatte –, bewies seine Neigung zum Aufschieben, daß er sich unbewußt gegen eine äußere Autorität auflehnte, die ihn seinem Gefühl nach gegen seinen Willen zu etwas zwang. Nachdem er jahrelang diesem Muster gefolgt war, erwartete er offensichtlich noch mehr Druck von mir. Statt in die Falle zu gehen und mich mit früheren Autoritätspersonen auf eine Stufe stellen zu lassen, sagte ich: ,,Sie wollen von mir Hilfe bei einem großen, komplexen Projekt haben, das über ein Jahr harter Arbeit verlangt. In diesem Jahr werden Sie weniger Zeit für Ihre Freunde und die Dinge, die Sie wirklich gern tun, haben. Nein, da' mache ich nicht mit.'' Ich erzählte ihm, daß es einfach zu schwierig sei, jemanden zu etwas zu bewegen, das er eigentlich gar nicht will, und überhaupt, ich würde ihm keine Vorwürfe machen. Was mich betraf, *mußte er es nicht tun*. Ich versicherte ihm: ,,So wie Sie sind, sind Sie völlig in Ordnung. Es gibt auf dieser Welt so viele Menschen ohne Doktortitel, die glücklich und sehr erfolgreich sind.''

Diese neue Idee erregte Alans Aufmerksamkeit. Sobald die Idee im Raum stand, daß er gar nicht die monumentale Aufgabe angehen mußte, zwei oder drei Jahre seines Lebens auf Forschungen und auf das Schreiben der Arbeit zu verwenden, ging ihm auf, daß er sich zwar nicht übermäßig darüber freute, viel und hart zu arbeiten, daß er aber auch nicht bereit war, den Versuch aufzugeben. Aber ich war noch nicht völlig davon überzeugt, daß Alan rückhaltlos zu seinen Plänen stand. Deshalb sagte ich ihm, ich würde nur mit ihm zusammenarbeiten, wenn er genau meine Anweisungen befolgte. *„Arbeiten Sie auf keine Fall mehr als 20 Stunden in der Woche"*, sagte ich eindringlich. „Und arbeiten Sie auf keinen Fall mehr als fünf Stunden am Tag an Ihrem Projekt. Versprechen Sie mir fest, daß Sie dem Drang widerstehen werden, mehr als 20 Stunden pro Woche zu arbeiten."

Das war ein weiterer Schock. Er hatte in den letzten vier Jahren nie mehr als fünf Stunden hochwertiger Arbeit *in der Woche* geleistet, und nun verlagte ich von ihm das Versprechen, auf keinen Fall mehr als fünf Stunden *am Tag* zu arbeiten. Das erzeugte eine überraschende Umkehrung des Drucks.

Nachdem ich meine Forderungen gestellt hatte, sagte er: „Wer sind Sie eigentlich, daß Sie mir verbieten wollen, mehr als 20 Stunden in der Woche und fünf Stunden am Tag zu arbeiten? Es geht hier um meine Dissertation." Darauf antwortete ich: „Ja, es geht um Ihre Dissertation, und Sie können selbst bestimmen, wieviel Sie in der Woche arbeiten *wollen*, aber ich rate Ihnen, dem Drang zu widerstehen, nächste Woche mehr als 20 Stunden zu arbeiten."

Alan hatte bisher den Autoritäten, dem „ich muß" und „ich sollte" durch Verzögerungstaktiken widerstanden. Um gegen diese neue Autorität zu rebellieren, müßte er *mehr* arbeiten und das Recht verlangen, exzessiv oberhalb der Grenzen, die ich ihm gesetzt hatte, zu arbeiten.

In der folgenden Woche kam Alan mit seinem ausgefüllten Zeitplan in meine Praxis zurück. Zum ersten Mal nach vier Jahren hatte er seine Freizeit wieder uneingeschränkt genossen. Aber er zeigte mir die Auflistung seiner Arbeitsstunden nur mit gemischten Gefühlen. Er hatte achtzehn Stunden hochwertiger Arbeit geleistet. Das war weit mehr, als er in den letzten Jahren jemals zustandegebracht hatte.

Alan hatte seine Neigung zum Aufschieben und die Trägheit vor dem Beginn seiner Arbeit überwunden. Und außerdem war er den eingebildeten Autoritäten entkommen, die er so lange bekämpft hatte. Diese Leistung war uneingeschränkt sein Eigentum. Sie hatte nichts mit Druck von mir oder anderen zu tun. Er war stolz auf seinen Fortschritt und freute sich sehr über die bemerkenswerte Wandlung seiner Gefühle und Einstellungen bezüglich der Arbeit.

Aber ich erfuhr erst einige Wochen später die ganze Kraft des positiven Widerstands und der persönlichen Leistung, als er mich schlagen konnte, indem er mir einen besseren Zeitplan zeigte, der 22 hochwertige Arbeitsstunden in einer Woche und sechs hochwertige Arbeitsstunden am Tag verzeichnete.

Das ist eine höchst positive Form der Auflehnung gegen Autoritäten und des Beharrens auf dem Recht, zu sagen: ,,Nein ich muß das für keinen anderen tun. So wie ich bin, bin ich vollkommen in Ordnung.''

Wie verwendet man den besseren Zeitplan

Die Richtlinien zum Ausfüllen Ihres eigenen besseren Zeitplans sind im Lauf der letzten fünfzehn Jahre unter Berücksichtigung der Anregungen Tausender Klienten und Seminarteilnehmern entstanden. Die Richtlinien sind sorgfältig durchdacht, und ich bitte Sie dringend, sie mindestens zwei Wochen lang strikt zu befolgen, bevor Sie eigene Änderungen vornehmen. Falls Sie beschließen, mit geänderten Formen des besseren Zeitplans zu experimentieren, finden Sie im Abschnitt ,,Anpassung Ihres besseren Zeitplans'' einige Hilfen.

1. *Verzeichnen Sie nur:*

   - bereits fest belegte Zeitspannen wie Mahlzeiten, Schlaf, Konferenzen;

   - Freizeit, Erholung, Lesen;

   - Sozialkontakte;

   - Gesundheitsaktivitäten wie Schwimmen, Laufen, Tennis;

   - festgelegte Routineereignisse wie Fahrtzeiten, Unterrichtsstunden, Arzttermine.

   Es ist ein wichtiges Prinzip des besseren Zeitplans, daß Sie *zuerst* so viele nicht arbeitsbedingte Aktivitäten wie möglich eintragen. Das hilft Ihnen, die Vorstellung zu überwinden, daß Ihnen 24 Stunden am Tag und 48 Stunden am Wochenende für die Arbeit zur Verfügung stehen. Sie bekommen einen klaren Blick für die wirklich verfügbare Zeit und erreichen eine bessere Zeiteinteilung.
   Verzeichnen Sie *auf keinen Fall* die Arbeit an Projekten. Denken Sie daran, daß der bessere Zeitplan Ihnen zunächst und vor allem Freizeit ohne Schuldgefühle und das Recht auf Zeit für sich selbst garantiert. Dieser erste Schritt hilft Ihnen, sich nicht mit übermäßig ehrgeizigen, allzu diktatorischen Plänen für die Arbeit zu demotivieren, die nur zu Fehlschlägen, Enttäuschungen und Selbstkritik führen.

2. *Tragen Sie nur dann Arbeitszeit ein, wenn Sie mindestens eine halbe Stunde davon hinter sich gebracht haben.*
   Betrachten Sie Ihren besseren Zeitplan wie eine Stempeluhr, die den Beginn und das Ende Ihrer Arbeitszeit aufzeichnet, wenn Sie den Lohn für Ihren Fortschritt erhalten. Sie wollen die Freude über das Erreichte aufrechterhalten, statt sich Sorgen darum zu machen, wieviel noch zu tun ist.

3. *Rechnen Sie sich nur Arbeitsphasen von mindestens einer halben Stunde ohne Unterbrechung als Verdienst an.*
Tragen Sie keine Arbeitszeit auf Ihrem Plan ein, wenn Sie aufhören, bevor dreißig Minuten vergangen sind. Die Selbstdisziplin, die ersten Minuten voller möglicher Ablenkungen und Trägheit zu überstehen, ist notwendig, damit Sie voll in der Arbeit aufgehen können. Wenn Sie die *ununterbrochene* Arbeit diszipliniert durchhalten, können Sie am Ende sicher sein, daß die gewonnene halbe Stunde auf Ihrem Zeitplan für *hochwertige Arbeit* und keine kurzen Ausflüge zum Kühlschrank oder zum Telefon steht.

4. *Belohnen Sie sich nach jeder Arbeitsphase mit einer Pause oder mit dem Wechsel zu einer angenehmeren Aufgabe.*
Sie haben sich das redlich verdient. Schließlich haben Sie angefangen! Und indem Sie die Trägheit überwunden haben, haben Sie angefangen, einen Schwung zu erzeugen, der den nächsten Anfang viel einfacher macht. Indem Sie sich so für jede positive Leistung belohnen, verbinden Sie positive anstatt negative Assoziationen mit der Arbeit und schaffen ein neues, besseres Verhalten — das Hier-und-Jetzt-Verhalten.

5. *Zeichnen Sie die Zahl hochwertiger Arbeitsstunden für jeden Tag und jede Woche auf.*
Addieren Sie sie. Stellen Sie heraus, was Sie *tatsächlich* geleistet haben. Das trägt seinen Lohn in sich selbst und prägt ein positives Verhaltensmuster, bei dem auf die Arbeit ein anerkennendes Schulterklopfen folgt. Es schärft auch Ihr Bewußtsein für die Tage, an denen Sie vielleicht früher mit Projekten von hoher Priorität anfangen wollen, um die Zahl der hochwertigen Arbeitsstunden an einem bestimmten Tag zu steigern.

6. *Halten Sie zumindest einen ganzen Tag in der Woche für die Erholung und kleine Aufgaben frei, die Sie erledigen möchten.*

Vermeiden Sie den Groll und das Ausgelaugtsein, die entstehen können, wenn es wegen der Arbeit keinen Urlaub mehr gibt. Planen Sie Erholung und Spiel als Familienritual in jeder Woche ein. Nach einer Erholungspause werden Sie motivierter sein, zu Projekten mit hoher Priorität zurückzukehren. Die Arbeit wird weniger zur Bürde, wenn Sie die guten Seiten des Lebens *jetzt* erleben, und Ihr Leben befindet sich nicht wegen der Arbeit in einer Warteschleife. Nehmen Sie sich Zeit für sich und die kleinen Aufgaben mit geringer Priorität, die Sie vielleicht sogar als Veränderung der Gangart begrüßen werden – Reparaturen am Haus, Gartenarbeiten oder Briefe, die Sie schon lange schreiben wollten. Dieser Tag ist wichtig für die eigene Wiederbelebung und den Erhalt von Kreativität und Motivation.

7. *Bevor Sie sich entschließen, eine Freizeitaktivität aufzunehmen oder eine gesellschaftliche Verpflichtung wahrzunehmen, nehmen Sie sich die Zeit, nur dreißig Minuten an Ihrem Projekt zu arbeiten.*

Jede angenehme oder häufige Aktivität hat die Kraft, Motivation für die folgende Aktivität zu erzeugen. Wenn Sie dieses ,,Großmutter-Prinzip" (es gibt erst ein Eis, wenn der Spinat aufgegessen ist) anwenden, können Sie mit weniger Mühe anfangen und gute Gewohnheiten pflegen.

Sie werden bald feststellen, daß bisher schwierige und unangenehme Arbeit leichter und angenehmer wird. Diese Technik kann sogar ein Sprungbrett für den Beginn bisher verschobener Projekte werden, denn:

– sie nutzt die Anziehungskraft der angenehmen Aktivität aus, um Sie häufiger zum Beginnen zu bewegen und Sie zu motivieren, dabei zu bleiben;

- sie erlaubt Ihnen, Freizeitaktivitäten ohne Schuldgefühle zu genießen;

- sie bringt Ihr Unterbewußtsein dazu, sich beim Spielen mit der kreativen Lösung von Blockaden zu befassen, während Ihre Aufmerksamkeit sich auf etwas anderes richtet. Sie steigert so Ihre Bereitwilligkeit, mit den neugefundenen Lösungen zu Ihrer Aufgabe zurückzukehren.

8. *Konzentrieren Sie sich auf das Anfangen.*
Sie haben die Aufgabe, rechtzeitig am Start zu erscheinen. Das hat den Vorteil, daß Ihre Pflichtenliste nur ein Projekt mit der Priorität A enthalten muß – ,,Wann kommt der nächste Zeitpunkt, an dem ich anfangen kann?'' Ersetzen Sie alle Gedanken über den *Abschluß* eines Projekts durch den Gedanken daran, wann, wo und womit Sie *anfangen* können.

9. *Denken Sie in kleinen Schritten.*
Streben Sie *nicht* danach, ein Buch abzuschließen, einen Brief ganz zu schreiben, die Einkommensteuererklärung vollständig auszufüllen oder auch nur danach, vier Stunden ununterbrochen zu arbeiten. Streben Sie nach *dreißig Minuten konzentrierter, hochwertiger Arbeit.*

10. *Fangen Sie immer wieder an.*
Der Abschluß wird dann schon wie von selbst erreicht. Wenn die Zeit gekommen ist, mit den letzten dreißig Minuten anzufangen, die das Projekt zum Ziel bringen, dann ist auch das ein Anfang – der Anfang vom Abschluß Ihres Projekts und auch der Anfang Ihres nächsten Projekts. Denken Sie also nicht ans Fertigwerden. Wenn Sie sich schon Sorgen machen müssen, dann sorgen Sie sich um den Start. Wenn Sie zum Ziel kommen wollen, müssen Sie gar nicht mehr tun. Fangen Sie immer wieder an.

11. *Hören Sie niemals an einem Tiefpunkt auf.*

Das heißt, beenden Sie die Arbeit niemals dann, wenn Sie festsitzen oder am Ende eines Abschnitts sind. Denken Sie an das „Großmutter-Prinzip": Um gute Gewohnheiten zu entwickeln, müssen Sie Pausen nach der Arbeit einlegen. Um schlechte Arbeitsgewohnheiten zu vermeiden, machen Sie niemals eine Pause (das ist eine Belohnung) am Ende eines Abschnitts oder wenn Sie kurz vor dem Aufgeben stehen. Halten Sie an einer schwierigen Stelle noch fünf bis zehn Minuten durch, und versuchen Sie, zumindest eine Teillösung zu erzielen, die Sie später weiter ausbauen können. Beobachten Sie offen und neugierig, wie Ihr Geist schnell und kreativ das Problem lösen wird.

Sie werden feststellen, daß Ihr Gehirn oft nur noch ein paar Augenblicke länger braucht, um ein Problem zu lösen. Es schafft einen positiven Schwung, wenn Sie sich sanft durch eine Blockade treiben oder mit dem nächsten Abschnitt anfangen, und erleichtert den nächsten Anfang beträchtlich.

Fertigen Sie sich Kopien des leeren 24-Stunden-Zeitplans auf den Seiten 138 und 139 an, oder decken Sie ihn mit Folie ab, damit Sie ihn mehrmals verwenden können. (Vielleicht hätten Sie auch gerne eine vergrößerte Photokopie.) Sie können ihn auch auf ein Blatt Papier abzeichnen oder an das Format Ihres Terminkalenders anpassen. Beachten Sie, daß ich Ihnen 24 Stunden für die Planung von Arbeit und Freizeit lasse. So erfassen Sie jede Stunde, auch den Schlaf und die Mahlzeiten. Es bleibt Ihnen auch viel Platz, um den Zeitplan an Nachtschichten oder bevorzugte Arbeitszeiten am Abend oder Morgen anzupassen. Lassen Sie zwei Bereiche frei, um die Summe der hochwertigen Arbeitsstunden für jeden Tag und pro Woche zu addieren.

Auf den Seiten 140 bis 143 finden Sie Reproduktionen des besseren Zeitplans von Franziska, der Managementsassistentin, die wir in Kapitel 2 kennengelernt haben. Franziskas erster Schritt (Seite 140 und 141) zeigt, wie sie zu Beginn der Woche die Richt-

Der bessere Zeitplan

Uhrzeit	Sonntag	Montag	Dienstag	Mittwoch	Donnerstag	Freitag	Samstag
6– 7							
7– 8							
8– 9							
9–10							
10–11							
11–12							
12–13							
13–14							
14–15							
15–16							
16–17							
17–18							

Uhrzeit	Sonntag	Montag	Dienstag	Mittwoch	Donnerstag	Freitag	Samstag
18 – 19							
19 – 20							
20 – 21							
21 – 22							
22 – 23							
23 – 24							
0 – 1							
1 – 2							
2 – 3							
3 – 4							
4 – 5							
5 – 6							
Summe							

Franziskas erster Schritt

Uhrzeit	Sonntag	Montag	Dienstag	Mittwoch	Donnerstag	Freitag	Samstag
6 – 7	*Schlafen*			*Schlafen*			*Schlafen*
7 – 8				*Frühsport, Duschen, Frühstück*			
8 – 9	*Sonntags-zeitung*			*Fahrt zur Arbeit*			*Tennis mit Jan*
9 – 10	*ausgiebiges Frühstück*			*Post, Anrufe, Gespräche mit Kollegen*			
10 – 11	*Wanderung*	*Verabredung mit Jim*		*Personal-fragen*	*Personal-fragen*		*ausgiebiges Frühstück*
11 – 12				*Personal-fragen*	*Personal-fragen*		*Einkäufe*
12 – 13					*Mittagessen mit Sue*	*Arbeitsessen*	*Haushalt*
13 – 14		*Mittagessen*	*Mittagessen*	*Mittagessen*		*Anrufe*	
14 – 15		*Anrufe*	*Anrufe*	*Anrufe*			
15 – 16				*Konferenz*	*Anrufe*		*Garten*
16 – 17			*Mitarbeiter-treffen*				
17 – 18							*Duschen*

Uhrzeit	Sonntag	Montag	Dienstag	Mittwoch	Donnerstag	Freitag	Samstag
18– 19	Abendessen	↕	Heimfahrt (Einkaufen)	→		↑	Bob
19– 20		Aerobic	Bob	Aerobic	Abendessen	Aerobic	Abendessen
20– 21	Rechnungen	Abendessen →	Abendessen	Skiverein	Konzert	Abendessen mit Alan + Ruth	Kino →
21– 22	Woche planen	↕		↑	→		→
22– 23							
23– 24						Briefe + Rechnungen	
0– 1							
1– 2			Schlafen		↑	↕	↑
2– 3						Schlafen	
3– 4							
4– 5							
5– 6							
Summe							

141

Franziskas besserer Zeitplan

Uhrzeit	Sonntag	Montag	Dienstag	Mittwoch	Donnerstag	Freitag	Samstag
6 – 7	Schlafen →	← Schlafen →					Schlafen →
7 – 8		← Frühsport, Duschen, Frühstück →					Tennis mit Jan
8 – 9	Sonntagszeitung	← Fahrt zur Arbeit (Wäscherei, Papiere) →					
9 – 10	ausgiebiges	← Post, Anrufe, Gespräche mit Kollegen →					ausgiebiges Frühstück
10 – 11	Frühstück	Verabredung mit Jim			Personal-fragen		
11 – 12	Wanderung	Anrufe	Anrufe Beratung mit Marketing-abteilung Mittagessen	Personal-fragen	Beratung		Einkäufe
12 – 13	→			Anrufe	Mittagessen mit Sue	Arbeits-essen	Haushalt
13 – 14		Mittagessen Anrufe	Konferenz	Mittagessen		Anrufe	Mittagessen
14 – 15		← Konferenz →					Garten →
15 – 16				Nachfor-schungen im Archiv	Anrufe	Mitarbeiter	
16 – 17					Beratung		Lesen
17 – 18	Duschen		Mitarbeiter-treffen				Duschen

142

Uhrzeit	Sonntag	Montag	Dienstag	Mittwoch	Donnerstag	Freitag	Samstag
18 – 19	Abendessen	Aerobic	Bob	Aerobic	Abendessen	Aerobic ↑	Bob
19 – 20	Fernsehen	Aerobic	Bob	Aerobic	Abendessen	Abendessen	Abendessen
20 – 21	Rechnungen ↓	← Heimfahrt (Einkaufen) →	Abendessen →	←	Konzert →	mit Alan + Ruth	Kino →
21 – 22	Woche planen	Fernsehen		Skiverein ↑		Briefe + Rechnungen	
22 – 23	Lesen	Rechnungen	Schlafen	Schlafen	Schlafen	Fernsehen	Schlafen
23 – 24	Schlafen	Lesen	Schlafen	Schlafen		Schlafen	
0 – 1		Schlafen					
1 – 2							
2 – 3							
3 – 4							
4 – 5	Arbeit: 30 Min. 30 Min.	45 Min., 1 Stunde, 30 Min.	1 Stunde, 1 1/2 Stunden	45 Min., 1 Stunde,	30 Min., 1 1/4 Stunden	30 Min., 1 Stunde	–
5 – 6	Zwischen-summen:	45 Min., 30 Min.	30 Min.	45 Min., 1 1/2 Stunden	45 Min., 1 1/2 Stunden	1 Stunde, 45 Min.	Wochen-summe:
Summe	1 Stunde	3 1/2 Stunden	3 Stunden	4 Stunden	4 Stunden	3 1/4 Stunden	18 3/4 Stunden

143

linien für die Ausfüllung des alternativen Zeitplans befolgte. Sie plante Zeit für das Essen, für Telefongespräche und kleine Pflichten ein. So wurden ihre Erwartungen, was sie im Lauf der Woche leisten konnte, realistischer. Das steigerte ihre Motivation, Zeit für ihr wichtigstes Projekt zu schaffen.

Die Seiten 142 und 143 zeigen Franziskas besseren Zeitplan am Ende der Woche. Sie benutzte einen Leuchtstift, um die echte Arbeitszeit in der Woche hervorzuheben. Nach jedem Tag hatte sie einen schnellen Überblick über die markierten Zeitspannen und konnte mühelos die Arbeitsstunden zusammenzählen. Am Samstag legte sie einen ganzen Tag Freizeit ohne Schuldgefühle ein.

Es ist sehr sinnvoll, für verschiedene Tätigkeiten verschiedene Farben zu benutzen. Wenn Sie zum Beispiel das Ziel haben, mehr Freizeit in Ihr Leben zu bringen, dann benutzen Sie rot für Ihre Vergnügungen. Dann können Sie schnell die letzten Monate oder das letzte Jahr durchgehen und prüfen, wieviel Rot (Vergnügen) in Ihrem Leben vorkommt. Wählen Sie Ihre Lieblingsfarbe für Ihre großen Projekte und Ziele, so daß Sie wirklich Spaß daran haben, die halben Stunden einzutragen. Wählen Sie eine bestimmte Farbe für Unterrichtsstunden (grün), eine andere für Konferenzen (blau) und noch eine für Geselligkeit mit Ihren Freunden (gelb), so daß Sie auf den ersten Blick erkennen können, wo Sie die Aktivität eingeplant haben.

Der Farbkode macht es auch möglich, schnell wichtige Muster in Ihren Aktivitäten und Verpflichtungen zu entdecken. Sie haben vielleicht festgestellt, daß Franziskas alternativer Zeitplan am Dienstag ein ausgedehntes Mittagessen mit der Marketingabteilung und einige unerwartete Probleme mit den Mitarbeitern aufdeckt, so daß der Dienstag der unproduktivste Tag der Woche war. Bevor Franziska es noch einmal mit der alten „Gib-Dir-mehr-Mühe-Lösung" versucht, könnte ihr rechtzeitig auffallen, daß ihrem Plan an Dienstagen das Rot, Gelb und Blau fehlt − der Tag ist zu unstrukturiert. Vielleicht müßte sie mehr Zeit für persönliche Dinge und Konferenzen am Dienstag einplanen, damit sie ihre Erwartungen herunterschraubt, wie viele

Stunden hochwertiger Arbeit an diesem Tag möglich sind. Und vielleicht sollte sie auch mehr Freizeit einplanen, damit sie sich auf etwas freuen und das Gefühl der Überforderung vermeiden kann, weil sie auf dem Tagesplan nur noch Arbeit sieht.

Achten Sie auf Ihre besten Arbeitszeiten und die Tage, an denen Sie sich auf einen früheren Anfang konzentrieren müssen. Der Montag könnte zum Beispiel zum Tiefpunkt in der Woche werden und beständig weniger als drei Arbeitsstunden an Ihrem Projekt enthalten, wo es doch Ihr Ziel ist, durchschnittlich vier Stunden am Tag zu erreichen. Wenn Sie die aufgezeichneten Aktivitäten einmal überprüfen, werden Sie vielleicht feststellen, daß andere Ereignisse ihren legitimen Platz an diesem Tag beanspruchen und die Arbeitsstunden für Ihr Projekt zwangsläufig einschränken. Vielleicht müssen Sie deshalb Ihre Ziele für den Montag etwas zurückschrauben. Aber wahrscheinlich werden Sie am Montag entdecken, daß Verzögerungstaktiken (zum Beispiel das Gefühl der Überforderung oder die Vorstellung, daß Sie den ganzen Tag an einem Projekt arbeiten müssen) Sie davon abhalten, so früh, wie Sie es wollten, mit der Arbeit anzufangen.

Ihre Zeitpläne für die vergangenen Wochen werden verraten, wann Sie abgelenkt waren, und Ihr Aufschubs-Tagebuch wird Ihre Stimmung und Ihre inneren Selbstgespräche zur betreffenden Zeit anzeigen. Mit einem gewissen Maß an Wachsamkeit und Entschlußkraft können Sie sich auf den kommenden Montag vorbereiten und Ihre Energien auf den Start konzentrieren — nur für eine Arbeitsphase von dreißig Minuten — zu einer früheren Stunde am Tag.

Eine verbreitete Erscheinung ist ein Abrutschen nach einer intensiven Arbeitsphase. Sie werden vielleicht feststellen, daß Sie nach mehreren Achtstundentagen von ununterbrochener, hochwertiger Arbeit ohne Pause am Wochenende eine ganze Woche durch Aufschieben oder Krankheit verlieren. Ab und zu können Sie vielleicht so arbeiten, um einen Termin einzuhalten, aber wenn Sie ein langfristiges Projekt bearbeiten, brauchen Sie die Strategie eines Marathonläufers und nicht die eines Sprinters.

Wenn Sie Ihre Produktivität über eine lange Zeit erhalten wollen, müssen Sie an Ihrer Verpflichtung zur Freizeit ohne Schuldgefühle festhalten und etwa aufkommende Arbeitssucht bekämpfen.

Die Anpassung Ihres besseren Zeitplans

Wenn Sie den besseren Zeitplan benutzen, können Sie innerhalb von zwei Wochen ein besseres Bewußtsein für Ihre Arbeitsmuster − Ihre Stärken und Schwächen − erwarten und erkennen, wie Sie Ihre Zeit nutzen. Sie werden zum Beispiel höchstwahrscheinlich bemerken, daß mehr Freizeitaktivitäten die Angst vor der Überforderung durch große Projekte vermindern, weil Sie entspannter sind. Sie werden feststellen, daß vorgeplante Pausen und feste Verpflichtungen für Mahlzeiten und Sport Ihnen helfen, das dreidimensionale Denken anzuwenden, so daß Sie mehr Vertrauen in die Fähigkeit setzen, wichtige Projekte in durchführbaren Abschnitten zu bewältigen.

Im Lauf der Jahre habe ich festgestellt, daß man eine Reihe von Entdeckungen macht, wenn man mit der Nutzung des besseren Zeitplans beginnt:

1. *Sie haben wahrscheinlich mehr zu tun, als Sie dachten.*
   Wenn Sie Ihre nicht mit der Arbeit verbundenen Aktivitäten aufzeichnen, können Sie abschätzen, wieviel Zeit für die Projekte zur Verfügung steht, die wirklich Auswirkungen auf Ihre Karriere und Ihr Leben haben. Bei diesen vielen Anforderungen an Ihre Zeit brauchen Sie die Entschlossenheit, jeden Morgen so früh wie möglich mit Ihrem speziellen Projekt anzufangen. Vielleicht müssen Sie Ihre eigenen Prioritäten setzen, wichtige besser von dringenden Aufgaben unterscheiden, einige Projekte aufgeben oder delegieren und mehr Zeit für Ihr wichtigstes Ziel bereitstellen.

2. *Es gibt mehr oder weniger produktive Tage.*
Halten Sie fest, an welchen speziellen Tagen Sie Zeit verlieren. Seien Sie an solchen Tagen besonders wachsam gegenüber Ablenkungen; bekräftigen Sie noch einmal Ihren festen
Willen, an der Kaffeekanne und der eingegangenen Post vorbei für mindesten dreißig Minuten zu Ihrem Schreibtisch zu
gelangen, um den Tag mit positivem Schwung zu beginnen.

3. *An anderen Tagen sind Sie so eingespannt, daß Sie Ihre Erwartung herunterschrauben müssen, wirklich mit einem großen Projekt anzufangen.*
Medizinische Notfälle, Forderungen von Freunden und unerwartete Aufgaben können den ganzen Tag „verbrauchen".
Vielleicht müssen Sie gegen äußeren Druck ankämpfen, um
überhaupt zehn bis dreißig Minuten für *Ihr* wichtiges Projekt zu finden. (Vergessen Sie nicht, Ihre Prioritäten, Ihre
Karriere und Ihre Weiterentwicklung sind lohnend und verdienen Hingabe und Förderung.)

4. *Selbst eine halbe Arbeitsstunde an Ihrem Projekt reicht aus,
um den Schwung aufrechtzuerhalten und die zusätzliche Last
zu vermeiden, am nächsten Tag Ihre Trägheit zu überwinden.*
Aber wenn Sie das nicht schaffen, dann treten Sie den strategischen Rückzug an, bündeln Sie Ihre Energien für den
nächsten Tag und beschließen Sie *freiwillig*, Ihre Zeit in andere Tätigkeiten zu investieren. Wenn man sich von Schuldgefühlen befreit, verleiht das mehr Lust und Entschlossenheit, am nächsten Tag anzufangen.

Seien Sie vorsichtig, wenn Sie nach einigen Wochen feststellen,
daß Sie vergessen haben, Ihre Freizeit in den besseren Zeitplan
einzutragen und nur noch hochwertige Arbeitsphasen notieren.
Das kann hervorragend funktionieren, wenn Sie wirklich ganz
wild auf ein Projekt sind, aber später besitzen Sie keine genauen
Aufzeichnungen über unerwartete Unterbrechungen. Sie wissen
dann nicht, was Sie davon abhält, noch effektiver zu sein, oder

davon, noch früher mit Ihren Projekten anzufangen. Ohne Aufzeichnungen über Ihre legitimen Verpflichtungen zur Erholung sind Sie für Schuldgefühle wegen verlorener Zeit anfälliger, weil Sie sich nicht mehr erinnern können, wie Sie die Zeit genutzt haben. Bemühen Sie sich, ein besseres Bewußtsein für Freizeitaktivitäten zu entwickeln und sie aufzuzeichnen. Tragen Sie fest vergebene Zeiten (Schlaf, Essen, Fahrtzeiten, Sport, Geselligkeit) ein und *halten Sie sich wirklich daran.*

Vielleicht würden Sie gerne eine feste Zeit festlegen, zu der Sie jeden Tag beginnen. So kann es leichter werden, gesunde Gewohnheiten zu entwickeln. Planen Sie eine bestimmte *halbe Stunde* für den Anfang Ihres wichtigsten Projekts so früh wie möglich an jedem Tag ein. Vielleicht können Sie jeden Morgen eine halbe Stunde für den Anfang der Arbeit an Ihrem Projekt mit Priorität AAA festlegen. Wenn das erledigt ist, haben Sie die Freiheit, sich in der folgenden halben Stunde dem Projekt mit der nächsthöchsten Priorität zuzuwenden. Tragen Sie hochwertige Arbeitszeit nur dann ein, wenn Sie wirklich abgeschlossen ist, geben Sie sich danach die verdiente Anerkennung, indem Sie sie der Summe für den Tag hinzurechnen.

Nutzen Sie Ihre häufigsten ,,hochfrequenten'' Verhaltensweisen (das sind im allgemeinen Ihre Lieblingstätigkeiten) als Motivationsmittel, um die gewünschten positiven Verhaltensweisen zu verstärken. Wenn Sie zum Beispiel immer dann fernsehen, nachdem Sie die Arbeit an einem Projekt aufgegeben haben, wird die Neigung zum Aufgeben verstärkt, weil eine Belohnung folgt. Anders ausgedrückt: wenn Fortschritte mit Vergnügen verbunden werden, geben wir uns ihnen leichter und öfter hin.

Sie werden ständig neue Wege finden, um den besseren Zeitplan an die speziellen Anforderungen Ihrer Arbeits- und Freizeitsituation anzupassen. Experimentieren Sie einfach mit Ideen, die das für Sie leisten: Legen Sie zum Beispiel den Anfang der Woche für sich auf den Samstag oder Mittwoch. Der wahre Schlüssel zu Ihrem persönlichen Hier-und-Jetzt-System liegt darin, seine Strategien und Mittel so einzusetzen, daß sie zu Ihrem persönlichen Stil passen.

Der Zeitplan soll Ihnen helfen, die Strategien und Mittel des Hier-und-Jetzt-Systems zu integrieren, so daß Sie Ihre Energie auf die Produktivität konzentrieren können. Die Anwendung des Zeitplans sorgt für verschiedene Vorteile, die zur größeren Freude an Freizeit ohne Schuldgefühle und zum Sieg über das Aufschieben führen.

Zusammenfassung

1. Die realistische Zeitaufzeichnung

Indem Sie zuerst alle fest verplanten Zeitspannen aufzeichnen – wie zum Beispiel Schlaf, Mahlzeiten, Sport, Unterrichtsstunden, Konferenzen, die Wäsche und Lektüre –, wird Ihnen genau bewußt, wieviel Zeit Ihnen wirklich für die Arbeit an Ihren Zielen bleibt. Das heilt ganz schnell die Phantasie, die ganze Woche zur Verfügung zu haben, und schützt vor unangenehmen Überraschungen. Die realistische Zeitaufzeichnung wird zu einer wichtigen Waffe in Ihrem wachsenden Arsenal für die Schlacht gegen das Aufschieben werden.

2. Dreißig Minuten hochwertiger Arbeitszeit

Indem Sie danach streben, nur für dreißig Minuten *anzufangen* (anstatt sich aufs Fertigwerden zu konzentrieren), wächst die Wahrscheinlichkeit, daß Sie sich nicht überfordert fühlen. Wenn Sie jedesmal für eine kurze Zeitspanne einen Arbeitsschritt an verschiedenen Projekten bewältigen, bekommen Sie schneller das Gefühl, etwas zu leisten, als wenn Sie große Ziele mit weit entfernten Belohnungen festlegen. Jede halbe oder Viertelstunde kann genutzt werden, um etwas zu erledigen oder wenigstens ein wenig Ordnung zu schaffen, so daß der Anfang beim nächsten Mal leichter fällt. Durch kleine Anfänge haben Sie im Laufe des Tages mehr Möglichkeiten, Scheibchen für Scheibchen die großen Ziele abzuarbeiten, ganz am Leben teilzunehmen und die Kraft Ihrer kreativen Fähigkeiten auszukosten, die im Hintergrund arbeiten, während Sie andere Aufgaben bearbeiten oder Ihre wohlverdiente Ruhe genießen.

3. Erfolgserlebnisse

Wenn Sie die tatsächlichen Arbeitsphasen aufzeichnen, sehen Sie eher Ihren Fortschritt und nicht so sehr Ihr Versagen, einem unrealistischen Zeitplan zu folgen. Indem Sie Belohnungen oder alternative Tätigkeiten fest einplanen, verringern Sie die Entsagungen, die gefühlsmäßig mit der Arbeit verbunden sind, und fangen an, Arbeit als etwas zu erleben, das Ihnen Stolz verleiht und die Möglichkeit läßt, Ihre Freizeit zu genießen.

4. Selbstgesetzte Termine

Termine erzeugen oft ein gewisses Maß an kreativem Druck, aber Sie lassen normalerweise keine hochwertige Arbeit mehr zu. Jeder Student kennt die Vorteile der Arbeit unter Zeitdruck: Das Lernen und Schreiben muß effizient sein und den Punkt treffen; die Arbeit wird mit vollster Konzentration und der Freude daran erledigt, unter Druck kreativ zu sein. Der Termin klärt oft nicht nur den Zeitrahmen, er zeigt auch an, wann Sie für Ihre Leistungen belohnt oder Ihr Versagen bestraft werden — nur daß Sie selbst jetzt den Termin in der Hand haben. Und mit dem System des besseren Zeitplans besteht die Folge einer weiteren halben Stunde oder mehr hochwertiger Arbeit darin, daß Sie Ihre Verpflichtungen gegenüber Ihrer Gesundheit, Ihren Freunden oder anderen Pflichten aufrechterhalten können — *ohne Schuldgefühle*. Eine Belohnung nach einer kurzen Arbeitsphase steigert beträchtlich Ihre positiven Assoziationen, die mit der Arbeit verbunden sind, und verstärkt die Neigung, zum Arbeitsprojekt zurückzukehren — das heißt, sie hilft Ihnen, positive Gewohnheiten zu bilden.

5. Neugefundene „freie Zeit"

Einer der vielen Vorteile der Vorplanung von Freizeitaktivitäten liegt darin, daß Sie plötzlich erleichtert denken, wenn eine davon ausfällt: „Jetzt habe ich freie Zeit gewonnen, ich kann arbeiten." Vorher wäre es Ihnen sehr schwer gefallen, sich in dieser Zeit zur Arbeit zu zwingen. Aber wenn Sie nun unerwartet einmal Zeit haben, ernten Sie die Früchte der umgekehrten Psychologie: Sie erleben das schöne und oft überraschende Gefühl der Motivation, etwas zu schaffen. Wenn Ihr Leben aus chronischem Aufschieben bestand und Sie sich ständig vorgeworfen haben, faul und nutzlos zu sein, ist es ein sehr angenehmer Schock, wenn Sie entdecken, daß Sie in der neugefundenen freien Zeit wirklich arbeiten *wollen*.

7. Kapitel

Der Flow-Zustand:
wie in Trance arbeiten

Die neuesten Studien geben Anlaß zu der
Überzeugung, daß diese Beispiele von . . .
[völligem Aufgehen in einer Aufgabe]
tatsächlich veränderte Zustände sind, in denen
der Geist seine Spitzenleistungen erbringt.
Die Zeit wird oft verändert wahrgenommen,
und ein Glücksgefühl scheint den
Augenblick zu erfüllen.

Daniel Goleman
New York Times

Wenn man lernt, kreativ zu arbeiten, und weiß, daß man sich
nach Belieben in kreative Zustände versetzen kann, verringert
das die Plackerei bei der Arbeit und steigert das freudige Er-
staunen darüber, wie gut man arbeiten kann. Indem man das
Leiden an unangenehmer Arbeit vermindert, vermeiden kreative Geisteszustände viele der Kämpfe und Ängste, die einen dazu
veranlaßt haben, sich selbst mit Verzögerungstaktiken zu verteidigen.

Wir alle erleben täglich Veränderungen des Bewußtseinszu-
stands hin zu natürlichen Ebenen der Ruhe, gebündelter Energie und Aufmerksamkeit. Dann ist unsere Konzentrationsfähigkeit enorm gesteigert, so daß wir fähig sind, uns auf einen Gegenstand zu konzentrieren, äußere Reize auszublenden, weniger anfällig zu sein für die Ängste und Sorgen, die zum
Aufschieben verleiten. In diesen besonderen Zuständen sind wir
weniger empfindlich gegen Geräusche und Schmerzen, während
unser Puls, Blutdruck und Herzschlag niedriger sind und unser
Stoffwechsel besser funktioniert. Es ist ein gesünderer Zustand,

in dem sportliche und kreative Leistungen besser sind und die Problemlösungsfähigkeit steigt.

Sie können Methoden erlernen, um diesen Zustand herbeizuführen und so auf einem genialen oder zumindest annähernd genialen Niveau zu arbeiten. Diese Technik, die ich „im Flow-Zustand arbeiten" nenne, wird Sie lehren, Bewußtseinsebene und die Gehirnfunktion leichter zu wechseln, so daß Sie mit mehr Kraft, Begeisterung und Effizienz arbeiten können.

Anstatt zu warten, bis Sie sich in der „richtigen Stimmung" für eine Arbeit befinden, können Sie diese Technik anwenden, so daß „tun Sie es einfach" von einer abgedroschenen Phrase zu einer echten Möglichkeit wird.

Im „Esquire" vom Mai 1987 berichtet John Poppy über geistige Zustände, die von Forschern der Universität von Chicago als „Flow-Zustände" bezeichnet wurden. Mitarbeiter der Harvard-Universität, die Zustände aktiver Aufmerksamkeit erforschten, nannten sie „volle Geistesgegenwart". Charakteristisch für den Flow-Zustand sind ruhige, gebündelte Energie, eine „Ausdehnung" der Zeit, die Freude an neuen Ideen, die Leichtigkeit, mit der Probleme vermieden oder gelöst werden, und gesteigerte Konzentrationsfähigkeit.

Poppy beschreibt den Flow-Zustand bei Sportlern als „Widerspiegelung eines inneren Zustands, der sowohl intensiv konzentriert als auch außergewöhnlich ruhig ist. Die Sportler, die wir bewundern, scheinen von Zeit zu Zeit in eine andere Dimension zu treten. Von gegnerischen Spielern belagert, von den Schreien der Menge zerschmettert, machen sie anscheinend das Schwierige, ja sogar das Übernatürliche einfach . . . und schaffen dort Harmonie, wo sonst das Chaos herrschen könnte."

Spitzenkönner im Sport, der Musik, Medizin und im Geschäftsleben teilen alle diese Erfahrung, mit fast müheloser Aufmerksamkeit in einer herausfordernden Aufgabe aufzugehen. Die physische und psychische Gesundheit profitieren davon, eine Neubelebung und entspannte Aufmerksamkeit werden diesen Zuständen zugeschrieben. Es erfordert einige Übung, auf Kommando diesen Zustand der geistigen Höchstleistung zu erreichen, aber es ist erlernbar und kann auf die täglichen Pflichten im Haus und Projekte in der Arbeit angewandt werden.

Einen größeren Teil des Gehirns nutzen

Wenn Sie vor der Arbeit den Zustand des inneren Fließens erreichen, eben den Flow-Zustand, hilft Ihnen das, die Lücke zwischen den linearen und kreativen Funktionen des Gehirns zu überbrücken. Dieser Vorgang ist so natürlich wie die „willentliche Aufhebung der Ungläubigkeit" (für eine Zeit die Kritikfähigkeit des logischen Verstandes beiseite legen), die Ihnen den uneingeschränkten Genuß eines Films oder eines Theaterstücks ermöglicht, ohne ständig daran zu denken, daß die dargestellten Geschehnisse nicht real sind. Ich beneide Filmkritiker nicht um ihre Arbeit, die, während sie in einem guten Film aufgehen, ständig ihre Kritikfähigkeit aufrechterhalten müssen, um die Beleuchtung, die Schauspielkunst, die Musik und die Kameraführung zu beurteilen.

Sie können mit Sicherheit davon ausgehen, daß Ihre Kritikfähigkeit Ihrer Kreativität in die Quere kommt, wenn Sie zu sich selbst sagen:

„Ist es gut genug?"

„Aber was ist, wenn mein Chef/Lehrer/Publikum nicht damit zufrieden ist?"

„Werde ich das schaffen?"

„Ich muß bald fertig werden!"

„Wann werde ich jemals lernen, früher anzufangen?"

„Es gibt so viel zu tun."

Wenn Sie schnell und kreativ arbeiten wollen, müssen Sie die kritischen und logischen Funktionen Ihres Gehirns (die im allgemeinen der linken Hemisphäre zugeschrieben werden) zeitweise außer Kraft setzen, um es den kreativen Funktionen (die im allgemeinen der rechten Hemisphäre zugeschrieben werden) zu ermöglichen, den Fluß der notwendigen Ideen und Inspirationen einzuleiten. Später kann dann die linke Gehirnhälfte die Ergebnisse ordnen, um sie den Anforderungen Ihres Projekts oder Ihrer Kunden anzupassen. Die kritische/lineare Funktion ist auf ihre Weise für den kreativen Prozeß unverzichtbar, aber wenn die kreative Seite zeigen soll, was Sie auf einer tieferen Ebene wissen – was der größere Teil Ihres Gehirns leisten kann –, darf der kritische Teil erst dann in Funktion treten, wenn Sie einen geistigen Brückenkopf geschlagen haben, von dem aus Sie arbeiten können. Damit dieser Wechsel stattfinden kann, müssen Gedanken an Perfektion, Genauigkeit und Akzeptabilität zunächst einmal zurücktreten.

Die meisten Menschen gehen an Arbeit, Prüfungen und kreative Aufgaben heran, als ob sie nur zu linearen Gedanken und Überlebensfunktionen (Streß) fähig wären, und benutzen nur die linke Hemisphäre des Cortex cerebri oder das Reptiliengehirn. Die Verzögerungsgedanken mit den erschreckenden Bildern von möglichen Fehlschlägen und dem Verlust der Anerkennung werden die Kreativität zum Stillstand bringen, den Zugang zu den höheren, zuletzt entwickelten Gehirnfunktionen versperren und die mögliche Freude am kreativen Prozeß in Frustration verwandeln. Der Versuch, kreativ (oder entspannt und konzentriert) zu sein, wird beinahe unmöglich, wenn der sogenannte praktische Verstand versucht, jeden möglichen Fehler zu entdecken, zu kritisieren und zu beheben, bevor Ihre Intuition auch nur die Gelegenheit hatte, sich in einer schwierigen und unangenehmen Aufgabe zurecht zu finden.

Bei richtigem Gebrauch ist die kreative rechte Gehirnhälfte in der Lage, in Sekundenschnelle genug Ideen und Bilder zu erzeugen, um ein Buch zu schreiben oder einen Film zu drehen. Dieser Teil des Gehirns kann Ideen fließen lassen, als würden Sie in Technicolor träumen, dazu kommen noch der Hifi-Klang und die Gerüche – erlebte dreidimensionale Vorstellungskraft mit Beiträgen aller Ihrer Sinne. Aber sobald Sie sich hinsetzen, um diesen Traum aus Worten, Farben oder Gerüchen nachzubauen, müssen Sie das Schritt für Schritt tun, von der Vergangenheit über die Gegenwart in die Zukunft, Wort für Wort, bis die Seite voll ist – ohne die Unmittelbarkeit, das komplette Orchester und die Begleitgeräusche Ihres ursprünglichen unzensierten Konzepts.

Der Versuch, die ganzen Gefühle und Erfahrungen einer spontanen, kreativen Idee auf einmal in eine lineare Form zu packen, gehört zu den Hauptursachen von ,,kreativen Blockaden'' und der Neigung zum Aufschieben. Deshalb ist es so wichtig, mehr über das Gehirn und die Möglichkeit zu wissen, bewußt den Flow-Zustand zu erreichen.

Es ist nur Ihr erster Entwurf

> Das Vergnügen, kreativ zu sein,
> ist das größte Vergnügen auf der Welt.
>
> *Sammy Kahn*
> *Oskar-Preisträger für Musik*

Die Notwendigkeit, am Anfang eines Projekts zeitweise die Kritik und das lineare Denken abzuschalten, ist auf den meisten Gebieten offensichtlich, aber besonders in der Architektur, den schönen Künsten und in der Schriftstellerei. In Berufen, die stark von der Kreativität abhängen, müssen die ersten Entwürfe eines Projekts vor überkritischen Vergleichen mit dem endgültigen, idealen Ziel geschützt werden.

Die ersten Entwürfe und Skizzen großer Schriftsteller und Künstler spiegeln eben den nichtlinearen, anscheinend unordentlichen kreativen Prozeß wider, den wir alle am Anfang eines neuen Projekts erleben. Deren ursprüngliche Versuche verlangen (wie Ihre eigenen) fortgesetzte Verfeinerungen und Neuanordnungen, bevor das Werk die endgültige Form annimmt.

Wenn wir beobachten, wie Genies mit den Frühformen ihrer Werke kämpfen, können wir die eigenen Fortschritte beschleunigen.

Zum Beispiel werden Studienanfänger an der Harvard-Universität in einen speziellen Bereich der Bibliothek geführt, in dem die Rohentwürfe berühmter Schriftsteller aufbewahrt werden. Diese Übung hat einen großen Einfluß auf alle, die bisher geglaubt hatten, Genies würden Ihre Werke in vollendeter Form empfangen, in einem einzigen Blitz der Inspiration. Hier können die Neulinge untersuchen, wie ein erfolgreicher Künstler oft mit einer anscheinend zufälligen Reihe von Ideen beginnt, die mit einem Thema zu tun haben. Viele dieser Ideen haben sich später für das Werk als überflüssig erwiesen, waren aber für den *Prozeß* der Entwicklung eines neuen Konzepts unverzichtbar. Das heißt, die ersten Entwürfe wurden nicht wie Fehler weggeworfen, sondern als erste Schritte in der Entwicklung der Idee betrachtet. Die lineare Ordnung von Ideen ist ein späterer Schritt, um die ursprüngliche Erfahrung in einer Reihenfolge zu veröffentlichen, die anerkannt werden kann. In der verfeinerten, endgültigen Version wird der zuletzt fertiggestellte Teil oft als Einleitung an den Anfang des vollendeten Werks gestellt, und die ursprünglichen Konzepte sind oft nur noch im Abschluß wiederzufinden.

Die Kräfte bündeln

Wenn Sie die folgende Sammlungsübung jedesmal durchführen, bevor Sie die Arbeit an Ihrem Projekt aufnehmen, hilft Ihnen das, einen kreativen Prozeß in Gang zu setzen, der sich mühelos in das Endprodukt verwandeln wird, während Sie positive Arbeitsgewohnheiten entwickeln. Die wenigen Augenblicke Zeit für den Übergang in einen kreativen, unkritischen Geisteszustand sind entscheidend für optimale Leistungen und das Verlernen von Angewohnheiten, die zum Aufschieben führen.

Wie Sie sich auch fühlen mögen, innerhalb von zwei Minuten werden Sie konzentriert, neugierig, motiviert und kreativ sein. Das Wichtigste aber ist, daß Sie angefangen haben — und sich auf dem Weg zum Ziel befinden.

Sich sammeln ist eine zweiminütige Prozedur, um schnell auf den Flow-Zustand umzuschalten, indem Schuldgefühle und Streß durch eine streßfreie Konzentration auf die Gegenwart ersetzt werden. Die Entspannung und die inneren Bilder dieser Sammlungsübung sind darauf ausgerichtet, Ihre Leistung bei der Arbeit und Ihre Fähigkeit zu steigern, über die selbstverursachten Verzögerungen zu siegen, indem neurologische Muster erzeugt werden, die negative Verhaltensmuster ersetzen. Obwohl zwei Minuten für einen „dynamischen, an Zauberei grenzenden Schritt" unglaublich kurz erscheinen, lehrt meine Erfahrung, daß nicht mehr Zeit erforderlich ist, wenn man eine gewisse Erfahrung mit Meditations- und Entspannungstechniken hat.

Laut Dr. Richard M. Suinn soll Tiefenentspannung auch meßbar das neuromuskuläre Training von Olympiateilnehmern verbessert haben, die innere Bilder für erfolgreiche Auftritte nutzten. Wenn Entspannungstechniken für Sie etwas Neues sind, werden Sie mehr von dieser zweiminütigen Übung haben, wenn Sie erst einmal Erfahrungen mit gründlicher Entspannung durch ausgedehntere Übungen wie die auf Seite 159 ff. gesammelt haben. Ob Sie nun ein Neuling oder ein Experte sind, haben regelmäßig (zum Beispiel wöchentlich) wiederholte Übungen die Auswirkung, Sie an die positiven Gefühle und geistigen Haltungen zu erinnern, die von tieferen, längeren Perioden der Entspannung ausgehen.

Nach nur zwei Wochen Praxis mit der täglichen Sammlungsübung werden Sie fähig sein, in zwei Minuten ein angemessenes Maß an Entspannung und die meisten Vorteile einer zwanzig- bis dreißigminütigen Entspannungsübung zu erreichen.

Diese Konzentrationsübung ist absichtlich so kurz gehalten, damit sie auch wirklich im Lauf des Tages wiederholt eingesetzt und in Ihren gedrängten Zeitplan eingefügt werden kann, anstatt eine besondere Übungszeit zu erfordern. Sie können sie vor

Anrufen bei schwierigen Kunden, zwischen Konferenzen und Präsentationen, zum Abkühlen nach einer hitzigen Auseinandersetzung sowie vor und nach dem Weg zur Arbeit durchführen.

Sie können diese Übung so lange lesen oder vom Tonband abhören, bis Sie sie auswendig können. Sie werden mit der Zeit die Arbeit am Schreibtisch innerlich mit dieser Übung in Verbindung bringen. Nutzen Sie sie jedesmal, wenn Sie mit der Arbeit anfangen, und Sie wird sie schnell über Druck und Angst vor dem Versagen hinaus in den Flow-Zustand versetzen. Diese Sammlungsübung ist auch ein gutes Beispiel für die beruhigenden, gegenwartsorientierten inneren Selbstgespräche des produktiven Menschen.

Die Sammlungsübung

Setzen Sie sich zunächst aufrecht auf Ihren Stuhl, die Füße flach auf dem Boden, die Hände auf den Oberschenkeln. Konzentrieren Sie Ihre Aufmerksamkeit auf Ihren Atem. Wenn Sie gestreßt sind, werden Sie vielleicht feststellen, daß Ihre Atmung behindert ist. Atmen Sie tief ein, halten Sie für einen Moment die Luft an und atmen Sie dann langsam und vollständig aus. Wiederholen Sie das drei Mal, zählen Sie jedesmal das Ausatmen. Stellen Sie sich bei jedem Ausatmen vor, daß Sie jede verbleibende Spannung loslassen und beschließen, auf eine andere Bewußtseinsebene zu gelangen.

Konzentrieren Sie nun Ihre Aufmerksamkeit darauf, wie sich der Stuhl an Ihren Rücken, Ihrem Gesäß und Ihren Beinen anfühlt. Lassen Sie sich sanft in den Stuhl sinken. Lassen Sie sich von ihm tragen, während Sie jede unnötige Muskelspannung abbauen. Sie können diese Muskeln jetzt loslassen. Während Sie loslassen, fahren Sie fort, jede verbliebene Spannung auszuatmen. Lassen Sie einfach los, und erlauben Sie Ihrem Körper, Ihnen die Gaben der Entspannung zu schenken.

In den folgenden Augenblicken gibt es nicht viel für Ihr Bewußtsein zu tun, außer neugierig zu sein und dem Unterbewußtsein zu erlauben, Ihrem Körper mit jedem Satz in tiefere und immer tiefere Entspannung zu versetzen.

Beachten Sie nun, wie schwer Ihre Augenlider werden. Und während Sie erleben, wie Ihre Augenlider schwerer und immer schwerer werden, lassen Sie sie sanft über Ihre Augen sinken. Sie können auch versuchen, sie offenzuhalten und feststellen, daß dieser Versuch so viel Kraft kostet, daß es viel angenehmer ist, sie nach eigenem Willen sinken zu lassen. Und während sich Ihre Augen schließen, erlauben Sie der Entspannung, sich auf den ganzen Körper auszubreiten.

Die Vergangenheit loslassen.

Fordern Sie sich bei den nächsten drei langsamen, tiefen Atemzügen auf, alle Gedanken und Bilder über die Arbeit aus der Vergangenheit loszulassen. Lassen Sie los, was Sie gerade getan haben − eine Fahrt durch dichten Verkehr, ein Telefongespräch, den Hausputz. Lassen Sie die Gedanken los, was Sie hätten tun oder lassen sollen. Vielleicht würden Sie sogar gerne Ihr altes Selbstbild loslassen − Ihr früheres Identitätsgefühl und seine schlechten Auswirkungen auf Ihre Möglichkeiten.

Die Zukunft loslassen.

Lassen Sie bei den nächsten drei langsamen tiefen Atemzügen Ihre Erwartungen für die „Zukunft" los − ein konstruiertes Zeitgebilde, das in Wirklichkeit gar nicht existiert. Lassen Sie alle Gedanken und Vorstellungen über zukünftige Arbeiten und Termine los − setzen Sie so mehr Energie für die Konzentration auf die Gegenwart frei.

Sich in der Gegenwart verankern.

Achten Sie bei den nächsten drei langsamen tiefen Atemzügen darauf, mehr müssen Sie gar nicht tun, daß es wirklich nicht viel Kraft kostet, einfach in der Gegenwart zu *sein*. Lassen Sie den Versuch los, in einer bestimmten Zeit zu sein, und lassen Sie das Streben los, auf irgendeine besondere Art zu sein. Lassen Sie einfach nur das Gefühl an sich heran, gerade dort zu sein, wo Sie sind. Beschließen Sie, in dieser Situation zu sein, erlauben Sie der Weisheit Ihres Körpers und Ihres inneren Geistes, Ihnen genau das richtige Maß an Energie und Entspannung zu geben, um hier zu sein, was immer Sie auch gerade zu tun beschließen.

Sie können sich nun auf einer tieferen Ebene der Entspannung, dem Alpha-Zustand, wiederfinden, in dem Sie sich jeden positiven Gedanken suggerieren können. Bei den nächsten drei langsamen, tiefen Atemzügen können Sie nun anfangen, die Kräfte der rechten und linken Gehirnhemisphäre miteinander zu verbinden, und so den Flow-Zustand unter Ihrer bewußten Kontrolle erreichen.

Nachdem Sie den ersten Teil dieser Übung in zwölf Atemzügen und etwa einer Minute abgeschlossen haben, können Sie nun jeden der folgenden Abschlüsse benutzen, um Ihre Konzentration auf ein bestimmtes Thema zu vollenden.

Um das Aufschieben zu besiegen und das Interesse zu wecken, mit der Arbeit anzufangen, zählen Sie von eins bis drei und sagen zu sich selbst:

„Mit jedem Atemzug werde ich aufmerksamer, neugieriger, und mein Interesse daran wächst, wie schnell ich über Unbequemlichkeiten und Sorgen in wenigen Sekunden zu einem zielstrebigen, hingebungsvollen Anfang finde (1).

Ich werde aufmerksam und immer aufmerksamer und bereit anzufangen, während ich beginne, die innere Weisheit meines Geistes anzuzapfen und viele Alternativen zu finden (2).

Ich steige den ganzen Weg zu voller Aufmerksamkeit hinauf und arbeite auf dem Niveau eines Genies, unter dem Einsatz aller Kräfte meines gesamten Gehirns und meiner kreativen Fähigkeiten, ich bin bereit und willens, anzufangen (3)."

Das nächste Beispiel für die Sammlungsübung ist dann nützlich, wenn Sie steckenbleiben und enttäuscht über die begrenzten Möglichkeiten Ihrer linearen, bewußten Lösungsversuche
sind. Dieser Abschluß hilft Ihnen, sich trotz anfänglicher Verwirrung und mangelndem Selbstvertrauen besser zu fühlen. Benutzen Sie ihn, um schnell (ohne selbstkritische Urteile) und mit
einem intensiven Interesse an Ihrer eigenen, kreativen Art, Probleme zu lösen, vorwärtszukommen.

,,Mit jedem Atemzug dringe ich tiefer in mein kreatives Ich ein
und mache mehr und immer mehr von der Kraft meines Gehirns für die Aufgabe verfügbar. Mein Bewußtsein weiß vielleicht noch nicht, was zu tun ist, genau wie es nicht weiß, wie
ein Puzzle aussieht, bevor es fertig ist. Vielleicht weiß *ich* nicht,
wie ich das machen soll, aber bald wird etwas auf mich zukom-
men. Und ich werde diesen Vorgang sehr interessant finden, denn
obwohl ich die Lösung noch nicht kenne, weiß ich sicher, daß
ich es schaffen werde und daß ein Teil von mir schon weiß, wie.
Es wird auch interessant sein, zu beobachten, wie sich das Zeitgefühl auf dieser Bewußtseinsebene verändert, und darüber zu
staunen, wieviel ich in solch einer kurzen Zeitspanne geleistet
haben werde.

Wenn ich von eins bis drei zähle, wird meine Aufmerksamkeit
ruhiger, und ich bin jetzt bereit, konzentriert zu arbeiten und
schnell von der Unkenntnis zum Wissen über den richtigen Anfang zu gelangen (1).

Ich bin aufmerksamer, entspannt und voller Energie, bereit, das
überlegene Wissen meines Unterbewußtseins zu nutzen (2).

Ich bin bereit, den ganzen Weg hinauf zu völliger Aufmerksamkeit mit offenen Augen zu gehen, ich freue mich darauf, mit
den kreativen Kräften meines Geistes zusammenzuarbeiten (3)."

Wenn Sie Verzögerungstaktiken gewählt haben, weil Sie Angst
vor einer Auseinandersetzung mit dem Chef, einem Mitarbeiter oder einem geliebten Menschen hatten, wird Ihnen die nächste

Version der Sammlungsübung wertvolle Hilfe bei der Befreiung von negativen sozialen Verhaltensmustern bieten. Benutzen Sie sie, um für sich selbst Sicherheit und Schutz zu schaffen, damit nichts allzu persönlich genommen wird. Lassen Sie sich dann Zeit, um die gewünschten Ziele und die alternativen Möglichkeiten zu bedenken, die Sie dorthin bringen werden. Und stellen Sie sich zum Schluß den positiven Ausgang bildlich vor — daß Sie und dieser bestimmte andere Mensch nicht gegeneinander arbeiten müssen, sondern wertvolle Verbündete füreinander werden können.

,,Ich erzeuge das Gefühl eines warmen, goldenen Lichtes um mich herum, einer Atmosphäre, die mich vor jeder Ablenkung von außen beschützt und sogar vor meinen eigenen, negativen Gedanken. Mir steht alle Zeit der Welt zur Verfügung, um über Gedanken und Bemerkungen nachzudenken oder sie beiseite zu schieben und meine Konzentration wieder auf positive Einstellungen und meine selbstgewählten Ziele zu richten. Meine Gedanken und Taten teilen anderen mit, daß ich ihr Verbündeter bin. Andere können mir nur helfen. In meiner Welt werde ich immer widerstandsfähiger und kann freundlich und großzügig sein, wenn ich meine inneren Reserven benutze, um jede Herausforderung und günstige Gelegenheit zu bewältigen.

Während ich von eins bis drei zähle, kehre ich zum normalen Wachzustand zurück und nehme meine sichere, hilfreiche, warme Hülle aus goldenem Licht dorthin mit (1).

Meine Aufmerksamkeit wird immer ruhiger (2).

Ich bin bereit, die Augen zu öffnen und ganz in einer sicheren und hilfreichen Atmosphäre aufzugehen (3).''

Eine Entspannungsübung

Diese Übung kann auf einen Cassettenrecorder gesprochen und täglich verwendet werden, um das Sprechen in einer Sprache zu üben, mit der Ihr Körper zusammenarbeiten kann, um Ihnen Entspannung und inneren Frieden zu geben. Diese Übung erfordert 12 bis 15 Minuten Zeit und ist eine gute Vorbereitung für die zweiminütige Sammlungsübung.

Diese Übung ist auf das Aufwärmen Ihrer Hände ausgerichtet, das heißt, Sie werden befähigt, die Adern und winzigen Kapillaren in Ihrer Hand auszudehnen. Sie können diesen Vorgang nicht so steuern, wie Sie auf Befehl Ihre Hand öffnen können. Sie können das nur erreichen, indem Sie die Kontrolle über das zentrale Nervensystem loslassen und Ihrem zentralen Nervensystem erlauben, mit Ihnen zusammenzuarbeiten.

Dies ist *Ihre* Übung. Sie haben jederzeit alles im Griff. Wenn Sie die Augen öffnen oder eine andere Position einnehmen wollen, können Sie das tun. Es gibt keinen richtigen oder falschen Weg zur Entspannung, nur *Ihren eigenen Weg*, mit der Geschwindigkeit und genau zu dem Grad an Entspannung, die für Sie richtig sind.

Sie können am Anfang einfach aufrecht mit den Füßen flach am Boden und den Händen im Schoß sitzen. Lassen Sie zu, daß Ihre Augenlider sanft über die Augen sinken, während Sie Ihre Aufmerksamkeit nach innen richten, auf Ihre Atmung. Atmen Sie nun tief ein, halten Sie für einen Moment die Luft an, und atmen Sie dann langsam und vollständig aus. Wiederholen Sie das dreimal, machen Sie dabei das Ausatmen zu einem Zeichen dafür, daß Sie jede verbliebene Spannung loslassen. Sie können jetzt den Stuhl fühlen und feststellen, wie er Sie trägt. Lassen Sie sich einfach sinken, sie müssen sich nicht festhalten. Sie können die Muskeln loslassen, konzentrieren Sie sich nun darauf, wie der Boden Ihre Füße trägt, und lassen Sie auch diese Muskeln los. Sie müssen sich nicht festhalten, lassen Sie alles los und erlauben Sie Ihrem Körper, Ihnen das Geschenk der Entspannung und der richtigen Unterstützung zu geben. Sie müssen jetzt nichts mehr tun, außer Ihrem Bewußtsein zu erlauben, neugierig zu sein und zu beobachten, wie Ihr Körper und Ihr Unterbewußtsein zusammenarbeiten, um Ihnen tiefe und immer tiefere Entspannung bei jedem Satz zu geben.

Ich halte alle Sätze in der ersten Person, und Sie können sie still für sich in der ersten Person wiederholen. Zum Beispiel: *„Ich sitze still."* Während Sie jeden Satz wiederholen, stellen Sie sich vor, sehen Sie und fühlen Sie, wie die Veränderung geschieht. Lassen Sie es dann einfach geschehen, lassen Sie Ihren Köper die Befehle ausführen, die Sie ihm gegeben haben. Das nennt man „passives Wollen" – indem Sie sich die Befehle jedes Satzes vorstellen, sie verbildlichen und fühlen, äußern Sie Ihren Willen in einer Form, die der Körper verstehen kann. Sie lassen Ihren Willen Befehle in einer passiven Form ausdrücken, ohne Gewalt anzuwenden und ohne den Versuch, irgend etwas zu erzwingen.

Sie lassen die Veränderung still geschehen und nutzen dabei die natürliche Neigung Ihres Körpers zur Zusammenarbeit. Und jetzt können Sie es sich bequem machen und bereit sein, weiterzumachen, atmen Sie dabei tief und langsam weiter, wiederholen Sie innerlich:

„Ich fühle mich ruhig. Ich fange an, mich entspannt zu fühlen – meine Füße fühlen sich ruhig und entspannt an, meine Knöchel, meine Knie und meine Hüften fühlen sich leicht, ruhig und behaglich an. Mein Bauch und die gesamte Körpermitte werden leicht, ruhig und behaglich.

Mein ganzer Körper ist still, ruhig und behaglich. Ich bin entspannt. Meine Arme und Hände sind still und warm. Ich bin ruhig. Mein ganzer Körper ist ruhig und meine Hände sind warm – entspannt und warm. Meine Hände fühlen sich warm an. Meine Hände werden langsam wärmer. Ich kann weiter tief und langsam atmen.

Mein ganzer Körper ist still, behaglich und ruhig. Mein Geist ist still. Ich ziehe mich aus meiner Umgebung zurück und fühle mich gelassen und still. Meine Gedanken wenden sich nach innen. Ich fühle mich wohl. In mir kann ich sehen und erleben, wie ich ruhig, behaglich und still bin. Auf eine leichte, stille, nach innen gerichtete Art bin ruhig und aufmerksam. Mein Geist ist ruhig und still. Ich fühle eine innere Stille.

Ich werde diese Gedanken zwei Minuten fortsetzen und dann sanft die Augen öffnen und mich gut, entspannt und auf ruhige Art aufmerksam fühlen. Bis ich zum nächsten Mal spreche, werden zwei Minuten vergangen sein, und es wird interessant sein, festzustellen, wie tief ich mich innerhalb einer Zeitspanne entspannen kann, die normalerweise so kurz ist.''

(Lassen Sie zwei Minuten verstreichen.)

So, kam Ihnen diese Zeit etwa wie zwei Minuten vor? Fühlen Sie sich wie nach einem erholsamen Nickerchen? Wollen Sie sich strecken und nachfühlen, ob Ihre Hände wärmer und entspannter sind?

Nehmen Sie nun drei langsame, tiefe Atemzüge, und werden Sie bei jedem Atemzug auf ruhige Art aufmerksamer; angemessen aufmerksam; bereit, mit einem Projekt oder einer Aufgabe sehr entspannt und konzentriert anzufangen.

Nehmen Sie Flow-Zustände in Ihr Programm auf

Die Arbeit im Flow-Zustand beseitigt das emotionale Bedürfnis, zu Verzögerungstaktiken zu greifen, und beschleunigt den Weg zum Ziel. Dieser Zustand baut eine magische Brücke von Unruhe und Sorgen zu entspannter Ruhe und Sicherheit, indem er von den Überlebensfunktionen auf die kreativen Fähigkeiten des Gehirns wechselt. Sie wissen schon, wie Sie sich durch innere Selbstgespräche Botschaften der Sicherheit und Bestätigung mitteilen können, die das passende Maß an Energie für die Arbeit wecken. Sie wissen, wie Sie sich klare, entschiedene Aussagen wie die folgenden zusprechen können: ,,Ich werde um 15 Uhr mit großer Neugierde und großem Interesse an meinem

Schreibtisch sitzen und dreißig Minuten lang hochwertige Arbeit leisten." – „Ich beschließe, um 8 Uhr damit anzufangen, noch einen Brief zu schreiben." – „Um 10 Uhr werde ich einen Aktenordner aussuchen und mindestens 15 Minuten an ihm arbeiten." – „Ich kann um 11.30 Uhr mit einem kleinen Teil des Budgets anfangen und mich wirklich auf das Mittagessen freuen."

Diese Aussagen verbinden die drei Elemente der effektiven Vorstellung von der Arbeit (wann, wo und mit was werden Sie anfangen) und enthalten Elemente von *Wahlfreiheit, Sicherheit* und *Beginnen*.

Der vierte notwendige Schritt, der den Vorgang vervollständigt und die Kraft des Arbeitens im Flow-Zustand nutzt, wurde schon vorher in diesem Kapitel besprochen – die *Sammlung*.

Jacob, ein hingebungsvoller Vater und Ehemann mit Tendenzen zur Arbeitssucht, machte sich Sorgen, ob er auch seine Familie ernähren konnte. Er begann im Alter von vierzig Jahren eine neue Karriere, die ihn über den gewohnten, angenehmen Bereich der Arbeit am Produkt zu Aufsicht, Management und Kundenkontakten führte. Er hatte nun schon seit beinahe fünfzehn Jahren als Schreiner gearbeitet und war gerade Bauunternehmer geworden, als er Probleme mit den Hauptursachen für das Aufschieben bekam – das Gefühl der Überforderung, die Angst vor dem Versagen und die Angst vor dem Erfolg.

Jacob hatte keine Schwierigkeiten damit, Kunden zu finden. Seine hervorragenden Leistungen waren sichtbar und seine Arbeit verkaufte sich wie von selbst. Aber Jacob hatte Probleme, seine Arbeit zu Ende zu führen. Sein Perfektionismus hatte ihm den Ruf eingebracht, hervorragende Arbeit zu leisten, aber seine Kunden setzten ihm oft Termine, die Perfektion nicht zuließen. Jacob wurde vom eigenen Erfolg überrumpelt. Es fiel ihm schwer, unter den Aufträgen auszuwählen und zu entscheiden, welchen er zuerst ausführen sollte. Als Reaktion auf diesen neuen Ärger und das Gefühl der Überforderung fing Jacob an, das Telefon zu meiden und Forderungen seiner Kunden und Mitarbeiter zunächst einmal aufzuschieben.

Unter den Dingen, die bei Jacob zu Unentschlossenheit und Verzögerungstaktiken führten, waren:

1. Sorgen, über die eigenen Grenzen hinauszugehen;

2. Beschwerden von Auftraggebern;

3. Telefongespräche;

4. Schwierigkeiten an der Baustelle;

5. gestiegene Materialkosten;

6. Sorgen über die rechtzeitige Fertigstellung;

7. finanzielle Probleme;

8. Verträge und Verwaltung.

Seine Herkunft hatte Jacob nicht auf den Erfolg vorbereitet. Er war der Älteste von fünf Geschwistern und hatte gesehen, wie seine Eltern ihr Leben lang hart gearbeitet hatten und trotzdem nie aus Schulden und finanziellen Sorgen herausgekommen waren. Sein Vater starb ein Jahr vor der Rente an einem Schlaganfall. Jacob vergaß diese Lektion nicht. Er lebte in sichereren Verhältnissen, als seine Eltern jemals gekannt hatten, dennoch war er zwanghaft in den gleichen Sorgen um seine finanzielle Sicherheit gefangen, dazu kamen noch Sorgen um seine Gesundheit. Als sein eigener Herr hatte er keine Zeit mehr, krank zu werden, und wegen seines hohen Blutdrucks und seiner Familiengeschichte konnte er sich kein Übermaß an Streß leisten.

Als Jacob mein Klient wurde, war er ein erstklassiger Kandidat für das dreidimensionale Denken und das Spiel ohne Schuldgefühle. ,,Ich kann das unmöglich alles schaffen'', sagte er. Er war am Anfang nicht wenig überrascht, als er mich sagen hörte ,,Stimmt, das können Sie nicht alles schaffen. Niemand könnte das *alles auf einmal* schaffen. Sie können immer nur eine Arbeit gleichzeitig und einen Schritt nach dem anderen tun. Mehr können Sie nie schaffen. Mit welchem Schritt können Sie sinnvollerweise heute nachmittag anfangen? Wann möchten Sie heute nachmittag anfangen . . . mit welcher kleinen Aufgabe . . . und für wie lange?"

Nachdem Jacob zu einer besseren Konzentration und Kontrolle der Überforderung gefunden hatte, mußten wir eine feste Verpflichtung zu streßfreien Oasen der Erholung ohne Schuldgefühle in seiner so ausgefüllten Woche errichten. Jacob verstand schnell die Bedeutung der Instrumente des Hier-und-Jetzt-Systems und ihre Anwendung. Der bessere Zeitplan half ihm, Erschöpfung und Auflehnung zu verhindern, indem er Zeit für die Familie und Freiheit von Sorgen über das Geschäft garantierte. Die Sorgenarbeit bereitete ihn auf mögliche Probleme vor und befreite ihn von dem ständigen ,,ja aber, wenn..'', und die inneren positiven Selbstgespräche voll von Wahlmöglichkeiten und Sicherheit richteten seine Gedanken auf das, was *er* zu tun beschloß, und befreite ihn von der Unruhe durch Drohungen und Selbstkritik.

Jacob lernte, die Angst vor wichtigen Entscheidungen und die Neigung zum Weglaufen vor Arbeitsproblemen durch Fragen zu bekämpfen, die seine Aufmerksamkeit auf das lenkten, was er tun konnte ,,Wann kann ich anfangen? Wo will ich arbeiten? Mit welchem Teil des Auftrags werde ich anfangen?''

Diese Techniken unterstützten den geistigen Prozeß, aber Jacob mußte eine gewisse Ruhe inmitten von unzählbare Risiken und Druck auch *fühlen*. Er mußte im Flow-Zustand arbeiten, um einen Geisteszustand und eine physische Ruhe zu erreichen, die ihm die Anwendung seiner neuen Instrumente erleichtern würde. Als Jacob die Sammlungsübung erlernte, wurde plötzlich das gesamte Programm auf einmal für ihn anwendbar. Es wurde zu mehr als nur einem geistigen Konzept und einer linearen Disziplin.

,,Ich sehe und fühle, wie ich meine Sammlungsübung durchführe und dann im Flow-Zustand arbeite. Innerhalb von zwei Minuten erreiche ich ein bestimmtes Niveau, arbeite ohne Streß, bekomme ein erweitertes Gesichtsfeld, benutze mehr von meinem Gehirn und rufe mir die Erinnerung daran ins Gedächtnis, daß ich sicher, fähig und konzentriert genug bin, um einen weiteren Schritt zu tun."

Die Sammlungsübung gab Jacob regelmäßige, zweiminütige Atempausen, in denen er Abstand gewinnen und die Herausforderungen, vor denen er stand, bewerten konnte. Er konnte sich selbst die Zeit lassen, Ängste beiseite zu räumen, sich daran erinnern, daß er nicht alles auf einmal tun mußte, sondern Alternativen bedenken konnte. Die Sammlungsübung richtete Jacobs Gedanken auf produktive Schritte, die er unternehmen konnte und schuf abgeschlossene Abschnitte hochwertiger Arbeit über den ganzen Tag hinweg. Indem er diese zweiminütigen, beruhigenden Sitzungen mit hochwertiger Arbeit verband, wurde er fähig, seine Sorgen zu beherrschen, schnell unangenehme Aufgaben abzuschließen und stundenlange Arbeit im Flow-Zustand zu erreichen. Sein Zeitgefühl änderte sich, seine Energie war ruhig und gebündelt, seine Problemlösungen wurden kreativer und seine Konzentrationsfähigkeit stieg.

Die Arbeit im Flow-Zustand ergänzt Ihre anderen, neuen Instrumente, eliminiert die meisten, wenn nicht sogar alle negativen Gewohnheiten, die Sie bisher im Aufschieben gefangengehalten haben, und ersetzt sie durch eine positive Einstellung zur Arbeit und Gewohnheiten, die Arbeit zu einer Gelegenheit für erregende, konzentrierte und kreative Leistungen macht.

8. Kapitel

Die Feinabstimmung Ihrer Fortschritte

> Große Werke entstehen nicht durch Kraft,
> sondern durch Beharrlichkeit.
>
> *Samuel Johnson*

Dieses Kapitel stellt eine Reihe höchst wirksamer Techniken vor, um Rückschläge und Hindernisse auf dem Weg vom Aufschieben zur Produktivität zu überwinden. Jedes Verhaltensänderungsprogramm muß genau auf die Persönlichkeit des Benutzers abgestimmt sein, wenn es langfristig Erfolg haben soll. Es muß darauf vorbereiten, mit Rückschlägen fertig zu werden, und die Mittel in die Hand geben, sie rasch in *günstige Gelegenheiten* zu verwandeln, die Fortschritte fördern, anstatt sie zu verzögern. Jeder Mensch erlebt schwere Zeiten, in denen er gerne wieder zur gewohnten Krücke des Aufschiebens greifen würde. In solchen Zeiten muß man daran denken, sich nicht selbst zu kritisieren und beharrlich die neuen Instrumente einzusetzen, die negative Impulse in neue Bahnen leiten, damit die neuen, gesunden Gewohnheiten verstärkt werden.

Rückschläge einplanen

Um die Verwandlung von einem alten Verhaltensmuster zu einem neuen, produktiveren Verhalten zu vollenden, müssen Sie Ihre Flügel in Situationen erproben, die bisher schwer zu bewältigen waren oder eine Versuchung zum Aufschieben darstellten. Nehmen wir einmal an, Sie wären zum Beispiel für ein großes Projekt verantwortlich, das Sie überfordert hat. Plötzlich stellen Sie fest, daß Sie wieder eine Reihe von alten Fluchtreaktionen zeigen, Sie stürzen sich in umfangreichere Nachforschungen, verlieren mehr Zeit mit Telefongesprächen oder entdecken zehn andere Dinge, die Ihrer sofortigen Aufmerksamkeit bedürfen. Die Feststellung, daß Sie zu Ihren alten Verhaltensmustern zurückkehren, ist zwar hilfreich, aber um diese Energie erfolgreich in neue Bahnen zu lenken, um neue, produktivere Verhaltensweisen aufzubauen, brauchen Sie Strategien und Techniken, die Sie schnell anwenden können.

Sie müssen Ihre alte Persönlichkeit oder Ihre alten Verhaltensmuster nicht völlig ablegen, um ein neues Verhalten zu erlernen. Tatsächlich können Sie sogar gewohnte Verhaltensweisen nutzen, um Ihr Bewußtsein für die günstigste Gelegenheit zu schärfen, Ihre neuen Wahlmöglichkeiten anzuwenden. Sie kennen jetzt andere Verhaltensweisen. Um Ihre Fähigkeit zu verstärken, schneller und mit mehr Selbstvertrauen von den alten auf die neuen Muster umzuschalten, können Sie sogar einen *kontrollierten Rückschlag einplanen*.

Nutzen Sie Rückschläge, um Ihre Reaktionen zu proben. Beobachten Sie sich genau, und fertigen Sie ein geistiges Protokoll der Gedanken und Sorgen an, die Sie zur Flucht in Verzögerungstaktiken verleiten. Nur Mut, wenden Sie Ihre bevorzugte Verzögerungstaktik an, aber in dem vollen Bewußtsein, daß Sie nun die Mittel besitzen, um die Angst vor der Arbeit in den Griff zu bekommen und um Ihr Erfolgsgefühl gleich am Anfang zu verstärken. Wenn Sie vor einem großen Projekt stehen, können Sie zum Beispiel beschließen, die Vorarbeiten auszubauen. Oder Sie können eine Entscheidung über eine Anschaffung verzögern, indem Sie sich bewußt von den Schritten überwältigen lassen, die zu einer perfekten Entscheidung gehören. Um sich durch einen geplanten Rückschlag zu testen, können Sie folgendermaßen vorgehen:

— Entscheiden Sie sich für ein Projekt, bei dem Ihre Neigung zum Aufschieben voraussichtlich besonders stark sein wird (Rechnungen bezahlen, Briefe beantworten, Reparaturen im Haushalt, Lohnsteuerjahresausgleich).

- Beachten Sie die Warnsignale des Aufschiebens bei diesem Projekt. (Sie fühlen sich zum Beispiel durch die vielen Schritte überfordert, die bei der Bezahlung einer Rechnung oder dem Lohnsteuerjahresausgleich zu tun sind; Sie haben das Gefühl, daß das Leben nur noch aus Pflichten besteht; Sie fühlen sich von jeder Lebensfreude und Ihren Bekannten abgeschnitten, weil Sie arbeiten müssen.)

- Beschließen Sie bewußt, sich für ein paar Stunden dem Aufschieben hinzugeben, um die Selbstaussagen zu beobachten, die zu Schuldgefühlen und Selbstkritik führen ,,Ich weiß nicht, was mit mir los ist. Warum werde ich mit nichts fertig? Werde ich noch mein ganzes Leben vertrödeln? Wenn ich nicht einmal eine Rechnung bezahlen oder einen Brief beantworten kann, muß ich doch wirklich ein Versager sein.''

- Beachten Sie, wie diese fortgesetzte Selbstkritik zu Schuldgefühlen, Depressionen und Ärger führt, während sie Sie davon abhält, eine einzige Rechnung zu bezahlen, eine Briefmarke auf den Umschlag zu kleben oder ein Formular für die Steuererklärung zu suchen.

Der geplante Rückschlag wird Ihnen zeigen, wann Sie am meisten zum Aufschieben neigen. Sie wissen jetzt, wohin Ihre alten Gewohnheiten führen. Ihre Kenntnis der Schuldgefühle, Frustrationen und Unzufriedenheit, die aus Ihren früheren Verhaltensweisen entstehen, kann Sie motivieren, Ihre neuen Fähigkeiten, Freizeit ohne Schuldgefühle, den besseren Zeitplan und die Arbeit im Flow-Zustand einzusetzen.

Benutzen Sie Ihren geplanten Rückschlag wie einen Film und beobachten Sie bei der Wiederholung Ihrer Gedanken, wann ein Symptom von kontraproduktiven Denk- und Handlungsweisen auftaucht.

- Beachten Sie, wie die herausfordernden Selbstaussagen des produktiven Menschen (,,Ich muß das nicht tun. Ich *beschließe*, jetzt *anzufangen*, oder ich bin bereit, die Folgen eines bewußten Aufschiebens zu tragen.") zu einem Gefühl der Stärke führen (Wahlmöglichkeiten und Zuversicht stehen gegen Druck). Konzentrieren Sie sich darauf, was Sie in bewältigbaren Abschnitten abarbeiten können.

— Benutzen Sie den besseren Zeitplan, um diese Strategien in die Tat umzusetzen. Verschaffen Sie sich ein realistisches Bild der in dieser Woche verfügbaren Zeit, sorgen Sie für Freizeit ohne Schuldgefühle, für Belohnungen für menschenmögliche Phasen hochwertiger Arbeit und für ein System, um auf dem aufzubauen, was Sie jetzt leisten.

— Benutzen Sie die Sammlungsübung, um schnell und effizient den Übergang von der Überforderung zur gebündelten Energie mit Hilfe des kreativen Ichs zu schaffen, nehmen Sie sich dabei Zeit, sich an positive Suggestionen und Visualisierungen zu erinnern, und konzentrieren Sie sich bewußt, motiviert und interessiert auf die Gegenwart.

Spannkraft und Robustheit

Ich möchte sicherstellen, daß Sie auf dem Weg zur Produktivität nicht durch plötzlich auftauchende Probleme entmutigt werden, nachdem Sie einmal diesen Weg eingeschlagen haben. ,,Geplante Rückschläge'' machen es Ihnen möglich, Spannkraft (die Fähigkeit, wieder zurückzufedern) und Robustheit (die Fähigkeit, Fallgruben zu entkommen und zu umgehen) in den Beginn, die Haupt- und Endphase Ihres Projekts einzubauen.

Spannkraft

Menschen, die sich für Versager halten, haben einmal versagt und sich dann nicht mehr von der Stelle gerührt. Ein ,,Versager'' sucht vor dem Beginn eines Projekts die Garantie, daß alles glattgehen wird und keine Probleme auftauchen werden. Ein erfolgreicher Mensch ist bereit, vernünftige Risiken einzugehen, und weiß, daß es jenseits von Murphys Gesetz keine Garantien gibt: ,,Alles, was schiefgehen kann, geht auch schief.''

Erfolgreiche Menschen erleben viele Fehlschläge und richten sich immer wieder auf, sie messen ihren eigenen Wert nicht an ihren Fehlschlägen. Trotz aller Schwierigkeiten und Fehlschläge in ihrem Leben lernen erfolgreiche Menschen, elastisch zu reagieren und weiterzumachen. Sie haben eine Reihe von Fangnetzen unter Ihrem Hochseilakt geknüpft, die Ihnen die Gewißheit verleihen: *,,Ein Fehler bedeutet nicht das Ende der Welt, denn ich lasse das nicht zu. Ich werde mich wieder aufrappeln und es noch einmal versuchen − wie verwirrt oder verletzt ich auch sein mag.''*

Jedesmal, wenn Sie etwas Neues versuchen und sich für einen Weg entscheiden, können Sie getrost mit einigen Rückschlägen rechnen. Mögliche Fehlschläge sind keine Entschuldigung für das Aufschieben. Rückschläge geben keinen Anlaß zur Sorge über Fehlschläge, und mit Sicherheit sind Sie kein Maßstab für Ihren persönlichen Wert. Jeder Weg, jede Rolle und jeder Job im Leben bringt seine Schwierigkeiten mit sich. Es gibt keinen perfekten Weg. Daß Sie auf Ihrem Weg mehr Arbeit und Probleme als erwartet finden, bedeutet noch lange nicht, daß Sie falsch gewählt oder einen Fehler gemacht haben!

Denken Sie daran, Selbstkritik über Rückschläge zu vermeiden, die mitten in Ihrem Projekt auftauchen. Wie der Unternehmensberater Michael Durst sagte: ,,Sie sind wahrscheinlich nicht für das verantwortlich, was Ihnen zustößt, aber Sie sind sicher für das verantwortlich, was Sie tun, um es zu korrigieren.'' Diese kraftvolle Botschaft enthält ein entscheidendes Konzept, das vielen Menschen fehlt: Lassen Sie die Sorge um den ursprünglichen Grund des Problems los, damit Sie Ihre Energie auf das konzentrieren können, wo sie das meiste ausrichten können − die Lösung.

Die Fähigkeit, schnell einen Fehler zu korrigieren, verlangt die volle Übernahme der Verantwortung für die Lösung, aber erst müssen Sie das loslassen, was ich das ,,Warum-Jammern'' nenne − ,,Warum muß das gerade mir passieren? Warum bekomme ich immer die schweren Aufgaben? Warum mache ich nie etwas richtig? Warum trifft es immer mich?" Diese Klagen sind eine andere Form von „ich sollte" beziehungsweise „ich sollte nicht", wodurch die Erkenntnis der realen Situation (wie unangenehm sie auch sein mag) die Korrektur, die Verminderung der Schwierigkeit und die zukünftige Vermeidung des Fehlers verzögert werden.

Charles Garfield erzählt in einem Buch, daß ein Apollo-Mondflug über 90 Prozent der Flugzeit vom Kurs abwich. Indem Sie die Abweichungen vom vorhergesehenen Weg berücksichtigten, waren die Wissenschaftler in der Lage, wiederholt die notwendigen Kurskorrekturen vorzunehmen und einen zwar nicht perfekten, aber ausreichend genauen Kurs zum Mond einzuhalten. Sie erzielten einen großen Erfolg, indem Sie trotz vieler Rückschläge an ihrer Mission festhielten.

Was einen wahren Meister von anderen Menschen mit vergleichbaren Fähigkeiten unterscheidet, ist die erlernte Kunst, nach einer enttäuschenden Leistung wieder zurückzufedern. Wahre Meisterschaft – eine beständige Produktivität – erfordert, daß Sie sich selbst Ihre Irrtümer und Fehlschläge verzeihen, während Sie den Glauben an Ihren inneren Wert und die notwendige Sicherheit aufrechterhalten, um Probleme zu lösen und nach Zielen zu streben.

An der Mission festzuhalten, während man auf negatives Feedback reagiert, ist eine der wichtigsten Fähigkeiten im Repertoire von Menschen, die über lange Zeit Herausragendes leisten. Lee Iacoccas Entlassung durch Henry Ford II. war ein niederschmetternder Rückschlag, der manch einen zum Aufgeben verleitet hätte. Iacocca dagegen weigerte sich, am Boden zerstört liegen zu bleiben. Statt dessen kehrte er Selbstvorwürfen den Rücken und entschloß sich, die enormen Führungs- und Finanzprobleme bei Chrysler zu lösen. Er zog es vor, Risiken einzugehen und Probleme zu lösen, statt sich Sorgen über mögliche Fehlschläge und Kritik zu machen. Iacoccas Robustheit war nicht angeboren, er erlernte sie durch immer wieder neue Versuche.

Nachdem sie hart daran gearbeitet hatte, ihre alte Neigung

zum Aufschieben zu besiegen, entwickelte Sarah, eine Chemikerin, einen entspannten und kreativen Arbeitsstil und bewältigte ihre neue Arbeit gut. Die meisten Aspekte ihrer neuen Arbeit gefielen ihr gut, aber sie war nicht auf die politische Einstellung, den Sexismus und die Günstlingswirtschaft des Managements vorbereitet. Sie hatte das Gefühl, daß ihre Fähigkeiten nicht anerkannt wurden und daß ihre Arbeit verlangte, verschiedene Hürden zu überwinden, um sich selbst zu bestätigen.

Ihre Fortschritte in der Anpassung an die neue Arbeit und bei der Bekämpfung des Aufschiebens kamen zum Stillstand, als ihr Vorgesetzter scharf und unerwartet ihre Arbeit kritisierte. Er sagte die falschen Worte im falschen Augenblick, und das belebte Sarahs alte Ängste und Ablehnungen neu ,,Bin ich gut genug? Kann ich bei dieser Arbeit Erfolg haben? Man kann ihm nichts recht machen, warum sollte ich es dann versuchen?'' Sie war jetzt reif für den alten Kreislauf aus Groll, Auflehnung, Angst und Perfektionismus, der unweigerlich zum Aufschieben führt.

In der Erwartung von weiterer Kritik und Unfairness fing Sarah an, ihre Fähigkeiten und Kreativität von ihren Projekten abzuziehen, und verlangsamte ihre Arbeit, während sie sich auf weitere Kritik und Unfairness vorbereitete. Sie ging wieder an der alten Krücke, der Neigung zum Aufschieben, war aber jetzt in der Lage, die tieferen Gründe zu erkennen, und drehte den Spieß schnell um. Sie wußte, daß sie mehrere Techniken beherrschte, die in weniger ernsten Lagen funktioniert hatten.

Sie bemerkte, daß sie sich selbst kritisiert hatte, weil sie die Mängel der neuen Arbeit nicht erwartet hatte. Sie mußte sich selbst vergeben, daß sie die Nachteile ihrer neuen Stelle nicht im voraus erkannt hatte. Anstatt zu verzweifeln, weil sie sich für die falsche Arbeitsstelle entschieden hatte, konnte Sarah die Schwierigkeiten mit der Arbeit nun als Feedback betrachten, daß sie ihre Erwartungen anpassen müßte, damit sie besser mit der realen Lage zurechtkam.

Nach einer Abwägung der Vor- und Nachteile kam Sarah zum Entschluß, es noch sechs Monate mit der Arbeit zu versuchen.

In dieser Zeit wollte sie ihr Bestes geben. Sie fühlte sich der Arbeit neu verpflichtet und übernahm wieder die volle Verantwortung für ihre Projekte. Sarah beschloß auch, persönliche Auseinandersetzungen nicht länger zu verzögern. Sie sagte ihrem Vorgesetzten ,,Ich habe diese Arbeit in gutem Glauben angenommen, im Gefühl, diese Firma mit vorwärtsbringen zu können. In der kurzen Zeit habe ich bisher nicht die Möglichkeit gehabt, meine Fähigkeiten zu beweisen. Ich hätte gerne Ihre Unterstützung, indem Sie mir die Zeit und die Autorität geben, meine Arbeit zu tun und nach meinen Fähigkeiten beurteilt zu werden. Wenn wir uns dann in sechs Monaten nicht über meine Leistungen einig sind, werde ich freiwillig kündigen.''

Der Chef war beeindruckt, aber was vielleicht noch wichtiger war, sie hatte ihren wachsenden Groll und ihre Neigung zum Aufschieben überwunden. Statt wegen eines einzigen Rückschlags in ein altes Verhaltensmuster zurückzufallen, wandte sie ihre neuen Strategien und Techniken an. Sie nahm die Situation in die Hand und weigerte sich, die Rolle des Opfers zu spielen. Sarah sprach die Unfairness ihres Chefs und ihre eigene Neigung zum Aufschieben direkt an und benutzte diesen Rückschlag als eine günstige Gelegenheit, mit Spannkraft und Elan zu reagieren, auch wenn die Hindernisse von anderen aufgerichtet worden waren.

Robustheit

Suzanne Kobasa, eine Professorin der City University von New York, hat das, was sie Robustheit nennt, als eine Konstellation aus drei Persönlichkeitmerkmalen beschrieben – Hingabe, Kontrolle und Herausforderung. Wiederholt wurde nachgewiesen, daß Manager mit diesen drei Merkmalen Streß widerstehen und Krankheiten besser abwehren können als gleichrangige Kollegen ohne sie.

Robuste Persönlichkeiten neigen dazu, sich selbst ,,leicht dem hinzugeben, was sie tun'' und ,,Veränderungen als einen normalen Ansporn oder Beweggrund zur Weiterentwicklung zu sehen", statt sich der Arbeit entfremdet, machtlos gegenüber Ereignissen oder von Veränderungen bedroht zu fühlen. Robuste Manager haben einen Gesamtplan fürs Leben, flexible Ziele und die Fähigkeit, *mit Streß verbundene Ereignisse in günstige Gelegenheiten zu verwandeln,* die für sie die Störung mildert, die durch ein einziges, mit Streß verbundenes Ereignis ausgelöst wird.

Um Robustheit mit in Ihren Umgang mit Arbeitsprojekten aufzunehmen, können Sie diese Hingabe, Kontrolle und Herausforderung zunächst in Freizeitaktivitäten einüben. So wie Laura, der ein abgeschlossener Marathonlauf half, einen Weg zum Abschluß ihrer Forschungsarbeiten zu finden, können Sie den Sport als einen sicheren Bereich benutzen, um sich Robustheit anzueignen.

Sie könnten versuchen, eine bestimmte Strecke zu wandern (oder zu laufen, oder was auch immer Ihnen gefallen mag). Wenn Sie Ihr Ziel erreicht haben, dann gehen Sie noch 500 Meter weiter bergauf. Gehen Sie langsam, führen Sie keine Selbstgespräche über die Schwierigkeiten anzukommen. Beachten Sie, wieviel einfacher das ist, nachdem Sie einmal Ihr Ziel erreicht haben. Der Berg sieht plötzlich gar nicht mehr so steil aus. Warum ist das so? Weil Sie Ihr Ziel schon erreicht haben. Sie *müssen* die zusätzlichen 500 Meter *nicht* gehen, Sie tun es freiwillig, und Sie achten auf Ihre Kräfte statt auf ein inneres Geschwätz, ob Sie es nun schaffen oder nicht.

Beachten Sie, daß Sie nicht versuchen, sich etwas über die Natur des Bergs weiszumachen; Sie kontrollieren einfach Ihre Einstellung und die Natur Ihrer inneren Selbstgespräche, und das verändert Ihre Wirklichkeitserfahrung. Machen Sie sich klar, wie schwer die letzten 500 Meter werden können, wenn Sie ans Ziel denken und wissen, daß es wortwörtlich steil bergauf geht. Merken Sie sich negative Gedanken wie: „Das schaffe ich nie" oder „Das ist viel zu anstrengend." Üben Sie, über diese Gedanken hinauszuwachsen, und merken Sie sich, wie Sie dies schaffen.

Diese Übung wird Sie lehren, daß es ermüdend ist, sich nur aufs Ziel zu konzentrieren; wenn Sie an unflexiblen Zielen festhalten, wird es schwerer, vorwärts zu kommen, und Ihre Kräfte werden von der Art beeinflußt, wie Sie mit sich selbst sprechen. Sie können aber weiter kommen, als Sie glauben.

Immer wenn Ihre Gedanken über die Arbeit oder Projekte überwältigend oder niederschmetternd erscheinen (,,Ich schaffe es nicht, ich weiß nicht, wie ich diese Aufgabe bewältigen soll.''), denken Sie daran, wie Sie mit diesem Gefühl umgegangen sind, als Sie unten am Berg standen. Sie wußten wirklich nicht, ob Sie es schaffen würden, aber Sie hielten durch, konzentrierten sich auf die kleinen, zu bewältigenden Schritte, bemerken eine Veränderung Ihres Blickwinkels und beendeten mit Erfolg die Aufgabe, auf den Berg zu steigen. Ob es nun ein Berg oder das Jahresbudget ist, wie Sie auf einem Gebiet durchhalten, wird das Vertrauen auf Ihre Robustheit auch auf anderen Gebieten stärken.

Bei der Diskussion mit Marathonläufern über das Erreichen von Zielen und Konzentrationstechniken entdeckte ich, daß ein entscheidender Teil des Langstreckentrainings darin besteht, das Ziel zu vergessen und einfach beim Vorgang zu bleiben, und das über den ganzen Zeitraum des Rennens hinweg. Auf dieser Strecke von 42 Kilometern denken die Läufer oft: ,,Ich schaffe es nicht.'' Aber sie sind an solche Ablenkungen gewöhnt und haben sich darauf vorbereitet, ihre Gedanken zu benutzen, um sich darauf zu konzentrieren, was sie *jetzt tun können*. Sie halten eine positive Selbstaussage bereit, zum Beispiel: ,,Ich werde am Ziel ankommen, auch wenn ich langsamer werden muß und bei den nächsten Schritten nur noch schlurfen kann. Dann werde ich sehen, ob ich gewinnen kann.''

Einer von Ihnen, ein Olympiateilnehmer, sagte mir: ,,Wenn ich zu viel an die Ziellinie denke, verliere ich an Geschwindigkeit, ob ich nun vorn oder hinten liege. Ich mußte mich dazu erziehen, meine Aufmerksamkeit vom Ziel weg auf den nächsten Schritt, auf die weitere Teilnahme am Rennen, zu lenken.''

Nathaniel, ein selbständiger Unternehmer, berichtet ähnliches über einen ganz anderen Lebensbereich: ,,Wenn ich mir zu viele Sorgen um mein Einkommen und die unbezahlten Rechnungen mache, fange ich an, wichtige Entscheidungen zu verzögern, werde zu vorsichtig, versuche, auf der sicheren Seite zu bleiben. Das stört meine Fähigkeit, kreativ zu denken und spontan zu handeln. Ich habe festgestellt, daß ein paar Minuten Konzentration ausreichen, um die Ängste zu erkennen, die die Kontrolle über meine Gefühle gewinnen würden. Wenn ich einmal weiß, was los ist − daß ich zuviel Angst vor einem Fehler habe oder zu wild auf ein bestimmtes Ziel bin −, kann ich die Risiken realistisch abschätzen und *mich entschließen*, sie einzugehen oder mich lieber zurückzuziehen. Aber wenigstens habe ich und nicht meine Ängste jetzt die Kontrolle übernommen, mir steht die Wahl frei.''

Konzentration:
Ablenkungen in den Griff bekommen

Der Sieg über das Aufschieben mitten in einem Rückschlag kann durch die eigene Konzentrationsunfähigkeit weiter erschwert werden. Für die Feinabstimmung Ihrer Arbeitsgewohnheiten und die Vorbereitung auf eine erfolgreiche Abwehr von Rückschlägen ist es wichtig, ablenkende Gedanken zu verstehen und zu kontrollieren.

Ablenkende Gedanken können kreativ und nützlich sein, sie können aus unterdrückten Gefühlen entstehen, sie können aber auch einfach beliebig sein. Ihr Geist verarbeitet ständig Daten und Gefühle zu Ihrem Schutz und für Ihr Wachstum und Ihre Erleuchtung. Aber es gibt Zeitspannen, wo die Gedanken und Bilder, die Ihnen durch den Kopf gehen, eher störend als nützlich sind. Wenn Sie sie vorhersehen und ein System entwickeln können, um sie abzuwehren, können Sie Ablenkungen besser für sich nutzen.

,,Ich kann mich einfach nicht konzentrieren, das ist mein Problem, wenn ich auch nur versuche, zu arbeiten, schweifen meine Gedanken schon ab'', sagen mir oft meine Klienten. Ich antworte oft mit einer Gegenfrage: ,,Wenn *Sie* sich nicht konzentrieren können, worauf konzentrieren sich dann Ihre abschweifenden Gedanken?" Es ist hier wichtig, daß man sich nicht konzentrieren kann. Deshalb ist das Problem nicht, daß Sie sich nicht konzentrieren können, sondern daß Ihre Aufmerksamkeit von etwas angezogen wird, auf das Sie sich lieber nicht konzentrieren würden, wie zum Beispiel die mögliche Kritik von Vorgesetzten oder den Wunsch, schon fertig zu sein.

Bestimmte Arten der Ablenkung, wie zum Beispiel heftige Gefühle, verlangen sofortige Aufmerksamkeit, aber um die größere Zahl der Ablenkungen können Sie sich kümmern, wenn Sie ein gewisses Maß an hochwertiger Arbeit geleistet haben. Wenn Sie extreme Schwierigkeiten mit der Konzentration haben, dann schreiben Sie schnell jede Ablenkung auf einen Notizzettel auf. Wenn Sie erst einmal ein bestimmtes Maß an Arbeit geleistet haben, wird diese Ablenkung schon schwächer sein, wie stark sie vor einer halben Stunde auch gewesen sein mag. Wenn Sie noch einmal Ihre Liste von ablenkenden Gedanken und Sehnsüchten durchlesen, werden Sie feststellen, daß die Sehnsucht nach einer Tüte Kartoffelchips oder das Verlangen nach einem Gespräch mit einem Freund verschwunden waren, sobald Sie einmal mit der Arbeit angefangen hatten. Mit dem befriedigenden Gefühl, angefangen zu haben, können Sie — ohne jedes Schuldgefühl und unter Ihrer eigenen Kontrolle — sich selbst belohnen, indem Sie nun den Wünschen nachgehen, die Sie auf Ihrer Liste aufgezeichnet hatten.

Wenn Sie Ablenkungen aufschreiben, wird Ihnen das nicht nur helfen, ihre Konzentration schnell wieder auf die Aufgabe zu lenken, sondern auch um Ablenkungen auszusortieren, die einfach vernachlässigt werden können, weil sie dazu dienen, einer Aufgabe zu entkommen, die Sie sowieso nur halbherzig angehen. Ernsthaftere Ablenkungen verlangen dagegen Zeit, in der ihnen nachgegangen wird. In dieser vorgeplanten Zeit können Sie diesen Fragen die angemessene Aufmerksamkeit widmen. Wenn Sie anfangen, Ihren festen Beschluß, solche Themen zu festgelegten Zeiten zu behandeln, auch einzuhalten, werden die ablenkenden Gedanken seltener werden.

Dr. Martha Maxwell unterscheidet fünf verschiedene Arten der Ablenkung:

1. *Heftige Gefühle*
Das ist die Art der Ablenkung, die nach sofortiger Aufmerksamkeit verlangt. Vielleicht benutzen Sie gerade die Arbeit, um sich vor der Auseinandersetzung mit starken Gefühlen abzulenken, die einen geliebten Menschen, Auseinandersetzungen mit schwierigen Zeitgenossen oder gesundheitliche und finanzielle Probleme betreffen. Anstatt weiter um die Konzentration für die Arbeit zu kämpfen und die Auseinandersetzung mit diesen Gefühlen aufzuschieben, sollten Sie sich die Zeit nehmen (manchmal reichen schon zehn Minuten aus), um zu überdenken, wie Sie sich an die Situation anpassen oder sie verändern können. Denken Sie auch darüber nach, woher Sie Hilfe bekommen und wann Sie Freunde konsultieren können. Wenn Sie Ihre Gefühle erst einmal anerkannt und einen Plan entwickelt haben, um mit ihnen umzugehen, werden Sie sich besser auf die Arbeit konzentrieren können.

2. *Gefahrensignale*
Reale oder eingebildete Bedrohungen stören Ihre Konzentrationsfähigkeit, indem sie die Adrenalinausschüttung steigern. Um die Aufregung zu vermeiden, die mit dieser Form der Ablenkung einhergeht, kämpfen Sie gegen jeden Druck an, den Sie auf sich selbst ausüben („Wenn ich bis Mittwoch nicht fertig bin, dann...). Denken Sie daran, daß Sie Alternativen besitzen, um selbst das Schlimmste zu überleben. Sie verringern die Streßreaktion und die ablenkenden Warnsignale, wenn Sie Bedrohungen beseitigen und die Sorgenarbeit in bezug auf alle imaginären Katastrophen leisten.

3. *Erinnerungen an kleine Pflichten*
Während Sie sich in ein schwieriges Projekt versenkt haben, taucht plötzlich der Liter Milch, den Sie noch kaufen wollten, oder eine andere Pflicht auf und belästigt Sie ohne je-

den erkennbaren Grund. Bei dieser Form von Ablenkung ist das Aufschieben völlig legitim. Sie können die Ablenkung auf ein Blatt schreiben, sich so von der Last befreien, daran zu denken, und sich später damit beschäftigen – nach mindestens einer halben Stunde hochwertiger Arbeit. So können Sie außerordentlich effizient werden. Sie benutzen Ihre kleinen Pflichten als Belohnung für vollendete Arbeit und nicht mehr als Grund für das Aufschieben.

4. *Fluchtphantasien*
Wenn Sie eine lange, entsagungsreiche Arbeitsphase erwarten, können Sie mit vielen Phantasien über Essen, Sex oder Urlaub rechnen. Notieren Sie Ihre Fluchtphantasien, um die zukünftige Freizeit ohne Schuldgefühle zu planen. Wenn Sie in Ihrem besseren Zeitplan kurze, erträgliche Arbeitsphasen festlegen und sicherstellen, daß es dafür Belohnungen und soziale Ereignisse gibt, auf die Sie sich freuen können, werden Sie diese Ablenkungen auf ein Minimum reduzieren.

5. *UFOs – Unidentifizierte Fälle von Originalität*
Kreative und oft verführerische Gedanken können Ihnen durch den Kopf gehen, die gerade jetzt, wo Sie an Ihrem Projekt arbeiten, nicht verfolgt werden können. Das sind oft sehr kreative Assoziationen, aber im Augenblick nützen sie Ihnen bestimmt nichts. Lassen Sie diese UFOs getrost vorbeifliegen oder schreiben Sie sie schnell auf, so daß Sie später noch einmal darüber nachdenken können.

Indem Sie Ablenkungen identifizieren und aufzeichnen, beschränken Sie Störungen auf ein Minimum. Und weil Sie wissen, daß Sie sich um die Ablenkung kümmern werden, wenn sie einigermaßen wichtig ist, sind Sie fähig, so entspannt zu bleiben, daß Sie sich auf hochwertige Arbeit an Ihrem jeweiligen Projekt konzentrieren können.

Geistige Übungen und Vorprogrammierung

Innere Vorstellungen sind ein wirksames Instrument, um Sie vor möglichen Gefahren zu schützen. Als Sie die Sorgenarbeit erlernten, benutzten Sie sie, um Unruhe zu überwinden, indem Sie einen Sicherheits- und Überlebensplan entwarfen. Das ist auch sehr nützlich als Methode, optimale Leistung an alltäglichen Aufgaben zu wiederholen. Geistige Proben und Vorprogrammierungen sind Formen der inneren Vorstellungskraft, die darauf vorbereiten können, Ablenkungen und Aufschubsfallen beiseite zu räumen, während die Aufmerksamkeit auf das Ziel gerichtet ist.

Eine sehr erfolgreiche Geschäftsfrau konsultierte mich wegen einer Blockade, die sie bei einem fehlgeschlagenen Projekt erlebte, das zwei bis vier Wochen zusätzlicher Nacharbeit erfordern würde. Es war eine wahre Freude, mit Martha zusammenzuarbeiten. Sie hatte schnell die Konzepte des besseren Zeitplans und der Freizeit ohne Schuldgefühle verstanden und wandte sie in ihrer Firma auf ihre eigene, unnachahmliche Art an. Aber sie mühte sich mit einem Projekt ab, gegen das sie sich auflehnte und vor dem sie Angst empfand.

Als Martha mir das Projekt mit allen seinen Verwicklungen und Möglichkeiten, die Kritik des Vorgesetzten auszulösen, schilderte, verstand ich ihre Schwierigkeiten, dieses verknotete Garnknäuel aufzuwickeln. Sie hatte meine Konzepte und Techniken sehr erfolgreich angewandt, deshalb war ich für sie sehr glaubwürdig. In diesem Wissen sagte ich: „Auf die Gefahr hin, zu sehr nach ‚New Age' und pseudopsychologischem Geschwätz zu klingen, ich möchte, daß Sie die Augen schließen, drei langsame Atemzüge machen und den Versuch loslassen, dieses Dilemma mit dem Bewußtsein zu lösen. Lassen Sie Ihr Unterbewußtsein ein Bild und ein Gefühl für diese Blockade entwickeln. Beachten Sie, wie groß sie ist, achten Sie auf ihre Form, ihr Ausmaß und ihre Farbe."

Sowohl Martha als auch Ihr Unterbewußtsein waren sehr kooperativ. Ihre Vorstellungskraft zeigte ihr eine Ziegelmauer, zehn

Meter hoch und eineinhalb Meter dick. Es gab keinen Durchgang. Ich bat Martha, sich der Blockade langsam zu nähern. (So macht man das mit Blockaden, Gespenstern und Monstern — man geht langsam auf sie zu.)

Als sie an der Mauer ankam und die massiven Steine abtastete, bat ich Martha, mit einer kreativen Lösung aus ihrem Unterbewußtsein zu rechnen. Es dauerte nicht lange, und sie sah ein Licht an einer Seite der Mauer durchschimmern, und dort fand sie eine kleine Tür, die zu ihrem Projekt führte. Die Mauer war wirklich unüberwindlich, aber sie wußte jetzt, daß sie ihr Projekt beginnen konnte, ohne vorher die Mauer abreißen zu müssen. Martha konnte die Mauer stehenlassen und einfach durch die kleine Tür gehen, wenn sie wollte.

Was für eine kreative Lösung ihr Geist ausgearbeitet hatte! Martha war von sich ganz begeistert und verstand nun besser, warum sie sowohl die schützende Mauer als auch ein gewisses Maß an Flexibilität brauchte. Vorher hatte sie nur zwei Alternativen gesehen: eine starke Verteidigung durch eine Blockade oder sklavische Hingabe an die Anforderungen ihres Projekts. Jetzt hatte sie den Mittelweg gefunden.

Die Freude über ihre Befreiung von Angst und Groll machte Martha ganz erpicht darauf, am nächsten Morgen früh anzufangen. Als sie beschloß, um 8 Uhr anzufangen, fragte ich sie, wie realistisch das sei. Sie dachte noch einmal nach und verpflichtete sich, um 9 Uhr an ihrem Schreibtisch zu sitzen. Wir führten dann noch einige geistige Proben durch, um sicherzugehen, daß wir alle potentiellen Hindernisse für einen erfolgreichen Start beseitigt hatten. Mit geschlossen Augen programmierte Martha im Geiste, wie sie die Arbeit organisieren wollte: Sie stellte sich bildlich vor, wo sie verschiedene Aktenordner und Notizen finden würde, sie benutzte das Gefühl, auf ihrem Stuhl zu sitzen, um sich an die Sammlungsübung zu erinnern, die über die ersten Frustrationen des Starts hinweghilft, sie verpflichtete sich ganz fest zu ihren Pausen, einem guten Mittagessen und einem angenehmen Abend, und sie benutzte den ganzen Tag hindurch ihren Atem, um ihre Energie und Hingabe wieder zu bündeln.

Als ich Martha eine Woche später wiedersah, war sie überrascht, wie gut die geistige Probe, die Sammlungsübung und das Vorprogrammieren funktioniert hatte. Sie hatte schon um 8.45 Uhr angefangen und die Ordner genau da gefunden, wo sie in ihrer Vorstellung gestanden hatten. Sie hatte einen guten Start und leistete hochwertige Arbeit an einer komplizierten Aufgabe, indem sie ihre Blockade und die Neigung zum Aufschieben umging.

Durch geistige Proben können Sie sich dazu bringen, zur vorprogrammierten Zeit auch wirklich an den Beginn der Arbeit zu denken. Sie haben Ihrem Geist ein Bild übermittelt, das er wirklich verstehen kann, und eine Botschaft, für die er arbeiten kann. Er wird Sie zu dem Platz ziehen, den Sie sich für Ihre bestimmte Arbeit vorgestellt haben. Wenn Sie dann auf Ihrem Stuhl sitzen und sehen, wie die Uhr die Zeit anzeigt, die Sie sich in Ihrer Probe vorgestellt hatten, fangen Sie automatisch an, sich an die angenehmen Gefühle aus Ihrer Sammlungsübung zu erinnern. Innerhalb von zwei Minuten sind Sie dann entspannt und gesammelt, fähig, den Lösungen zu folgen, die Sie und Ihre kreative Kraft „gesät" haben, während Sie spielten und träumten — Sie benutzen jetzt einen größeren Teil Ihres Gehirns und können so leichter und schneller arbeiten. Ihre geistige Probe hat die Nervenbahnen Ihres Gehirns darauf vorbereitet, eine optimale Leistung zu ermöglichen.

Effektive Zielsetzung

> Nichts ist so ermüdend
> wie die ewige Beschäftigung
> mit einer unerledigten Aufgabe.
>
> *William James*

Je mehr Sie Ihre alte Neigung zu Verzögerungstaktiken überwinden, desto leichter können Sie Ihre Aufmerksamkeit auf das Erreichen Ihrer Ziele richten. Mit der Hilfe Ihrer neuen Instrumente sind Sie in der Lage, größere Ziele mit größerem Selbstvertrauen anzustreben und haben eine bessere Chance, sie auch zu erreichen. Anstatt mit der Neigung zum Aufschieben zu kämpfen, sind Sie nunmehr auf Ergebnisse ausgerichtet und wollen nun Ziele aussuchen und festlegen, die Ihre Erfolgschancen optimieren.

Wie Sie sich Ziele setzen, hat einen starken Einfluß auf Ihre Fähigkeit, sich ihnen neu zu verpflichten und nach einem Rückschlag neu zu beginnen. Einige abschließende Schritte sind deshalb angemessen, um effektive Zielsetzungen zu erreichen, die Probleme mit dem Aufschieben zu verringern und die Leichtigkeit zu steigern, mit der Sie arbeiten und auf dem Weg zum Erfolg durchhalten.

Wir alle haben eine Reihe von Dingen, die wir gerne erreichen würden, Dinge, von denen wir uns sagen, wir *sollten* damit fertig werden – den Nettogewinn steigern, Klavierspielen lernen, eine Million verdienen, in Urlaub fahren, ein Buch schreiben, einen akademischen Titel erwerben, das Haus renovieren, zehn Pfund abnehmen, mehr Zeit für unsere Freunde haben, früher aufstehen. Mit unseren begrenzten Kräften und unserer knappen Zeit müssen wir Entscheidungen treffen und Prioritäten setzen, um auf *ein* Ziel hin Fortschritte zu machen und die Enttäuschung und das Gefühl des Versagens bei den anderen zu vermeiden.

Um sicherzustellen, daß Ihre Art, Ziele zu setzen, Ihnen hilft, die eigenen Verzögerungstaktiken zu überwinden, gehen Sie nur Verpflichtungen an solche Ziele ein, die Sie von *ganzem Herzen* anstreben. Um die Frustrationen des Aufschubs-Kreislaufs zu vermeiden, müssen Sie unerreichbare Ziele und halbherzige Wünsche aufgeben.

Wenn Sie eine Reihe von Zielen haben, die Sie noch nicht erreicht haben und die Sie fortgesetzt mit schuldbewußtem ,,ich sollte'' plagen (,,Ich sollte in Form kommen.'' – ,,Ich muß endlich einmal Ordnung schaffen.'' – ,,Ich sollte die Hintertür reparieren.'' – ,,Ich muß endlich die Kurve kriegen und mich mit den Beschwerden der Kunden beschäftigen.''), besteht die Wahrscheinlichkeit, daß Sie zwar das Ziel erreichen, aber sich nicht zu der Arbeit verpflichten wollen, die damit verbunden ist. Oder aber Sie finden, obwohl Sie es wirklich tun wollen, einfach keinen freien Fleck in Ihrem angespannten Zeitplan.

Eines der bestgehüteten Geheimnisse erfolgreicher produktiver Menschen ist die Fähigkeit, ein Ziel fallenzulassen, das unerreichbar ist oder nicht in nächster Zukunft angestrebt werden kann. Um realistische Ziele festzulegen, müssen Sie bereit sein, sich uneingeschränkt für die Arbeit auf dem *Weg* zu diesem Ziel zu verpflichten, und in der Lage sein, die Zeit und Kraft zu investieren, die es kostet, jetzt anzufangen. Wenn Sie keine Zeit haben oder nicht motiviert sind, mit der Arbeit für dieses Ziel anzufangen, dann lassen Sie es fallen, oder es wird Sie ständig verfolgen und das Gefühl hervorrufen, Sie würden etwas aufschieben.

Falls Sie feststellen, daß Sie weiter an diesem Ziel interessiert sind, aber jetzt noch nicht anfangen können, dann ändern Sie Ihre Erwartungen, wann und wie Sie das Ziel erreichen werden. Erwägen Sie, es auf die Wunschliste für die Zeit nach der Pensionierung aufzunehmen oder es als etwas zu behandeln, das Sie getrost aufschieben und wovon Sie kreativ träumen können. Sie können es auch als *Wunsch* und nicht mehr als Ziel behandeln — etwas, das ganz anders eintreten kann, als Sie es ursprünglich erwartet hatten. Legen Sie einen Zeitpunkt fest, der noch Wochen oder Monate entfernt ist, um noch einmal über die Priorität dieses Ziels und Ihre Bereitschaft nachzudenken, sich zu diesem Zeitpunkt für die Arbeit auf dieses Ziel hin zu verpflichten, aber *lassen Sie es im Augenblick fallen*, damit Sie sich auf ein gegenwärtiges Ziel konzentrieren können, das erreichbar und erfolgversprechend ist.

Denken Sie daran, *Sie allein sind der Herr Ihrer Ziele*, lassen Sie es nicht zu, daß unrealistische Ziele zur Gelegenheit für Selbstkritik und das falsche Selbstbild werden, das Sie als Menschen mit der Neigung zum Aufschieben zeigt. Als produktiver Mensch wissen Sie, welche Ziele Sie von ganzem Herzen verfolgen und welche Sie besser aufgeben sollten.

Rückschläge vermeiden

Unser Zögern, Ziele festzulegen wird teilweise dadurch verursacht, daß wir jedesmal, wenn wir eine solche Verpflichtung eingehen, Rückschläge und Anforderungen, die über die Grenze unseres Wohlbehagens hinausgehen, riskieren. Ein festes Ziel zwingt Sie dazu, Ihre Aktivitäten für eine festgelegte Zeitspanne auf einen Weg von Herausforderungen, die Sie an Ihre menschlichen Grenzen und Schwächen erinnern werden, in eine bestimmte Richtung zu lenken.

Die folgenden Schritte werden Ihnen helfen, die notwendige Motivation aufrechtzuerhalten, um Ihr Ziel zu erreichen und die Robustheit zu erwerben, mit Rückschlägen fertigzuwerden, die auf jeder Reise zu einem Ziel auftauchen. Diese Schritte wenden Techniken des Hier-und-Jetzt-Systems auf die Aufgabe der effektiven Zielfestlegung an.

1. *Erkennen Sie, daß Aufschieben mit Arbeit verbunden ist.* Lassen Sie die Phantasie fallen, daß Sie durch Aufschieben der Arbeit entgehen können. Es gibt nichts im Leben, das nicht eine gewisse Mühe kostet. Bereiten Sie sich darauf vor, sich fest Ihrem Ziel zu verpflichten, indem Sie anerkennen, daß sowohl arbeiten als auch nicht arbeiten mit Kosten verbunden sind. Sie haben nicht die Wahl zwischen Arbeit und keiner Arbeit, Sie können sich nur für die *Art* der Arbeit entscheiden. Selbst wenn Sie sich nur wegen Ihrer Verzögerungstaktiken schuldig fühlen, kostet das Mühe. Wenn Sie sich für ein Ziel entscheiden, verpflichten Sie sich zu einer lohnenden Arbeit. Wenn Sie sich dagegen für das Aufschieben entscheiden, wählen Sie eine selbstbestrafende Form der Arbeit. Natürlich erfordert es Arbeit, wenn Sie sich für ein Ziel entscheiden, sich für den Weg verpflichten und sich beständig über Ihre jetzigen Fähigkeiten in Richtung auf das Ziel hinausstrecken. Aber es kostet auch Arbeit, sich unerfüllt zu fühlen und eine Liste von unerreichten Vorsätzen mitzuschleppen.

2. *Wählen Sie aus freiem Willen das gesamte Ziel.*
Legen Sie Ihr Ziel in Form einer Wahl oder einer Entscheidung fest: ,,Ich entscheide mich aus freiem Willen, für ... zu arbeiten'' oder: ,,Ich werde an ... arbeiten.'' Wenn Ihnen ein Ziel wichtig ist und Sie wissen, daß Sie es so oder so erreichen werden, ist es sinnvoll, sich aus freien Stücken für die ganze Arbeit zu entscheiden, die das Erreichen des Ziels verlangt — sowohl für die mühsame als auch für die angenehme Seite.

Tatsächlich ziehen Sie es vielleicht sogar vor, die langweiligen oder unangenehmen Teile der Arbeit (Rechnungen für die Einkommenssteuererklärung addieren, der erste Kilometer Ihres Lauftrainings, die Grundierung von Holzteilen) schneller durchzuführen, um das Gefühl zu bekommen, alles im Griff zu haben, die Unlust auf ein Minimum zu beschränken und möglichst bald beim angenehmen Teil der Arbeit anzukommen. M. Scott Peck berichtet von einer Finanzanalytikerin, die immer mit den angenehmeren Arbeitsabschnitten anfing, das ging soweit, daß sie von ihrem Kuchen zuerst den Zuckerguß aß. Er sagte ihr, daß sie, wenn sie versuchte, den unangenehmen Teil der Arbeit in der ersten Arbeitsstunde abzuschließen, dann die Freiheit hätte, den Rest des Arbeitstages zu genießen. Dr. Peck erklärt: ,,Es schien mir..., daß eine Stunde voller Unlust, die von sechs angenehmen Stunden gefolgt wird, einer angenehmen Stunde mit sechs darauffolgenden Stunden voller Unlust bei weitem vorzuziehen war... Die Belohnung zu verzögern ist ein Weg, Schmerzen und Vergnügen im Leben so einzuplanen, daß das Vergnügen gesteigert wird, indem zuerst der Schmerz angegangen, erlebt und erledigt wird.''

Die Entscheidung, der Unlust ins Gesicht zu blicken — denn wenn sie einmal aus dem Weg geräumt ist, kann man sich den angenehmeren Dingen zuwenden —, verändert die Art, wie man eine Aufgabe erlebt, völlig und entscheidet, wie weit man die Neigung zum Aufschieben in den Griff bekommt. Eine freie Wahl und die feste Entscheidung, die Aufgabe bis zum Ende durchzuführen, verleihen Kraft und richten den Blick in eine bestimmte Richtung, weil nun die Arbeit anders empfunden wird. Ein Fußballspieler sagte über die tägliche Trainingsroutine: ,,Ich hasse Liegestütze. Wenn ich sie bis zum Schluß aufspare, habe ich Angst vor dem ganzen Training. Das ruiniert meine gesamte Einstellung zum Training. Aber wenn ich mit ihnen anfange, dauern sie nicht so lange, und ich genieße sogar den Rest des Trainings. Diese kleine Umstellung hat eine große Veränderung in meinen Gefühlen verursacht.''

3. *Setzen Sie sich funktionelle, faßbare Ziele.*
Unklare Ziele müssen in etwas Greifbares übersetzt werden, das man auch tun kann. Ein realistisches Ziel besteht aus einer Handlung, einem Termin und einer Kostenabschätzung, sei es nun in Zeit oder Geld. Einige Beispiele ,,Ich werde mit dem Neuanstrich des Hauses bis zum 1. Juni fertig sein und mindestens 15 Stunden in der Woche dafür investieren.'' – ,,Ich werde bis zum 31. Dezember zehn Pfund abgenommen haben, indem ich mindestens eine halbe Stunde am Tag trainiere und im Durchschnitt 300 Kalorien am Tag einspare.'' Unterteilen Sie Ihre Ziele in handlungsorientierte, klar faßbare Unterziele. Der Satz ,,Ich werde bis Mittwoch Mittag 15 Telefongespräche führen'', ist bei weitem der Aussage vorzuziehen ,,Ich werde irgendwann nächste Woche fertig werden.''

Um beim Zielesetzen wirklich effektiv zu werden, brauchen Sie funktionelle Unterziele, die Ihnen sagen, was Sie *heute* tun können, um dem Endziel näher zu kommen. Handlungsorientierte Unterziele helfen Ihnen, sich bildlich vorzustellen, wann, wo und womit Sie an jedem Tag anfangen müssen, um Ihr Ziel bis zu einem bestimmten Termin erreicht zu haben.

Wenn man es einfach bei seinem Endziel beläßt, wie es für ineffektives Zielesetzen üblich ist, hat man nur eine unklare Vorstellung davon, was man tun muß, und es besteht die große

Gefahr, daß man von der notwendigen Arbeit einfach überrumpelt wird.

Ein letztes Wort

Experimentieren Sie mit den Techniken, die Sie in diesem Buch
kennengelernt haben. Stimmen Sie sie genau auf Ihren persönlichen Stil und Ihre Situation ab. Bleiben Sie offen für Veränderungen, in der Gewißheit, daß Sie die Instrumente des Hier-
und-Jetzt-Systems besitzen, um alte Gewohnheiten wie das Aufschieben und Leistungen, die nicht Ihren Fähigkeiten entsprechen, zu ersetzen. Vermeiden Sie Aussagen wie ,,Ich werde es
versuchen'' oder ,,Es klappt nicht'', die eher ein vorsichtiges
Probieren als eine feste Verpflichtung andeuten. Hinter ,,Ich
werde es versuchen'' verbirgt sich das Gefühl, daß nach einem
halbherzigen Versuch der Fehlschlag folgen wird. Resignierte
Aussagen wie ,,Es klappt nicht'' bedeuten, daß Sie kein Mittel
finden konnten, daß Ihnen *alle* Ängste nimmt, daß wieder einmal Ihre Probleme ungelöst bleiben und daß Sie sich wahrscheinlich wieder auf Ihren alten Lösungsversuch verlassen werden —
die Flucht in die Untätigkeit, um Angst und Unbehagen zu entkommen. ,,Wie kann ich das alles bei mir anwenden?'' ist eine
Frage, die eine festere Verpflichtung und einen größeren Drang
zum Erfolg widerspiegelt.

Ich hoffe, Sie werden das Hier-und-Jetzt-System anwenden,
um Ihre Fähigkeiten, Ihre Motivation und Ihr inneres Genie ken-
nenzulernen. Wenn Sie das Hier-und-Jetzt-System als Verbün-
deten einsetzen, können Sie sich auf eine positive Einstellung
zur Arbeit, die volle Kontrolle über die Neigung zum Aufschieben, Widerstandskraft gegen Rückschläge und die neue Persönlichkeit eines produktiven Menschen freuen.

9. Kapitel

Auch andere Menschen neigen zum Aufschieben

Wir alle müssen mit Menschen, deren Probleme mit dem Aufschieben uns negativ beeinflussen, zusammenarbeiten, zusammenleben und Beziehungen herstellen: der Freund, der ständig zu spät zum Essen kommt; der Mitarbeiter, den wir mehrmals daran erinnern müssen, daß der Bericht fällig ist; der Freund, der nie unsere Briefe beantwortet. Solange wir die grundlegenden Ursachen und Muster des Aufschiebens nicht genau verstanden haben, werden wir normalerweise unwissentlich den Hang zum Aufschieben bei den Menschen noch verstärken, die wir führen, beraten oder lieben.

Wir versuchen unseren Ehegatten, Freunden und Mitarbeitern klarzumachen, wie wichtig Pünktlichkeit und Termine sind, aber ohne jeden Erfolg. Irgendwie kommt unsere Botschaft nicht bei ihnen an, und als ob sie uns ärgern wollten, wird alles noch schlimmer. ,,Wann wirst Du endlich Disziplin lernen?'' schreien wir voller Verzweiflung diejenigen an, die weder unseren weisen Rat noch unsere Drohungen beachten. Die Psychologen Jane Burka und Leonora Yuen stellten fest: ,,Versuchen Sie in allen Beziehungen zu Menschen, die zum Aufschieben neigen, als *Berater*, nicht als Befehlshaber zu handeln. Mit anderen Worten, bieten Sie Ihre Hilfe an, seien Sie ein Verstärker für eigene Ideen und helfen Sie ihnen, realistisch zu sein, aber versuchen Sie nicht, ihnen Entscheidungen abzunehmen oder ihren Charakter zu beurteilen.''

Der Umgang mit Menschen, die zum Aufschieben neigen

Nichtstun kostet unsere Wirtschaft Millionen verlorener Arbeitsstunden und zwingt zur Entlassung von Tausenden, möglicherweise wertvollen Arbeitskräften. Die Effizienz und Qualität unserer täglichen Produktion leidet unter dieser Gewohnheit und unter den unzulänglichen Versuchen, damit umzugehen. Um Menschen vom Aufschieben abzuhalten, müssen Sie deren Aufmerksamkeit auf die freie Wahl, Sicherheit und Anerkennung für das, was sie tun können, lenken und diejenigen kritischen Bemerkungen unterlassen, die ihnen nur allzu bekannt sind. Der kritische innere Dialog, der in der Kindheit erlernt wird, kann sich bis ins Erwachsenenalter hineinziehen.

Vergessen Sie nicht, daß das schwache Selbstwertgefühl eines Menschen, der zum Aufschieben neigt, und ineffektive Versuche, ihn zu motivieren, zusammen einen inneren Dialog ergeben: ,,Ich *muß* etwas *Wichtiges zu Ende führen* und dabei *perfekte Arbeit* leisten, während ich lange Zeit die *Isolation* von den Menschen und Dingen, die ich liebe, ertragen *muß.*'' So werden Menschen, die zum Aufschieben neigen, sich selbst gegenüber diktatorischer als ein Außenstehender es je sein könnte. Der ergebnisorientierte Manager vermeidet deshalb besser Botschaften wie: ,,Sie müssen diese wichtige Aufgabe zu Ende führen, und machen Sie lieber keinen Fehler'', die nur den selbstauferlegten Druck, die Selbstkritik und Drohungen und damit auch die Blockaden vergrößern würden.

Besonders Arbeitgeber und Manager können die Neigung zum Aufschieben besser in den Griff bekommen, indem sie bewußt auf die kontraproduktiven inneren Selbstgespräche achten (siehe Kapitel 3), damit sie der unproduktiven Blickrichtung ihrer Mitarbeiter mit Worten begegnen können, die die verfügbaren Energien auf das Ergebnis richten.

Die Fähigkeit, sich in einer Sprache, mit Bildern und Gefühlen auszudrücken, die Verständnis, Inspiration und ein Bewußtsein für die Richtung wecken, ist das Kennzeichen effektiver Führung. Der effektive Manager oder Trainer kann sich in die verschiedenen Lernstile und Gefühlslagen seiner Schützlinge einfühlen.

Erfolgreiche Trainer zum Beispiel beachten die verschiedenen Lernstile ihrer Spieler. Der Football-Trainer John Madden sagt, daß man einigen Spieler einfach sagen kann, was sie zu tun haben. Sie wissen dann sofort Bescheid, was zu tun ist. Andere müssen zunächst Zeichnungen und Diagramme einzelner Spielzüge sehen, bevor sie sich ein eigenes geistiges Bild davon machen können, was zu tun ist, noch andere dagegen verstehen den Spielzug erst, wenn sie ihn tatsächlich ausprobieren, so daß sie ihn *fühlen, sehen* und *hören* können. Das gleiche gilt für Ausbilder in der Armee und firmeninterne Schulungsprogramme. Die effektiven Trainer verstehen die Motivationen, Ängste und Lösungsversuche ihrer ,,Schüler". Sie stellen sicher, daß ihre Botschaften diese Bedürfnisse und Ängste ansprechen und verringern die Abhängigkeit der Mitarbeiter von kontraproduktiven Lösungen wie dem Aufschieben.

Um effektiv mit Menschen, die zum Aufschieben neigen (und das sind sehr viele), zusammenzuarbeiten, dürfen Manager nicht vergessen, daß die meisten Probleme mit dem Aufschieben drei Hauptursachen haben: das Gefühl, ein Opfer zu sein; das Gefühl der Überforderung und die Angst vor dem Versagen. Erfolgreiche Führungskräfte sprechen diese Problemzonen in Worten an, die eher eine freiwillige Verpflichtung als eine Unterwerfung hervorrufen, indem sie den Blick auf zu bewältigende Aufgaben, nicht etwa auf übermäßige Forderungen richten und indem sie Schritte in die richtige Richtung loben, anstatt nur Fehler zu kritisieren. Ihr Führungsstil macht das Ziel anziehend, konzentriert sich auf den Beginn jedes Einzelschrittes und sorgt für angemessene Sicherheit und Belohnungen.

Freiwillige Verpflichtung oder Unterwerfung

Eine freiwillige Verpflichtung an eine Aufgabe entzündet viel mehr Kreativität und Motivation als eine Unterwerfung. Die Führung durch Unterwerfung erlegt dem Manager eine schwere Bürde auf, seine Autorität und Macht im erforderlichen Maß aufrecht zu erhalten, damit die Mitarbeiter sich bedingungslos Befehlen fügen. Douglas McGregor stellte fest, daß ein autoritärer Führungsstil, obwohl er bis zu einem gewissen Grad funktioniert, bei den Mitarbeitern unbeabsichtigt negative Nebenwirkungen auslöst. Darunter fallen die Auflehnung gegen und die Nichtbefolgung von Regeln, Apathie, die Notwendigkeit von strikterer Überwachung und höhere Verwaltungskosten.

Forderungen nach Unterwerfung:

- ,,Wenn ich Sie wäre, würde ich lieber heute nachmittag fertig sein.''

- ,,Haben wir uns verstanden, Sie erscheinen hier pünktlich.''

- ,,Sie sollten es besser genau so machen, wie ich es Ihnen erklärt habe.''

- ,,Ich bin hier der Chef, also tun Sie, was ich gesagt habe.''

Die Betonung des ,,Müssens'' und ,,Sollens'' enthält eine Drohung durch eine äußere Autorität, die ein Opfer zu Handlungen gegen seinen eigenen Willen zwingt. Diese Forderungen führen zum Gefühl der Machtlosigkeit, zu Gleichgültigkeit, Groll und Auflehnung, die häufig im Aufschieben ihren Ausdruck finden. Die Verzögerung kann beträchtlich vermindert werden, wenn Mitarbeiter außer dem Nichtstun noch andere, legitime Wege kennen, ihrer Macht und Kontrolle über die Arbeit Ausdruck zu verleihen.

Wenn Mitarbeiter an Entscheidungen über ihre Arbeit beteiligt werden und selbst bestimmen können, wie sie Anordnungen ausführen, schafft das ein Gefühl der Verpflichtung. Das stärkt die persönliche Verantwortung jedes einzelnen für die Qualität seiner Arbeit mehr als eine Haltung, die nur Gehorsam und Unterwerfung fordert.

Wenn Mitarbeiter mehr als Opfer sind, die sich passiv Forderungen und Drohungen fügen, können sie die Auflehnung gegen die Autorität ablegen und ihre Motivation und Kreativität der Arbeit widmen, statt sie für die Vermeidung von Strafen einzusetzen.

Einladungen zur freiwilligen Selbstverpflichtung:

– ,,Wie weit können Sie bis heute mittag mit dem Vorentwurf kommen?''

– ,,Ich habe Ihnen eine verantwortliche Stellung gegeben und vertraue darauf, daß Sie um neun Uhr hier sind.''

– ,,Wir müssen uns aufeinander verlassen können, deshalb bin ich darauf angewiesen, daß Sie die Richtlinien genau befolgen. Sagen Sie mir, wenn Probleme auftreten.''

– ,,Ich bin für diese Abteilung verantwortlich, aber ich kann nicht alles sehen, deshalb brauche ich Ihre Hilfe und Information, wenn ich etwas vergesse.''

Als Manager bestimmen Sie den Abschlußtermin und die Qualität der Arbeit, aber Sie können nicht alles selbst machen. Um wirklich effektiv und effizient zu sein, müssen Sie Aufgaben an vertrauenswürdige Mitarbeiter delegieren. Um die Ergebnisse auch wirklich dann zu bekommen, wenn Sie sie brauchen, müssen Sie Ihren Mitarbeitern bewußt machen, daß sie die Verantwortung *und das Recht* haben, sich selbst einzubringen, mit voller Hingabe an die Aufgabe.

Konzentration auf den Start oder das Ziel

Das gewaltige Ausmaß der Arbeit, die getan werden muß, bis eine wichtige oder große Aufgabe zum entfernten Ziel gelangt ist, ruft bei Menschen, die zum Aufschieben neigen, Nervosität hervor, weil sie entweder alles auf einmal tun wollen oder sogar noch vor dem Beginn der Arbeit resignieren. Bei einigen Menschen ist die Tendenz, nervös zu werden oder sich überfordert zu fühlen, so stark, daß jede Aufgabe, die mehr als eine Woche erfordert, vom Vorgesetzten verlangt, daß er die Arbeit sorgfältig strukturiert und in bewältigbare Abschnitte unterteilt, mit denen sofort begonnen werden kann, und daß er jede Äußerung vermeidet, die das Ziel übermäßig betont.

Betonung des Ziels:

— ,,Wann werden Sie mit dem Projekt fertig?"

— ,,Das müssen Sie bis Freitag schaffen."

— ,,Es gibt noch viel zu tun."

— ,,Vergessen Sie nicht, Sie haben nur zwei Monate Zeit."

Während diese Aussagen den Vorteil haben, direkt zu sein, zeigen sie einen Mangel an Verständnis für die Probleme, die zum Aufschieben führen, nämlich das Gefühl der Überforderung, das es unmöglich macht, mit der Arbeit zu beginnen, die Schwierigkeit, realistische Termine zu setzen, die Unfähigkeit zu beurteilen, ob die Arbeit den Ansprüchen genügt, und das mangelnde Wissen darum, wie man diejenigen Entscheidungen trifft, die zu einem pünktlichen Abschluß führen. Außerdem konzentriert sich der Mensch, der zum Aufschieben neigt, weiterhin auf das Ziel des Abschlusses, irgendwo in ferner Zukunft, ohne daß es einen festen Startzeitpunkt für ihn gibt. Mit solchen ungenauen Anweisungen könnten Sie den Perfektionisten in ein Projekt treiben, das viel umfangreicher und teurer ist, als es Ihre Anforderungen verlangen.

Effektive Führungskräfte wissen, wie wichtig es ist, ihren Mitarbeitern genau die spezifischen Schritte zu erklären, die am Anfang notwendig sind. Sie wissen auch, daß der Sieg über die Trägheit erst ein halber Sieg ist. Bei Mitarbeitern, die Probleme mit dem Anfangen haben, nehmen sich effektive Manager die Zeit, mögliche Gründe für Blockaden beiseite zu räumen — Zeitverschwendung beim Streben nach Perfektion, das Gefühl der Überforderung beim Versuch, die ganze Aufgabe auf einmal zu bewältigen, das Fehlen eines dreidimensionalen Zeitplans für die Teilziele und eines klaren Bewußtseins dafür, wann und wo man anfangen sollte. Mit einem dreidimensionalen Bild der Teilziele und Untertermine wissen sowohl Sie als auch Ihr Mitarbeiter, welche Arbeit wann zu tun ist.

Klarheit über den Ausgangspunkt:

- ,,Wann können Sie mit einem groben Vorentwurf anfangen?"

- ,,Ich brauche das bis zum nächsten Freitag. Machen Sie doch bis zu unserer Konferenz am Dienstag eine Skizze fertig, die wir dann gemeinsam durchgehen können."

- ,,Könnten Sie bitte bis drei Uhr einen ungefähren Ablaufplan der notwendigen Schritte für den Abschluß des Vorgangs Jones entwerfen? Dann können wir einen realistischen Zeitrahmen für den Abschluß festlegen."

- ,,Wenn wir im Fall Schmitt den Termin in zwei Monaten einhalten wollen, brauche ich bis Freitag zumindest eine Gliederung. Brauchen Sie jemanden, der Ihre anderen Verpflichtungen übernimmt, während Sie damit anfangen?"

Die Reaktionen auf diese Fragen werden Ihnen zeigen, ob Sie die Dringlichkeit des Projekts und das für eine erste Besprechung erforderliche Qualitätsniveau angemessen dargestellt haben. Diese Fragen richten die Aufmerksamkeit Ihres Mitarbeiters auf ein kleines Projekt, daß jetzt begonnen und in nächster Zukunft überprüft werden kann. Die Antworten auf Ihre Fragen werden Ihnen auch helfen, Ihre eigenen Prioritäten und Zeitlimits für das Projekt zu klären.

In den oben ausgeführten Beispielen konnte der Vorgesetzte die Neigung des Mitarbeiters umgehen, sich den Kopf über einen perfekten Entwurf zu zerbrechen. Er hat einen dreidimensionalen Weg vorgezeichnet – vom groben Vorentwurf zum Endergebnis –, um Gefühle der Überforderung zu vermeiden. So kann der Mitarbeiter an mehrere, aufeinanderfolgende Fortschrittsberichte denken, anstatt wie gelähmt auf das Endurteil beim Abschluß des Projekts zu starren. Jede Besprechung mit dem Vorgesetzten trägt dazu bei, die Verantwortung für dieses wichtige Projekt zu teilen, und bietet die Gelegenheit, weitere Ratschläge und Hinweise zu geben, auf die die aufeinanderfolgenden Schritte aufbauen.

Dr. Leonard R. Sayles, Professor für Management an der Columbia-University, sagt, daß „während die meisten Manager sich als Entscheidungsträger und Befehlshaber betrachten... dies ein unrealistisch passiver Blick auf das ist, was Manager wirklich tun müssen, denn es kann ernsthafte Schwierigkeiten geben, einem Untergebenen einen Befehl zu übermitteln. Wie sorgfältig sie auch formuliert sein mögen, viele wichtige Anweisungen verlangen komplexe Implementierungen... der Chef muß immer wieder etwas auslösen und *zuhören*. Obwohl die Anweisung eindeutig sein mag, erhält sie erst dann eine wirkliche Bedeutung, wenn der Vorgesetzte beobachtet, wie der Untergebene eine Folge von Entscheidungen oder Kompromissen eingeht ... und ihn beständig auf die Interpretation hinführt, die der Vorgesetzte im Sinn hatte, als er die Anordnung gab.“ Dr. Sayles vermutet außerdem, daß Fehlinterpretationen durch Untergebene oft mehr mit dem Versagen der Kommunikation mit dem Chef als mit mangelnder Motivation von seiten des Untergebenen zu tun haben.

Ergebnisse erzielen oder Kritik üben

Wenn Vorgesetzte Mitarbeiter bei vergeblichen Motivationsversuchen, oder um Ärger abzulassen, kritisieren oder mit der Entlassung bedrohen, errichten sie wahrscheinlich Produktivitätsblockaden und fördern Verzögerungstaktiken. Mitarbeiter, die sich ständig fragen müssen: ,,Wird meine Leistung diesmal ausreichen, oder werde ich wieder zur Schnecke gemacht? Werde ich gefeuert, wenn ich es nicht schaffe?'' können nicht ihre gesamten Fähigkeiten in die produktive Arbeit stecken, denn ihre Aufmerksamkeit ist in die berechtigten Sorgen um den Zorn des Vorgesetzten und die Aufrechterhaltung des Selbstrespekts geteilt. Die Ängste der Mitarbeiter vor der Beurteilung ihres Charakters, Wertes und ihrer Verdienste durch den Arbeitgeber muß auf ein Minimum beschränkt werden, um maximale Effizienz zu erreichen.

Kritik an der Person:

- ,,Können Sie denn nie etwas richtig machen, was ist denn eigentlich mit Ihnen los?''

- ,,Ihr Bericht geht völlig an der Sache vorbei. So schaffen Sie das nie.''

- ,,Typisch, Sie sind schon wieder zu spät.''

- ,,Diesmal haben Sie es aber wirklich vermasselt.''

Solche Aussagen erzeugen Streß durch persönliche Angriffe und weitgefaßte, kontraproduktive Kritik, die nicht den Weg zu korrigierendem Handeln weist. Statt durch Angriffe auf ihren Charakter abgelenkt zu werden, müssen Mitarbeiter die Möglichkeit bekommen, ihre Aufmerksamkeit auf das zu richten, was notwendig ist, um eine Arbeit anzufangen (und auch zu Ende zu führen). Natürlich ist die persönliche Unsicherheit eines Mitarbeiters nicht die Sache des Vorgesetzten.

Dagegen liegt es im Verantwortungsbereich des Vorgesetzten,

eine Arbeitsumgebung zu schaffen, die die Kräfte auf Ergebnisse und auf die schnelle Korrektur von Fehlern leitet und nicht auf Urteile und Schuldzuweisungen. Wenn Fehler vorkommen, müssen Kritik und Drohungen zugunsten des Versprechens vermieden werden, daß bereitwillig Hilfe geleistet wird, wenn der Mitarbeiter nur lernwillig ist. Sie müssen wissen, daß ein gewisses Absinken der Produktivität einfach dazugehört, wenn eine neue Arbeit gelernt wird, und daß das Management sich darauf konzentriert, zu vermitteln, wie Ziele erreicht werden können, und nicht nur Befehle erteilt und Schuldige sucht.

Menschen lernen schneller in einer Umgebung, in der reichlich Lob für Schritte in die richtige Richtung verteilt wird, Kritik auf konstruktive Ratschläge beschränkt bleibt und sich auf Bereiche richtet, die verbessert werden können. Wenn eben möglich sollten Anerkennungen in schriftlicher Form übermittelt werden, so daß sie mehr Bedeutung für den Empfänger besitzen und die übrigen Mitarbeiter ebenfalls motivieren. Wie in den folgenden Beispielen sollte selbst die mildeste Form von konstruktiver Kritik durch ein Lob eingeleitet werden.

Lob:

- „Ich fand wirklich gut, wie Sie bei den Rechnungen für Jones vorgegangen sind."

- „Der Bericht war kurz, eindeutig und traf genau den Punkt."

- „Beim Telefongespräch mit Mr. Jones sind Sie genau bei der Sache geblieben."

- „Die Kundendienstprobleme haben Sie wirklich gut gelöst."

Verbesserungen sind notwendig:

- „Ich fand es gut, wie Sie bei den Rechnungen für Jones vorgegangen sind. Und ich glaube, Sie können zu noch besseren Ergebnissen kommen — und bei Ihrem nächsten Projekt einige Spannungen vermeiden —, wenn Sie die üblichen Termine einhalten."

– „Ihr Bericht war sehr gut. Er war klar, kurz und kam zum Punkt. Mit einigen kleinen Änderungen wäre er hervorragend."

– „Beim Telefongespräch mit Mr. Jones sind Sie wirklich genau bei der Sache geblieben. Ich hätte gern, daß Sie die Beziehung durch einen Besuch in seiner Firma festigen würden. Wenn Sie beim nächsten Mal einen Vorgang bearbeiten, dann setzen Sie sobald wie möglich einen Besuch an."

– „Sie haben die Kundendienstprobleme wirklich gut gelöst, und ich wüßte gerne, ob noch mehr geschehen kann, um derartige Klagen in Zukunft zu vermeiden."

Der Sinn der Kombination von konstruktiven Empfehlungen für Verbesserungen mit Lob liegt darin, daß die Mitarbeiter hinterher genau wissen, was gut war und wo noch weitere Bemühungen erforderlich sind, ohne Streß zu erzeugen, der die Lernfähigkeit stört. Wenn vor jeder Kritik die Anerkennung für gute Arbeit steht, verringert das die Angst vor dem Versagen und vor Fehlern, es erkennt an, daß Untergebene etwas richtig machen, zeigt, daß ihre Bemühungen geschätzt werden, und gibt Richtlinien, die wahrscheinlich beachtet und als nützliche Ratschläge betrachtet werden, wie man die Ziele der Firma erreicht.

In seinem richtungsweisenden Werk über Menschenführung sagt T. O. Jacobs, daß die erste Forderung an eine Führungspersönlichkeit der Aufbau eines gegenseitigen Vertrauens durch beständige Anerkennung von Verdiensten ist. Die Verletzung dieser Vertrauensbasis durch willkürliches oder unbeständiges Verhalten führt zu starken Gefühlen von Ablehnung, Zorn und Rache auf seiten der Mitarbeiter – diese Gefühle gehören mit zu den Gründen für die Neigung zum Aufschieben. Diese Form der prinzipiellen Beständigkeit verlangt mehr als einfache Fairneß. Sie verlangt, daß Manager die richtigen Ziele setzen, Erwartungen klar definieren, Mitarbeitern durch technische Kompetenz und Pläne, um Hindernisse zu vermeiden oder zu überwinden, helfen, ihre Ziele zu erreichen, und wissen, welche Anerkennung für eine Leistung angemessen ist.

Die folgenden Leitlinien helfen Führungskräften, die Produktivität zu steigern und Kommandos und Aktionen zu vermeiden, die zum Aufschieben beitragen. Diese Leitlinien stimmen mit dem Hier-und-Jetzt-System sowie T. O. Jacobs Anforderungen an Führungspersönlichkeiten überein und regen eine hohe Motivation bei Mitarbeitern an.

Teilen Sie eindeutig Ihre Prioritäten mit

Teilen Sie Ihrem Team mit, welche Arbeit Priorität genießt, und bleiben Sie dabei. Wenn Sie wiederholt Ihre Prioritäten umwerfen, indem Sie Ihren Mitarbeitern häufig Notfälle vorlegen, verlieren Sie an Glaubwürdigkeit und lehren Ihr Team das Aufschieben, während es auf den nächsten Notfall wartet. Vermeiden Sie, Notfälle und Krisen zum normalen Arbeitsalltag machen. Überlegen Sie es sich gut, bevor Sie etwas zum ,,Notfall'' machen. Wenn es notwendig wird, die Prioritäten neu zu setzen, dann verteilen Sie die echten Notfälle an verschiedene Mitarbeiter, die angemessene Hilfe und Entlastung von anderen Pflichten bekommen ,,Geben Sie dem Fall Jones höchste Priorität, und stellen Sie alles andere zurück. Sie bekommen jede erforderliche Hilfe, um Ihre anderen Fälle an andere Mitarbeiter abzugeben.''

Zeigen Sie Entschlossenheit

Verhalten Sie sich nicht wie der General, der wiederholt seine Meinung ändert, wo die Schützengräben angelegt werden sollen, und so seine Truppe zur Drückebergerei anregt. Wenn Sie Ihre Mitarbeiter bitten, schwierige, komplexe Aufgaben noch einmal zu erledigen, verschwendet das nur Kraft und regt zum Aufschieben an. Schaffen Sie durch sorgfältige Erwägung Ihrer Entscheidungen Vertrauen in Ihre Führungsqualitäten, stehen Sie dazu und geben Sie die Aufgaben deutlich bekannt, die zur Erreichung der Firmenziele führen werden.

Wenn Sie unsicher sind, was getan werden sollte, dann ermutigen Sie Ihre Untergebenen, am Entscheidungsprozeß mitzuwirken, indem Sie nach Vorentwürfen von verschiedenen Plänen fragen, statt vorzeitig auf einem Endprodukt zu bestehen „Es gibt verschiedene Möglichkeiten, mit dem Angebot von XYZ umzugehen. Ich würde gerne die Ergebnisse Ihrer Überlegungen gegen Mittag sehen, damit wir über das beste Vorgehen entscheiden können."

Sorgen Sie für gerechte und häufige Anerkennung

William James, der erste Professor für Psychologie an der Harvard-Universität und in den gesamten Vereinigten Staaten, sagte, daß das Verlangen nach Anerkennung ein tiefes Bedürfnis der menschlichen Natur ist. Kleine Anerkennungen von einer Autoritätsperson haben große Auswirkungen auf die Befriedigung dieses Bedürfnisses und stärken beträchtlich das Gefühl des Mitarbeiters, zur Firma zu gehören und nützlich zu sein. Häufige Ermutigungen helfen einem Arbeiter, sich *jetzt* motiviert zu fühlen, während er auf den Weg zu weit entfernten Belohnungen ist. Benutzen Sie Teilziele und Untertermine, um ein stärkeres Gefühl für das Erreichte zu erzeugen und als Chance, Belohnungen und Anweisungen auf dem Weg zum großen Ziel zu geben. Benutzen Sie *vorgeplante* Konferenzen als Gelegenheiten, Fortschritte zu belohnen und konstruktives Feedback für jede Bewegung in die gewünschte Richtung zu geben: „Herr Adam, ich bin wirklich beeindruckt, was Sie schon geleistet haben. Mit einigen kleinen Verfeinerungen und ein paar Zeichnungen wird das eine herausragende Präsentation. Wann sollen wir uns treffen, um die Veränderungen zu besprechen?"

Geben Sie konstruktives Feedback

Geben Sie nur Feedback, das auf das Erreichen des Ziels ausgerichtet ist. Im Fall von Fehlern verleihen Sie Ihrer Enttäuschung Ausdruck, daß Sie sich gegenseitig nicht deutlich genug über das gemeinsame Ziel ausgesprochen haben. Aber sorgen Sie für die Ausrichtung auf das, was getan werden muß, um die notwendigen Korrekturen für das Erreichen des Ziels vorzunehmen und um die gleichen Fehler in der Zukunft zu vermeiden. ,,Das geht so wirklich nicht. Bei dieser Sache haben wir uns wirklich mißverstanden. Wenn wieder einmal ein Kunde ,grobes Bauholz' verlangt, dann klären Sie doch bitte, was er wirklich meint. Bei einigen Kunden braucht man beinahe einen Übersetzer. Überprüfen wir doch, ob wir den Überschuß für einen anderen Auftrag brauchen können, bevor wir versuchen, ihn ans Sägewerk zurückzugeben.''

Das Leben mit einem Menschen, der zum Aufschieben neigt

Erma Bombeck meint, daß Sie, falls Sie mit jemandem zusammenleben, der am ,,Entschuldigung, -ich-habe-mich-verspätet-Syndrom'' leidet, sich damit abfinden müssen, daß Sie nie die Braut in die Kirche gehen sehen, niemals den Anfang eines Films erleben und nie die Nationalhymne vor einem Länderspiel hören.

Es gibt Paare, die jahrelang über solche Themen gestritten haben, und es gab sogar Scheidungen wegen verpaßter Partys und chronischem Aufschieben. Folglich schwanken wir zwischen Bitten und Drohungen hin und her. Die Rolle des Nörglers ist fast so schwer zu ertragen wie die des Kritisierten. Nörgeln führt nur zu Ärger auf beiden Seiten: einerseits das Gefühl, von einer außenstehenden Autorität unter Druck gesetzt zu werden und dagegen rebellieren zu müssen, und auf der anderen Seite das Gefühl, von dem anderen in eine Polizisten- oder Elternrolle gedrängt zu werden.

Wenn an ihnen herumgenörgelt wird, geraten Menschen, die zum Aufschieben neigen, oft in die Situation von Kindern, die sich durch Befehle erniedrigt fühlen. Es wird dann wichtiger, gegen eine Autorität zu kämpfen, als pünktlich zur Party zu erscheinen und seinen Spaß zu haben. Wenn Sie dagegen wie eigenverantwortliche und selbstbestimmte Erwachsene angesprochen werden (,,Ich breche um acht Uhr auf."), kann Ihr unpünktlicher Partner *wählen*, Sie zu begleiten oder allein zu lassen. Diese Wahlmöglichkeit verhindert, daß er sich wie ein Opfer fühlt, das auf *Ihr* Gefühl von Zeitdruck reagieren muß.

Obwohl die Verzögerungstaktiken eines geliebten Menschen Sie direkt beeinflussen können, ist es wichtig, daß Sie sie nicht als persönlichen Angriff werten. Da Sie gegen Perfektionismus, Angst vor dem Versagen und dem Erfolg sowie andere tieferliegende Gründe für den Aufschub zu kämpfen haben, fällt es den meisten Menschen, die zum Aufschieben neigen, schwer, realistisch abzuschätzen, wieviel Zeit eine Aufgabe wirklich in Anspruch nimmt.

Menschen, die zum Aufschieben neigen, werden Sie oft unbewußt testen, um festzustellen, wieviel Zeit sie *tatsächlich* haben — Zeit, um furchterregende Aufgaben zu umgehen und perfektionistische Rituale durchzuführen im Versuch, erwartete Kritik abzuwenden. Das bedeutet, daß Menschen, die Probleme mit dem Aufschieben haben, der Satz: ,,Das Essen findet um acht Uhr statt" nicht so viel hilft wie: ,,Die Kinder müssen um sieben Uhr im Haus sein, und wir müssen um halb acht aufbrechen." Ihre persönliche Anwendung des dreidimensionalen Denkens und des umgekehrten Kalenders (ausführlich in Kapitel 5 dargestellt) wird Ihnen helfen, Ihrem aufschiebenden Partner ein Bild der notwendigen Schritte zu vermitteln, um pünktlich am Ziel anzukommen.

Auf der anderen Seite sollte Ihr Partner es nicht übel nehmen, wenn Sie genau zu dem Zeitpunkt aufbrechen, den Sie festgelegt hatten, anstatt auf ihn zu warten. Sie können erklären, warum Sie ein etwas neurotisches Verhältnis zur Pünktlichkeit haben, obwohl das eigentlich nicht Ihr Fehler ist. Sagen Sie, Sie hofften auf Verständnis und Vergebung für Ihre kleine Besessenheit, aber es sei besser für Ihre Beziehung, wenn Sie zu dem Zeitpunkt gehen könnten, den Sie festgelegt hatten.

Vergessen Sie nicht, die ganze Geschichte mit der Pünktlichkeit ist Ihr Problem. Es ist ineffektiv und unangemessen, Ihrem unpünktlichen Partner die Schuld zu geben. Sie werden mehr Erfolg haben, wenn Sie Ihre kleine Macke mit der Pünktlichkeit eingestehen: „Ich bin nicht so anpassungsfähig und spontan wie Du und fühle mich deshalb gezwungen, jetzt die Vorbereitungen für kommende Termine zu treffen." Wenn Sie einmal beim Thema sind, könnten Sie auch noch zugeben, daß Sie von der Pünktlichkeit so besessen sind, daß Sie einen umgekehrten Kalender benutzen müssen, um pünktlich zu einem Film oder zu einer Hochzeit zu kommen. Sie sind sogar so unvollkommen, daß Sie diese Krücke brauchen, um realistisch abzuschätzen, wie lange Sie für die Vorbereitungen und die Fahrt brauchen. Sie nehmen so viel Rücksicht auf Ihre Neurose, daß Sie dann aufbrechen, wenn Sie es geplant haben, damit Sie nicht zu nervös werden. „Ich halte die Aufregungen von Vorbereitungen im letzten Moment nicht so gut aus wie Du", könnten Sie noch hinzufügen. Jetzt, wo Sie einmal Aufmerksamkeit erregt haben, können Sie ganz ehrlich um Verständnis und Hilfe bitten, Ihre Nervosität in Grenzen zu halten.

Ein Paar, das ein Musterbeispiel für das Sprichwort „Gegensätze ziehen sich an" war, konsultierte mich wegen seiner Konflikte über das Aufschieben. David sah immer wie aus dem Ei gepellt aus, war pünktlich und ordentlich. Seine Ausbildung zum Ingenieur und seine Kindheit in einer vernünftigen, wenn auch etwas repressiven Familie von Wissenschaftlern hatte ihn zu der Überzeugung gebracht, daß jeder so direkt und effizient wie er arbeiten sollte. Die Kindheit und der Familienhintergrund von Karen, seiner Frau, hätte gar nicht unterschiedlicher sein können. Karens Familie besaß einen kleinen Lebensmittelladen, der inmitten und trotz aller Gefühlsausbrüche in der Familie funktionierte. Es schien ihr genauso vorbestimmt zu sein, Sozialarbeiterin zu werden, wie David sich für den Beruf des Ingenieurs entscheiden mußte.

Je öfter David Karen erzählte, wie wichtig Pünktlichkeit für sie sei, desto mehr fühlte sie sich wie ein Kind, das von zornigen Eltern oder Lehrern bedrängt wird. Je kritischer David wurde, desto schuldiger, schlechter und verwirrter fühlte sie sich.

Nachdem sie David sechs Monate kannte, war Karen, die vorher ihr Leben fest im Griff gehabt hatte, zu einem unsicheren Kind geworden, das nicht einmal mehr mit alltäglichen Dingen wie Kontoauszügen, dem Auftanken des Autos und Verabredungen zurechtkam.

David war unwissentlich in die Rolle der Autorität verfallen, die das „ich sollte" und „ich muß" des Lebens wiederholte. Was er nicht wissen konnte, war die Tatsache, daß er Karens Angst vor der Abweisung für ihre Unvollkommenheit und ihre innere elterliche Stimme verstärkte, die sogar noch kritischer und fordernder als David war. Karen übernahm die Opferrolle und leistete passiven Widerstand. Ohne ein Bewußtsein für den Teufelskreis aus Druck und Aufschieben waren David und Karen in einem frustrierenden Kleinkrieg gefangen. Der eine stellte eine Forderung, und der andere hob den Fehdehandschuh auf und ging zum Kampf über.

In unseren Sitzungen sprachen wir über die Gründe für das Aufschieben (siehe Kapitel 1), um beiden klarzumachen, daß Unpünktlichkeit und Aufschieben keine Charakterfehler sind, sondern eine erlernte Schutzreaktion gegen Druck, das Gefühl der Überforderung sowie die Angst vor dem Versagen und dem Erfolg. Ich wollte David und Karen die Tatsache ganz deutlich erklären, daß die erlernte Taktik von Aufschub und Unpünktlichkeit schnell verlernt werden konnte, wenn diese zugrundeliegenden Ängste erst einmal gemildert waren.

Es war entscheidend, daß David mehr dazu gebracht wurde, auf Ergebnisse zu achten als darauf, daß Karen seinen Vorstellungen entsprach, wie man arbeiten und mit Terminen umgehen sollte. Er mußte auch verstehen, daß seine unterdrückende Elternrolle kontraproduktiv und abstoßend war. Karen mußte das Gefühl behalten, eine gewisse Macht zu haben, und den passiven Widerstand der Opferrolle aufgeben. Sie mußte auch das Vertrauen auf ihre eigene Art, Dinge zu erledigen, zurückgewinnen. Diese Art hatte sie gehabt, bevor der Druck und die Kritik von David ihre relativ unbedeutenden Probleme mit Unpünktlichkeit und Aufschieben verschlimmert hatten.

Ich gab ihnen zunächst eine Aufgabe, die einfacher aussah, als sie es wirklich war. Ich bat beide, nicht mehr zu nörgeln und Ratschläge sowie Erinnerungen an das, was der andere tun sollte, zu unterlassen. Sie verstießen mehrmals gegen diese Regel, aber schon der Versuch, dieses Verhalten abzustellen, machte ihnen bewußt, wie sehr ihre Kommunikation elterlichen Charakter hatte und wie gut der andere auch ohne Ratschläge oder Erinnerungen zurechtkam. Diese Übung erneuerte bei beiden den Respekt vor dem erwachsenen und verantwortungsbewußten Verhalten des anderen und machte deutlich klar, wo sich ihre Prioritäten unterschieden.

Für David besaß die Pflege des Autos eine viel höhere Priorität als für Karen, während es ihr wichtiger war, zu Partys pünktlich zu erscheinen. Diese unterschiedlichen Blickwinkel und Werte mußten respektiert werden, damit sie sich eindeutig in Form von ,,Ich möchte, ich entscheide mich, ich habe mich entschieden'' verständigen konnten — das ist ein direkter Ausdruck von Kraftgeben ohne Drohungen und Forderungen, daß der andere sich anpassen soll. Direkte Aussagen wie ,,Ich möchte, daß Du das Auto auftankst'' oder ,,Ich würde gern um sieben Uhr aufbrechen'' traten schon bald an die Stelle von ,,Kannst Du nicht daran denken, das Auto aufzutanken. Was ist eigentlich mit Dir los?'' oder ,,Wir kommen schon wieder zu spät. Warum kannst Du nicht einmal pünktlich sein, wenn es mir wichtig ist?''

Obwohl David und Karen einige ihrer eigenen Aufgaben weiter vor sich herschoben, entwickelten sie ein Gespür für die Prioritäten des jeweils anderen, hörten bereitwilliger auf Bitten ohne Vorwurf, erkannten die Nörgelfalle und halfen einander, die Neigung zum Aufschieben zu besiegen, indem sie deutlich aussprachen, wann und wo ein Projekt angefangen werden mußte. Sie lernten auch, ihre individuellen Bedürfnisse zu garantieren, während sie die Werte des anderen respektierten, und bekamen so ein größeres Interesse an Ergebnissen als an Schuldzuweisungen und Kontrolle.

Selbst wenn die unpünktlichen Menschen in Ihrem Leben nicht

dazu kommen, dieses Buch zu lesen, wird Ihre Anwendung von Strategien des Hier-und-Jetzt-Systems Ihre Kommunikation eindeutiger machen. Ihre eigene hochwertige Arbeit und die Freizeit ohne Schuldgefühle des produktiven Menschen wird Ihnen dann deutlich vor Augen stehen.

Dank

Meine eigenen Erfahrungen mit der Unpünktlichkeit, dem Aufschieben, der mangelnden Motivation und Kreativität, inspirierten mich, dieses Buch zu schreiben; aber der größte Teil basiert auf meinen Erfahrungen mit Tausenden von Klienten und Seminarteilnehmern, die ihre Schwierigkeiten und Erfolge mit mir geteilt haben. Ich danke diesen Menschen, die sich ihren Ängsten gestellt haben und immer wieder die Kraft für einen neuen Versuch fanden. Ihre Geschichte wird hier unter veränderten Namen, Berufsbezeichnungen und Situationen erzählt.

Ich danke auch meiner Familie und meinen Freunden für ihre Unterstützung und Liebe. Die Mitarbeiter des Beratungszentrums der Berkeley-Universität in Kalifornien verdienen ebenfalls eine besondere Erwähnung für ihre jahrlange Unterstützung. Ich möchte auch Jeremy P. Tarcher danken, der schon anhand meiner früheren Rohentwürfe an eine Verwirklichung dieses Buches glaubte. Ich werde meinen Agenten Peter Beren und Jack Artenstein immer für ihre Hilfe und Ratschläge dankbar sein. Viele Freunde leisteten unschätzbare Dienste beim Lesen von Entwürfen und mit konstruktiver Kritik, besonders möchte ich aber Jayne Walker und Harriet Whitman Lee für ihre Hilfe danken. Zum Schluß möchte ich noch Hank Stine für seine kompetenten Korrekturen und seinen klugen Rat danken und Janice Gallagher für ihre Inspirationen, denn besonders diese beiden trugen entscheidend zur endgültigen Form dieses Buches bei.

Notizen

Notizen

Notizen

Notizen

Notizen

Notizen

Notizen

Notizen